산 넘고 물 건너
아메리카 캠핑 로드

# 산 넘고 물 건너
# 아메리카 캠핑 로드

산과 바람난 부부의
미국 국립공원
캠핑 분투기

윤화서 지음

바다출판사

작가의 말

# 산행을 즐기는 남자와
# 빨리 끝내고 싶은 여자의 의기투합

2004년 어느 여름날 동아리 선배를 따라간 술자리에서 선배의 선배들을 만났다. 내가 초등학교 6학년일 때 대학생이었던 분들이란 생각 때문인지 역사의 산증인과 마주한 느낌이었다. 그중 한 명이 바로 지금의 남편이다.

별로 빠르지 않은 눈치에도 모처럼 모인 십년지기 세 남자 사이에 잘못 끼어든 것을 알았다. 나이 든 사람들이 뻘뻘 땀 흘리면서 로또나 만화책처럼 시답잖은 이야기를 뱅뱅 돌리고 있었다. 어색하고 불편한 자리였지만 그 당시의 나는 자리를 박차고 나올 만한 결단력이 부족한 아이였다. 선배들 앞에서 재롱 떨 주변머리는 더더욱 없었다. 그러다가 간신히, 정말 '우연히' 나온 산 이야기에 자연스럽게 끼어들었다. 마침 선배 언니 부부를 따라 2박 3일간 설악산의 공룡능선을 타고 온 지 일주일밖에 안 된 참이어서 자연스럽게 아는 척을 했다. 공룡능선은 설악산에서 꽤 험한 코스로 알려진 축에 든다. 그게 문제였다. 이전까지 무리에서 겉돌던 내게 일순간 사람들의 관심이 집중됐다. 평소 '잘 걷는 여자=좋은 여자' 라는 이상한 신념을 가졌던 남편은 전후 사정을 자세히 들어 보지도 않고, 나를 '공룡능선을 탄 여자' 로만 기억해 버렸다. 대화가 무르익을수록 '산을 좋아하는 여자' 라고 굳게 믿는 눈치였다. 운명의 그날, 남자의 기대감에 차마 찬물을 끼얹지 못하는 소심한 성격과 술기운 덕분에 가을 설악산행을 약속하고 말았다. 머릿속이 온통 산으로 꽉 차 있는 남자와 산이라고는 평생 동안 2박 3일 생각한 게 전부였던 여자는 그렇게 의기투합했다.

그러나 사실 예나 지금이나 나는 산행을 즐기지 못한다. 지금도 이따금 "사기 결혼이야, 사기 결혼……." 하고 툴툴거리는 남편 때문에 어쩌다 한 번씩 가는 정도로 그친다. 그나마도 '빨리 끝내자' 는 심정으로 무거운 배낭과 불편한 잠자리, 인스턴트 끼니를 묵묵히 견딘다. 산행 자체를 즐겨 보라는 남편의 주문은 여전히 현재 진행형이다.

우리 부부는 2008년 가을부터 약 1년 2개월 동안 미국 본토―알래스카와 하와이를 제외한―에 있는 46개의 국립공원 중 27개 곳에 발자국을 찍었다. 북미 서부에 있는 웬만한 국립공원에는 거의 다 가본 셈이다. 주행거리만 자그마치 5만 킬로미터에 달하는 고된 여정이었다. 틈만 나면 뛰쳐나와서 이곳저곳으로 달리는 통에 사람이나 차나 정신을 못 차린 하드코어 여행이었다. 비록 성능 좋은 렌터카는 엄두도 못 내는 형편이었지만 여행을 즐기는 데에는 아무런 문제도 되지 않았다. 몸도 성치 못한 스바루 왜건을 미안할 정도로 혹사시킨 것만 빼면 더할 나위 없이 매력 만점의 나날들이었다.

미국 어디쯤이었을까? 결혼 후 살짝 비뚤어지던 가정이 어느 틈엔가 제 모습을 갖추게 된 때가. 한밤중에 목숨 걸고 넘은 시에라네바다 산맥의 험한 길 위였을까? 아니면 미국에서 가장 외로운 길, US-50 위에서였을까? 미국의 대자연은, 말이 통하지 않아도 좋으니 사람 그림자라도 나타나길 바랐을 만큼 광활하고 감동적이었다. 한편으로는 우리 부부에게 서로가 의지할 대상은 서로뿐이라는 사실을 끊임없이 일깨워 주었다.

원·달러 환율이 폭등하고 미국 내 휘발유 값은 폭락한 상황에서, 환차손을 메우기 위해서라도 열심히 여행을 다녀야 한다고 판단한 남편은 역시 비범한 사람이었다. 마지못해 따라다닌 나는 캠핑 때마다 밥하기가 힘들다, 설거지하기가 힘들다, 라고 툴툴거렸지만 남편은 늘 한결같았다. 눈이 오나 비가 오나 묵묵히 혼자서 텐트를 치고 걷었다. 그리고 항상 먼저 일어나서 따뜻한 모닥불을 피워 놓고 내가 일어나길 기다렸다. 돌아보면 미국에서 경험한 그 어떤 장엄한 자연보다도 기억에 남는다. 할 수만 있다면 남편의 그런 은근한 배려를, 평생 살아가는 동안 오래오래 기억하고 싶다.

 끝으로 이 책이 세상에 나올 수 있게 도와주신 분들께 감사의 인사를 전하고 싶다.
 우선 사진을 내준 비범한 사진쟁이 두 분에게는 엎드려 절이라도 하고 싶다. 함께 다니면서 카메라 한 번 들어 주지 않은 주제에 제일 잘 찍은 사진을 내놓으라고 다그치다니, 뻔뻔하기가 이루 말할 수 없다. 이 귀한 사진들의 지원 사격이 없었다면 이 책을 선보이는 일은 불가능했을 것이다.
 항상 필요한 거 없냐며 뭐 보내 주랴, 하시던 부모님들은 물론이고 속상한 일이 생기면 시차 불구하고 전화를 걸어도 항상 반갑게 받아 주던 친구들, 우리 부부에게 바비큐 하는 법을 알려 주고 추수감사절에 초대해 준 이웃 한인들……. 그들이 불어넣어 준 활력과 정신력이 아니었다면 그렇게 쉼 없이 힘차게 돌아다니지도 못했을 것이다. 그 덕분에 낯설고 물선 이역만리에서 몸성히 씩씩하게 살아 돌아올 수 있었다.

## 주저 없이 '고, 고'

결혼할 당시 서른넷의 박사과정생이었던 남편은 과정 마지막 해에 거의 확정된 졸업을 놓치고 말았다. 논문을 다 써 놓고 심사비 납부를 깜빡하는 바람에 생긴 일이었다. 톨게이트 앞에서 현금이 없어 쩔쩔매는 나에게 통행료의 동전 한 닢까지 맞춰서 건네주는 사람이었는데 그런 얼토당토않은 실수를 하다니 어이가 없었다. 혹여 남편을 과대평가한 건 아닌지 의심스러워 한동안 암울한 기분으로 지냈다.

다행스럽게도 남편은 이듬해 무사히 박사학위를 받았다. 게다가 미국 하버드대학교에서 박사후과정—박사모를 쓰고 갓 졸업한 백면서생들이 제대로 된 직업을 구하기 전까지 1~2년간 저임금 노동자로 일하는 과정을 말한다. 이 기간에 세상의 쓴맛 단맛 다 보고 쓸 만한 인재로 거듭나게 된다—을 밟게 되었다.

하버드행 준비는 큰 고민이나 별 갈등 없이 진행되었다. 다가오는 9월에는 간지작살 보스토니언으로 거듭난다는 사실이 여간 들뜨게 하는 게 아니었다. 허구한 날 구글 지도를 띄워 놓고 보스톤을 들락거렸다. 아! 여긴 학교랑 너무 멀어서 안 되겠어, 이 동네는 녹지가 좀 부족한 것 같아, 하면서 골라 보는 재미가 있었다. 우리와 비슷한 시기에 부부 동반으로 하버드에 온다는 고교 동창과 만날 약속을 하는 것도 잊지 않았다.

문제는 5월에 터졌다. 남편의 지도교수가 될 분이 느닷없이 유타대학교로 거액에 스카우트된 것이었다. 유타대학교? 주 이름도 생소한 마당에 하물며 유타대학교는 금시초문이었다. 유타 주에 있는 학교여서 이름도 유타대학교인 건가, 짐작만 할 뿐이었다. 맹세코 들어 본 적도 없는 학교였다. 아직 얼굴도 못 본 지도교수는 대체 어쩌자고 남의 앞길을 가로막는단 말인가…….

　꿈과 희망을 안고 박사후과정에 진입하는 사람들 사이에는 이런 불문율이 있다. 두 마디 이상으로 설명해야 하는 학교에는 절대로 가지 말 것!

　"어느 학교로 가세요?"

　"MIT요."

　"아, 네. 좋은 데로 가시네요."

　이렇게 질문과 답이 명료하고 간단하게 끝나는 학교여야 한다. 반드시!

　"네? 어디요? 거기가 어디죠?"

　이런 반문을 초래하는 학교에 가면 끝장이다. 배고프고 고달픈 과정을 마쳐도 별 보람이 없다고 봐야 한다. 유타대학교라는 답을 들은 사람은 머릿속에 열 개도 넘는 질문을 만들어 낼 수 있다. 유타가 어디죠? 동부예요? 서부예요? 그 학교는 무슨 과가 유명하죠?

　가뭄에 콩 나듯 유타를 좀 안다는 사람을 만나도, 거기 모르몬교도들 사는 데 아냐? 하고 반문하기 일쑤였다. 웬만해선 아예 화제에 오르지도 못하는 이 학교를 설명하려면 "2002년 동계올림픽이 열렸던 솔트레이크시티가 주도州都이고요."로 시작하는 '유타대는 존재한다.Mp3' 파일이라도 만들어서 돌려야 할 판이었다.

　남편은 내가 싫다고 하면 가지 않겠다고 했다. 하버드로 가든 유타로 가든 남편의 삶은 크게 달라질 것이 없었다. 출근해서 종일 컴퓨터만 끌어안고 있는 직업이라 한국에서 하나, 미국에서 하나 큰 차이가 없었다.

　하지만 여자의 삶은 어느 곳에 사느냐에 따라 완전히 달라진다. 서울 같은 대도시에서는 쇼핑이나 문화시설을 풍부하게 즐길 수 있지만 유타 같은 시골에서는 옥수수밭 근처를 드라이브하는 게 유일한 소일거리가 될 가능성이 농후하다. 거기다가 유타는 옥수수마저도 흔치 않은 사막지대이다. 한마디로 유타대학교가 있는 솔트레이크시티—이름에 시티가 붙긴 했지만—는 보스톤에 비하면 산간벽지나 다름없었다. 가뜩이나 유학생 부인들은 우울증에 걸릴 확률이 높다고 하니 남편도 적잖게 걱정되는 모양이었다.

결혼 3년 만에 맞닥뜨린 삶의 기로였다. 나는 주저 없이 '고, 고'를 외쳤다. 돌이켜 보면 그동안의 생활은 월화수목금금금의 연속이었다. 집에서 하는 대화라고는 각자의 컴퓨터 모니터에 얼굴을 박은 채 나누는 인터넷 뉴스 이야기가 대부분이었다. 집에서 같이 밥을 먹은 게 언제인지조차 기억나지 않았다. 그보다 심각한 것은 남편이 어떤 사람인지 잘 모르겠다는 불안함이

유타대학교 뒷산에서 바라본 애증의 솔트레이크시티

마음속 깊은 곳에 옹크리고 있는 것이었다. 무심함을 가장한 일상생활 속에서도 나는 항상 남편이 어떤 사람인지 알고 싶었다. 하지만 우리에게는 도저히 그럴 시간이 없었다. 이게 지금 나 혼자 좋자고 하는 거야? 다 나중에 같이 잘되자고 그러는 거지, 라며 각자 바쁘게 지내는 것에 면죄부를 주고 있었으니까. 미국행은 이런 삶에 변화를 줄 수 있는 유일한 카드였다. 9시 출근·5시 퇴근, 철저한 주 5일제, 거기다 연간 40일의 유급 휴가제도는 듣기만 해도 가슴 뛰는 근무환경이었다.

일단 확신이 생기자 경제적인 문제도 아무런 장애가 되지 않았다. 사실 따지고 보면 꽤 여러 면에서 부담스러운 선택이었다. 전세 제도가 없는 미국에서는 꼬박꼬박 월세를 내야 한다. 설상가상 박사후과정 동안 받게 될 월급은 최저생계비를 밑도는 수준—실제로 우리는 유타 주에서 '빈곤층을 위한 전화비 감면' 혜택을 받았다—이었다. 3년도 안 된 신혼살림을 헐값에 팔아치우고 남은 것들을 보관하려면 창고까지 임대해야 했다.

그럼에도 불구하고 우리 부부는 2008년 9월, 유타행 비행기에 몸을 실었다. 대형 이민 가방 4개 안에는 짐 말고도 살짝 비뚤어진(?) 가정을 완벽하게 복원해 오겠다는 야무진 꿈이 있었다.

유타 주는 '미 서부의 교차로'로 불리는 곳이다. 특히 우리가 살았던 솔트레이크시티는 미국의 주요 고속도로가 교차하는 교통의 요지이다. 이곳에서 요세미티·그랜드 캐니언·엘로스톤 국립공원쯤은 하루 만에 가볼 수 있다.

우리는 명확한 원칙을 갖고 삶을 재편하기로 했다.

'평일에는 바람직한 사회인의 자질을 기르고, 주말과 휴일에는 일단 떠

나고 본다.'

  대자연을 너무도 사랑하시는 남편이므로 주된 공략 대상을 국립공원으로 정한 것은 당연했다. 걸핏하면 '역사도 짧은 것들이!' 하며 미국을 깔보는 유럽인들마저 '은퇴하면 캠핑카 타고 미 서부를 일주하리라!' 는 은밀한 소망을 가지고 있다는 얘기를 익히 들어왔던 터라 나 또한 이의가 없었다. '유럽은 역사, 미국은 자연' 이라는 말이 생겨난 것도 다 이유가 있다고 믿기에.

  최초의 국립공원은 귀족과 부자들만 좋은 땅을 독식해 오던 과거의 통념을 뿌리째 흔드는 파격적인 개념이었다. 유럽에 비하면 비교적 자유롭게 사고한 신대륙이었지만 국립공원을 제도적으로 정착시키기 전까지는 사회 안팎으로 많은 논란과 시행착오를 거쳐야 했다.

  세계 최초 국립공원으로 지정된 옐로스톤 지역은 너무 넓고 외진 곳이었다. 당시 공원 관리의 주체였던 미국 내무부는 그 때문에 골머리를 앓다가 그 일을 군대에게 떠넘겨 버렸다. 하지만 이 방법은 무시무시한 결과를 불러왔다. '자연보호' 라는 개념 자체를 몰랐던 군인들은 관리를 한답시고 수많은 야생동물을 죽이며 시간을 보냈다. 결국 그렇게 많던 야생 버팔로가 자취를 감추고, 늑대 같은 상위 포식자들이 멸종할 위험에 처한다. 국립공원에 사는 동물들이 씨가 마르기 직전이었다. 뒤늦게 실수를 깨달은 미국 정부는 과거의 잘못을 바로잡기 위해 1917년 국립공원청 National Park Service 을 신설하고 모든 관리권을 이양했다. 현재는 2만 명이 넘는 직원들이 국립공원뿐만 아니라 국립기념지 National Monument 와 국립사적지 National Historic Site 등 400

매표소에서 방문객을 맞이하는 국립공원의 레인저    레니어 산 국립공원의 방문객센터 내부

여 곳을 관리하고 있다.

  오늘날에도 미국 정부가 입에 침이 마르도록 자랑하는 행정 기구가 바로 국립공원청이다. '개인이 사고팔 수 없는 땅, 누구나 찾아와서 쉬고 놀 수 있는 아름다운 곳'이라는 국립공원의 개념을 세계 최초로 제안한 것을 으스대기 위한 게 아닌가 싶다.

  그러나 제아무리 빼어난 자연 경관을 자랑해도 레인저Ranger 없는 국립공원은 '앙꼬 없는 찐빵'이다. 공원 레인저는 미국에서 인기 있는 직업 중 하나로 꼽힌다. 이들은 국립공원청의 직원으로 풀색 바지와 누런색의 셔츠 제복을 갖춰 입고 공원 곳곳을 누빈다. 운영과 관련한 대부분의 일을 담당하면서 "인간으로부터 자연을 보호하고, 자연으로부터 인간을 보호한다."라는 거창한 취지 아래 공원의 손발 노릇을 한다. 하지만 실제 하는 일은 입장권 팔기, 전화 받기, 낙석 치우기, 과속차량 단속하기 등이다. 그렇다고 뚜렷한 사명감 없이 아무나 할 수 있다고 생각하면 곤란하다. 형제가 모두 레인저라거나 2대째 레인저를 하고 있는 특별한 사연의 주인공들이 꽤 많은 걸 보면 단순히 돈을 벌기 위한 직업은 결코 아니다.

미국 국립공원을 제대로 경험하려면 '레인저는 내 친구'라는 자세부터 갖출 필요가 있다. 보통 인근 지역 출신이거나 '나는 이 공원이 좋아요'라고 지망해서 온 사람들이기 때문에 공원에 대한 깊은 애정이 용솟음친다. 쉼 없이 되풀이되는 질문을 귀찮아하기는커녕 내 고향, 내 공원에 대한 관심으로 받아들이고 되레 고마워한다. 무엇을 물어봐도 그 이상을 대답해 줄 것이다.

레인저를 만나려면 방문객센터로 가면 된다. 아무리 작고 인기 없는 국립공원에 가더라도 매표소와 방문객센터는 반드시 있다. 소규모 공원에는 간혹 레인저 스테이션만 있지만 둘 다 비슷한 개념이다.

방문객센터에서 눈이 마주친 아무 레인저나 붙잡고 횡설수설 잡담을 나누다 보면 공원을 어떻게 구경해야 할지 대충 그림을 그릴 수 있다. 공원 신문(매표소에서 나눠 주는 공원 소식지)만 봐도 웬만한 건 다 아는 현지인이 아니라면 최대한 레인저를 괴롭히자. 그보다 더 좋은 건 없다. 불쌍한 레인저에게 실시간 정보를 얻고 나면 공원을 소개하는 20분짜리 비디오도 빼놓지 말고 챙겨 보자. 그러고 나면 어느새 준비된 관광객으로 거듭난 자신을 발견할 것이다.

차로 돌아가기 전, 방문객센터의 기념품 코너에 들를 여유와 센스가 있는 사람이라면 하산, 아니 바로 입산해도 좋다. 나는 아직도 사와로 국립공원의 방문객센터에서 선인장잼을 사오지 않은 것을 두고두고 후회한다. 그것만큼 실하고 맛있어 보이는 선인장잼을 다시는 만나지 못했다.

레인저들이 뒤를 봐준다고는 하나 공원에서의 안전은 당연히 스스로가 챙겨야 한다. 안내문 어디에도 '금지'라는 말은 눈에 띄지 않는다. '하지 마시오'가 아닌 '각자 알아서 조심하기'는 미국 국립공원을 굴러가게 하는 대원칙이다. 대신 인적이 드물거나 위험한 트레일(사람, 말, 자전거 등이 다닐 수 있도록 나 있는 길. 난이도에 따라 등산로가 될 수도, 산책로가 될 수도 있다)로 들어가려면 허가증 Backcountry Permit을 받아야 한다. 사실 말만 그렇지, 장부에 이름과 주소를 적기만 하면 대부분은 쉽게 받을 수 있다. 일례로 그랜드 캐니언의 콜로라도 강에 당일치기로 다녀오겠다고 야심찬 계획을 세운 적이 있었다. 이게 가능하겠냐고 레인저에게 묻자 "상당히 무리일걸. 강행하면 탈진해서 죽을 수도 있어. 그래도 원한다면 허가해 줄게."라고 오히려 정중하게 되물어 왔다. 겁먹고 포기하긴 했지만 만약 우리가 고집을 부렸다면 레인저는 별 고민 없이 허가증을 내줬을 것이다. 우리나라의 한계령 휴게소에서 하절기 오후 2시, 동절기 오전 11시 이후에는 일률적으로 입산을 금지하는 것과는 대조적이다. 미국 국립공원의 허가증 발급은 야생동물의 습격을 받거나 길을 잃고 실종되는 사람들을 수색하기 위한 목적이 가장 커 보인다. 여차하면 장부에 적힌 이름과 주소가 살아서의 마지막 흔적이 될 수도 있음을 잊지 말자.

미국의 국립공원은 한 세기 동안 시행착오와 개편을 거듭하면서, 역사상 가장 성공한 행정으로 평가받고 있다. 사막·숲·바다를 가리지 않고 국립공원이라는 하나의 질서 안에 보존하고 관리하는 것이 무척 인상적이었다. 허락된 시간 안에 한 군데라도 더 다니려고 애쓴 것도 매번 만나는 국립공원이 기대를 저버리지 않았기 때문이었다.

한 가지 아쉬운 점이 있다면 주로 캠핑을 하며 다닌 탓에 로지$^{lodge}$에서는 얼마 묵지 못한 것이다. 로지는 국립공원 안에 있는 '지붕 있는' 숙소를 통칭하는 말이다. 실제 이름은 호텔일 수도 있고(요세미티의 아와니 호텔), 인$^{Inn}$일 수도 있고(옐로스톤의 올드 페이스풀 인) 그냥 로지일 수도 있다(그랜드 캐니언의 그랜드 캐니언 로지). 별 다섯 개짜리 호텔에 비해 시설은 떨어질지 몰라도 로지에는 역사가 있다. 곧 공원의 역사라고 해도 무리가 없다. 때로는 공원보다 긴 역사를 자랑하기도 한다. 가장 좋은 위치에 가장 공들여 지은 이 로지들은, 단순한 건물이 아니라 보물이다. 국립공원이 미국의 머리 위에 쓰인 왕관이라면 로지야말로 그 왕관을 빛내는 화룡점정畵龍點睛의 보석이라고 주저 없이 말하겠다. 로지에서 멋진 하룻밤을 보내고 싶다는 소망, 그 소망이 언젠가는 나를 다시 미국의 국립공원에 데려다 줄 거라고 믿는다.

작가의 말 4

프롤로그 8

**서부 국립공원 가는 길**  기름 안 먹는 차의 비밀  23

**요세미티 가는 길**  운전면허증은 아무나 따나  33

**옐로스톤, 처음 가는 길**  목숨을 위태롭게 하면서까지 캠핑하지 말 것  48

**옐로스톤, 두 번째 가는 길**  불을 싫어하는 장작  60

**그랜드 티턴 가는 길**  숨어 있는 호수  75

**그랜드 캐니언 사우스 림, 처음 가는 길**  사랑만 하고 살기에도 짧구나  86

**아치스 가는 길**  사막의 대하드라마  98

**브라이스 캐니언 가는 길**  후두의 마법  110

**앤털로프 캐니언 가는 길**  잔돈과 팁의 극명한 차이  121

**더 웨이브 가는 길**  운, 대폭발  135

**글레이셔 가는 길, 첫 번째**  멀고도 험한 캠핑 고수의 길  147

글레이셔 가는 길, 두 번째 **사라지는 빙하는 혼자 죽지 않는다** 160

레드우드 가는 길 **그건 탐험이 아니었다** 172

크레이터 레이크 가는 길 **모기 왕국** 185

그랜드 캐니언 노스 림 가는 길 **잠자던 괴짜력, 대자연과 만나다** 196

올림픽 가는 길 **축축한 세상** 210

데스 밸리 가는 길 **휴대전화 아이러니** 223

세쿼이아&킹스캐니언 가는 길 **아기 곰의 죽음은 누구의 책임일까** 237

사와로 가는 길 **사와로 입양하세요** 248

빅 벤드 가는 길 **리오그란데를 사이에 두고** 257

칼스바드 동굴 가는 길 **순수 라면파와 다다익선파의 여행** 269

그랜드 캐니언 사우스 림, 두 번째 가는 길 **자연의 순례자들** 280

에필로그 290

부록 300

# 가자! 대자연이 살아 숨 쉬는 곳으로
America Camping Trip

### 서부 국립공원 가는 길

# 기름 안 먹는 차의 비밀

　미국에 자리 잡은 지 한 달 만에야 비로소 여행이라 부를 만한 일정이 생겼다. 콜로라도 덴버시에 병문안을 가는 것이다. 남편과 절친한 서 작가가 얼마 전 교통사고를 당해 가족 모두와 병원 신세를 지고 있었다. 웬만한 사고는 아닌 게 분명했다.

　솔트레이크시티에서 덴버까지는 가는 데만 8시간이 걸린다. 우리나라에서의 체감 거리로 치면 서울에서 경기도 가는 정도였다. 미국 땅이 워낙 넓은 걸 감안하면 그쯤이야 애교로 봐줄 수도 있고 도중에 아치스 국립공원을 들를 수도 있다니 마다할 까닭이 없었다. 병문안을 여행이라고 부르는 것이 조금 민망하긴 했지만 맛보기 여행으로는 안성맞춤이었다.

　출발하기 선날 우리는 60달러를 내고 미국자동차협회에 가입했다. 차에 문제가 생기면 회원이 어디에 있든 비상 출동을 한다고 했다. 미국에 아무 연고가 없는 우리에게는 하늘에서 내려온 동아줄이었다. 가입비를 내긴 했지만 북미 대륙의 전체 넓이를 생각하면 거의 거저인 셈이었다.

드디어 미국에서의 첫 번째 로드 트립이 시작되었다. 비록 임시 번호판을 단 중고차에다 이방인 티를 팍팍 내는 국제운전면허증을 품고 달려야 하지만 그럼 어떠랴. 미국 도로를 합법적으로 달린다는 사실만으로도 감개무량했다.

복잡한 서울살이에 익숙한 우리 눈에는 유타 사막을 일자로 꿰뚫는 I-70 도로 자체가 볼거리였다. 시원하게 쭉 뻗은 길과 끝없이 펼쳐진 사막, 구름 한 점 없이 청명한 하늘이 모두 하나의 점에서 만났다. 길 위에서 만난 하늘은 생전 처음 보는 파란색이었다. 세상에, 하늘이 원래 저렇게 넓고 파랬나? 나도 모르게 감탄사가 절로 나왔다.

4시간쯤 달리자 아치스 국립공원이 눈에 들어왔다. 떨리는 마음으로 입장을 기다리는데 입구에서부터 차가 밀렸다. 현장에서 국립공원 자유이용권을 사려는 사람들 때문이었다. 기다리기 싫어서 일부러 인터넷으로 예매해 왔는데 괜히 헛수고를 한 셈이 되었다.

앞차의 운전자들은 길게 늘어선 뒤의 차들을 보고도 전혀 아랑곳하지 않았다. 매표소 직원에게 한가로이 날씨를 물어보거나 사인용 볼펜이 잘 안 나온다며 툴툴거렸다. 상황이 이 지경이면 응당 복장이 터질 만한데도 누구 하나 클랙슨을 울리거나 짜증 내지도 않았다. 정당하게 제값 치르고 사는 만큼 미안할 게 전혀 없다는 건가? 참으로 괴이했다. 이런 불편 정도는 마

미 서부 해안을 따라 나 있는 캘리포니아 1번 고속도를 타고 달리면서 찍은 사진. 우리 여행의 실상은 80퍼센트의 운전과 20퍼센트의 관광으로 이루어졌다고 할 만큼 이동의 연속이었다.

땅히 감수하는 미국적 시민의식의 힘이라고 봐야 하나, 아니면 어느 차에 숨어 있을지 모를 권총의 힘이라고 봐야 하나? 하기야 기다린다는 이유로 다른 사람을 재촉할 수 있는 권리라는 게 누구에게든 있을까. 줄 서기도 싫고 기다리기도 싫은 사람은 차라리 속 편하게 집에 있는 게 백 번 나을 테니까 말이다.

한참을 기다려서 들어갔지만 구경할 수 있는 시간은 단 2시간뿐이었다. 미국 국립공원 중에서도 작은 편에 속한다는 아치스가 이렇게 넓을 줄이야……. 어림 반 푼어치도 없는 시간이었다. 하는 수 없이 번갯불에 콩 구워 먹듯 보고 나온 때가 출발 예정 시각을 1시간이나 넘긴 뒤였다. 초조감이 극에 달했다. 사교 파티도 아니고 명색이 병문안인데 이렇게 대책 없이 늦다니, 그것도 놀다가…… 으악, 스스로도 용서가 안 되는 상황이었다.

설상가상, 콜로라도 주에 진입하는데 더 큰 위기가 닥쳤다. 우리 차는 회복 불능의 난제를 안고 있었는데 그중 하나가 연료계기판 오작동이었다. 남은 기름을 표시하는 바늘이 중간 이후부터 움직이지 않는 것이다. 우리에게 차를 판 사람은 당연히 이 사실을 말해 주지 않았다. 뭣 모르는 우리는 "이 차는 기름을 참 안 먹네."라며 좋아했었다. 멀쩡히 잘 달리던 차가 갑자기 서버리는 사고를 겪기 전까지는.

한참 늦은 일정과 언제 바닥날지 모르는 연료가 주는 압박감 때문인지

비록 완벽한 차는 아니었지만 우린 널 사랑했단다.

남편은 제한속도 75마일 도로에서 무려 시속 83마일로 차를 몰았다. 느낌이 좋지 않았다. 나는 잔소리나 비난처럼 들리지 않게 하려고 남편의 넓적다리에 왼손을 살며시 얹으며 말했다.

"속도 좀 줄이지 그래요? 이러다가 경찰에 걸리면 앞으로 미국 생활 힘들어질 텐데. 우린 이방인이잖아요."

"이런 데 무슨 경찰이 있다고. 이렇게 한적한 도로에서 단속해 봤자지. 시간 대비 실적이 뻔한데. 그리고 제한속도 좀 넘었다고 무조건 다 잡아가나? 허용 오차가 있다고. 지금 속도로는 절대로 안 잡힌다니까."

대비니 오차니 하는 수학 용어들이 나오는 건, 남편이 더 이상 내 말을 듣지 않겠다는 뜻이었다. 내 의견을 묵살하고 싶을 때 꼭 저렇게 공학도로서의 자기 정체성을 과시한다. 지금의 남편을 멈출 수 있는 건 경찰뿐이었다.

얼마나 더 갔을까. 이상한 광경을 목격했다. 도로 위 육교에 서 있던 차 한 대가 무서운 속도로 후진하는 것이었다.

'길을 잘못 들었나 보군, 그래도 전속력 후진이라니 너무 위험하잖아.'

그런데 잠시 후 더욱 놀랄 일이 벌어졌다. 후진한 차는 곧장 고속도로로 진입하더니 경광등을 켜고 우리 뒤를 바짝 쫓아왔다. 말로만 듣던 고속도로 순찰대였다. 평소 점잖기 그지없던 남편의 입에서 나직한 욕이 흘러나왔다. 나중에 들은 바에 의하면 고속도로 육교 위에 정차한 차의 대부분은 고속도로 순찰대였다. 과속 차량을 발견한 즉시 추격하기 위한 일종의 잠복이라나?

짧은 순간 머릿속에는 그동안 주위들은 온갖 종류의 대처법이 떠올랐다.

'섣불리 움직여서는 안 돼. 뭔가를 꺼내는 행동은 절대 금물이야. 재수 없게 총에 맞을지도 몰라. 두 손이 잘 보이게 핸들 윗부분을 잡고 말끝마다 공손하게 경관님을 붙이랬지.'

차를 세운 우리는 선글라스를 벗고 가식적인 웃음을 지으며 차창을 내렸다. 이때까지만 해도 제한속도 10퍼센트를 넘기는 과속쯤이야 싶었다. 제한속도 75마일에 10퍼센트를 더하면 82.5마일이고 반올림하더라도 83마일이 나온다. 융통성이 눈곱만큼이라도 있는 순찰대원이라면 대수롭지 않게 넘길 수 있는 속도였다. 선글라스를 쓴 건장한 체격의 순찰대원이 다가왔다.

"과속하셨습니다. 88마일로 달리셨어요."

아, 이런! 처음부터 어긋나고 있다.

"그럴 리가요. 저희는 83마일로 달리고 있었는데요? 맹세할 수 있어요."

"88마일이에요."

이상하고 억울했지만 감히 스피드건을 보여 달라는 말은 나오지 않았다. "지금 인종차별 하는 거예요?"라고 따지고 싶었으나 차마 입밖으로는 꺼낼 수 없었다. 부들부들 떨면서 최대한 공손한 태도로 다음 카드를 빼들었다.

"연료가 떨어져 가는 진짜 긴박한 상황이었거든요."

순찰대원은 우리 차의 연료계기판을 보더니 피식 웃기만 했다. 그 웃음의 의미를 알 만했다. 야속한 바늘은 계기판 중간을 가리키고 있었다.

"글쎄요. 아직 충분한데요. 16킬로미터만 더 가면 주유소가 있어요. 지금 정도면 충분히 도착할 거예요."

말도 안 되는 소리 하지 말고 순순히 고지서나 받으라는 의미였다. 계기판이 고장 났다고 설명하기에는 너무 구차스러운 상황이었다.

순찰대원은 남편의 여권과 국제운전면허증을 번갈아 쳐다보더니 손으로 휘갈겨 쓴 임시 번호판에 시선을 고정했다. 난감한 표정이었다.

"이 차, 당신네들 차 맞습니까(혹시 훔친 거 아니지)?"

"네, 우리 차예요(니 눈에는 훔친 걸로 보이니?)."

남자는 차로 돌아가 무전기에 대고 한참을 떠든 후 종이 한 장을 들고 돌아왔다. 미국 경기가 좋을 땐 국제운전면허증 소지자는 눈감아 줬다는 얘기가 떠올라 씁쓸해졌다. 어떻게든 벌금을 부과하려는 걸 보니 콜로라도 주 재정이 썩 좋지 않은 모양이었다.

"벌금은 개인수표로 내면 됩니다. 만약 이의가 있으면 거기 적힌 날짜에 법정으로 출석하세요."

마지막으로 나를 보며 말했다.

"남편이 과속하지 않게 잘 단속하세요."

지금도 기억난다. 콜로라도 주, 고속도로 순찰대원 크리스토퍼 그리즐리 씨. 우연의 일치인지 성질 사납기로 유명한 회색 곰(그리즐리 베어)과 이름도 같고 덩치도 비슷했다.

160달러가 넘는 벌금 고지서를 받아든 우리는 허탈한 심정으로 다시 길을 떠났다. 서 작가와 약속한 시간은 계속 달아나는 중이었다. 뭐 이런 악몽 같은 현실이 있을까. 좀 전의 과속 벌금은 우리 두 식구의 보름치 식비가 넘는 큰돈이었다. 남편도 충격을 받았는지 가는 내내 불안정해 보였다.

얼마 후 그리즐리 씨가 알려준 주유소에 도착했다. 차에 기름을 가득 채우고 운전대를 넘겨받았다. 조수석으로 옮겨 앉은 남편이 벌금 고지서를 꺼내 읽었다. 혹시라도 벌금을 무효화하거나 줄일 수 있는 방법이 있을까 싶어서였지만 결과는 실망스러웠다. 판사를 만나려면 집에서 6시간 떨어진 콜로라도 주의 법원까지 가야 했다. 게다가 법정은 평일 오전 8시에 열린다. 아예 휴가를 내고 찾아가는 방법 말고는 뾰족한 수가 없었다. 이의 신청은 불가능한 얘기였다.

마지막 희망마저 사라지자 남편이 말했다.

"당신이 불길한 소리를 하니까 자꾸 이런 일이 생기는 거야. 나도 모르게 신경이 쓰이니까."

듣자 듣자 하니 어이가 없었다. 기가 막히는 것도 모자라 콧구멍까지 막힐 참이었다. 애정 어린 조언을 무시하고 고집을 부릴 때는 언제고, 막상 험한 꼴을 당하고 나면 꼭 저런 소릴 해대니 복장이 터질 노릇이었다.

미국에 오기 전 "여권, 손에 들고 다니지 말고 어디 잘 넣어요." 했던 날, 남편은 그날 발급받은 따끈따끈한 여권을 택시에 두고 내렸다. 암시장에서 팔리는 대한민국 여권 시세가 200만 원 정도라고 하니 돌려받을 기대는 애초에 접어야 했다. 멀쩡하게 잘 들고 다니던 지갑을 내던지고 장지갑으로 갈아 탄 남편에게 "장지갑은 주머니에서 잘 빠지지 않나? 그냥 작은 지갑 쓰죠?"라고 한마디한 날, 남편은 화장실에서 걸리적대는 지갑을 잠시 빼놓았다가 그대로 두고 나왔다. 하필이면 20만 원 넘게 현금을 넣어 둔 날이었다. 내내 게으름 피우다가 굳이 미국으로 출장가는 날에 전자상가의 카메라 매장을 들르겠다는 남편에게 "거기 들렀다 공항 가면 늦을 텐데……"라고 했더니 결국 비행기를 놓치고 터덜터덜 돌아온 일도 있었다. 그런 일은 남편 인생에서 처음이라고 했다. 남편이 그렇게 풀 죽은 모습도 처음이었다. 몇 달 뒤, 문제의 180만 원짜리 카메라를 메고 출장을 가려는 남편을 말렸다. "꼭 카메라를 가져가야겠어요?" 남편은 끝끝내 카메라를 가져가다니 라스베이거스 어딘가에서 잃어버리고 돌아왔다. 카지노의 파친코 위에 올려놓고 나왔다고 한다. 이런 일이 여러 번 반복되다 보니 남편은 언젠가부터 내가 한 말이 불운을 불러온다고 믿기 시작했다.

"당신이 걱정하는 소리를 들으면 더 의식하게 되고 불안해져서 실수를 하게 된다니까."

그래, 내가 그동안 너무 고집을 부렸어. 이제부터는 당신이 하자는 대로 무조건 믿고 따를게, 라며 납작 엎드리기를 바라지도 않았지만 기껏 염려해 준 사람한테 화살을 돌리니 기가 찰 뿐이었다.

"그럼 제가 어떻게 해드릴까요?"

라고 말은 했지만, 이제 너한테 신경 끄고 네가 나가서 무슨 짓을 하든 말든 팔짱 끼고 보고만 있을까? 뭐 이런 뜻이었다. 정확하고 엄밀한 실험으로 증명할 수 없는 한, 남편은 끝까지 '마누라 마녀설'을 주장할 수 없다. 공학도로서의 최소한의 양심은 있는 사람이니까. 어디 그뿐인가? 나는 남편에게 놓치기 아까운 유능한 비서였다.

"……"

남편은 잠시 생각에 잠기더니 묵묵히 콘솔박스를 열고 곱게 접은 벌금 고지서를 넣었다. 딱히 할 말이 없다는 뜻이었다. 모름지기 이럴 땐 가장의 체면을 세워 줘야 한다.

"우리 미국 와서 수표 한 번도 안 써봤죠? 이참에 배우죠, 뭐. 수표 쓰는 법 검색해서 월요일에 바로 부쳐 버리고 잊어버립시다."

"……."

더 들을 말도, 더 이상 할 말도 없었다.

어느새 창밖 풍경은 계곡으로 변해 있었다. 사막을 힘차게 가로지르던 아스팔트도 화이트 캐니언을 굽이굽이 돌아가는 산길로 탈바꿈한 지 오래였다. 벌금의 충격에서 가까스로 벗어난 남편이 한참 만에 입을 뗐다.

"길이 정말 멋있네."

나는 일부러 오버해서 맞장구를 쳤다.

"어머, 진짜. 지금까지 달려 본 산길 중에 제일 멋있다! 역시 우리 취향은 사막보다 이런 산이랑 계곡이야, 그쵸?"

이날 160달러의 비싼 수업료를 내고 배운 교훈은 딱 세 가지였다. 첫째, 일정을 빠듯하게 잡지 말 것! 둘째, 어쩔 수 없이 빠듯하게 잡더라도 절대 과속하지 말 것! 셋째, 가장 중요한 교훈이다. 핑계 대고 놀면 벌 받는다!

요세미티 가는 길

# 운전면허증은 아무나 따나

 미국에 온 지도 벌써 100일. 괜히 들뜨기 마련인 12월의 마지막 주가 다가왔다. 이맘때의 한국에서는 '연말연시 안전사고에 유의합시다' 라는 문구가 많아지는데 미국의 연말 분위기도 얼추 비슷했다. 추수감사절부터 서서히 나사 풀린 사람들의 행태가 크리스마스 즈음에는 더욱 심해졌다. 평일도 휴일처럼 몽롱한 상태로 보내다가 새해를 맞는 사람이 많았다. 우리라고 멀쩡히 보낼 수는 없었다. 기왕 놀 거 당당히 놀아 보겠다고 남편도 근무 시작 3개월 만에 휴가를 신청했다. 12월 24일부터 1월 4일까지 무려 11박 12일의 대찬 휴가였다.

 떠나기 며칠 전부터 여행 준비를 하는데 비죽비죽 웃음이 새 나왔다. 참

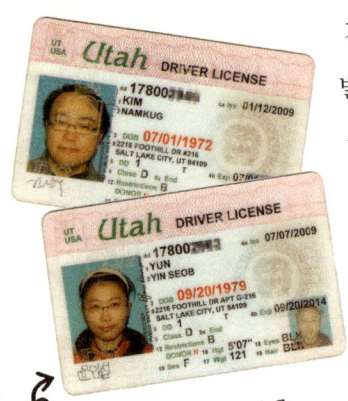

공들여 딴 미국운전면허증.

기 힘들 정도였다. 이유는 유타 주 교통국에서 발급받은 운전면허증 때문이었다. 앞으로 5년간 국제운전면허증과 여권을 챙겨 다니는 불편에서 해방된 것도 기뻤지만 이보다 더욱 중요한 게 있었다. 면허증이 오로지 나한테만 있다는 사실이었다.

유타대학교 교직원으로 일하는 남편은 대중교통을 무료로 이용했다. 덕분에 차 없이 다녀도 전혀 문제될 게 없었다. 하지만 전업주부에게 차는 필수 품목이었다. 걸어서 갈 수 있는 마트의 물건이 영 시원치 않은데다가 배달 서비스마저 없었다. 매번 무거운 짐 꾸러미를 들고 집까지 걸어와야 했다. 장을 볼 때마다 너무 지쳐서 저녁 지을 마음까지 싹 가셔 버렸다. 미국에서 제대로 먹고 살려면 꼭 차가 필요했다.

빠듯한 살림에 새 차는 감히 쳐다볼 엄두도 못 내고 곧장 중고차를 보러 다녔다. 중개 수수료를 아끼려고 한동안은 개인 간 사고파는 차들만 찾아다녔다. 그런데 시간이 지날수록 불안해졌다. 차의 이력과 성능을 따질 만큼 능숙한 영어를 구사하지 못하는 건 둘째 치고 점점 믿을 수가 없었다. 결국 수수료를 물더라도 정식 딜러가 보증하는 중고차를 사기로 마음을 고쳐먹었다.

우리는 인터넷 검색으로 가장 마음에 드는 딜러를 찾아냈다. 성능 대비 저렴한 가격대의 차를 유난히 많이 가진 딜러였다. 카를로스 디에고는 이름에서 풍기는 느낌 그대로 히스패닉계 딜러였다. 1만 달러를 요구해도 괜찮을 법한 사양의 차를 7천 달러에 팔고 있었다. 3천 달러를 아끼면 열 달치 식비를 버는 셈이었다.

일단 전화부터 걸었다.

"인터넷에서 봤는데, 7천 달러짜리 차 팔렸나요?"

"아뇨, 아직."

서둘러서 전화를 끊고 남편과 함께 카를로스를 찾아갔다. 보통 유명 중고차 매장은 시내 중심가에 있었지만 카를로스의 매장은 후미진 외곽에 있었다. 매장을 찾는 일은 생각보다 쉽지 않았다. 주택지붕 수리 업체와 트럭 정비 업체 사이에 낀, 흰 바탕에 검정색 글씨로 쓰인 간판을 겨우 찾아냈다. 5분만 늦었어도 포기하고 그대로 돌아갈 뻔한 상황이었다.

우리 차가 생긴다는 설렘 때문인지 막상 매장 앞에 도착하자 살짝 떨리기까지 했다. 문을 열고 막 들어가려는데 옆에 있는 건물 내부가 보였다. 창고를 개조해 정비공장으로 쓰는 것 같았다. 호기심이 생겨 가볍게 훑어보는데 뭔가 이상했다. 그곳에 있는 차들은 정상이라고 보기 힘든 모습이었다. 적게는 한두 군데, 많게는 서너 군데 이상의 상처를 가진 차들이 대부분이었다. 전조등이 깨졌거나 범퍼가 떨어져 과거 전력이 의심스러웠다. 그럼 그렇지, 세상에 공짜는 없었다. 다른 곳에 비해 월등히 싼 가격의 비밀이 단숨에 풀렸다. '과거 있는 차'를 수리해 파는 것이었다. 남편은 어느 정도 예상 했었는지 담담한 표정이었다.

카를로스는 치아교정기를 끼고 있을 만큼 앳된 청년이었다. 어릴 적 콜롬비아에서 이민을 왔다고 했다. 서투나마 손님들과는 영어로 대화하고 히스패닉계 직원들과는 스페인어로 얘기를 나눴다. 몹시 바빠 보였다.

우리는 얌전히 앉아서 차례를 기다렸다. 카를로스가 다가왔다. 서로 영어도 불편한 처지에 예의를 차릴 것도 없었다. 아까 전화한 '킴'이라고 밝히고 단도직입적으로 물었다.

"그 7천 달러짜리도 사고 난 차야?"

핵심을 찌르는 질문에도 카를로스는 조금도 동요하지 않았다. 오히려 단 몇 분만에 우리를 설득해 버렸다. 그의 말에 따르면 경미한 사고의 차량만 취급하고 있어서 안전은 전혀 걱정할 게 없었다. 일본 차종 중에서도 스바루 한 종만 다루기 때문에 그동안 축적된 노하우가 상당하다고 자부했다. 왠지 그럴싸하게 들렸다. 미리 알리고 파니 불법이나 사기도 아니었다. 듣고 보니 썩 괜찮은 사업 모델 같아서 혹시 이 녀석 천재 아니야? 하는 생각마저 들었다. 청바지와 줄무늬 티셔츠를 입은 카를로스의 수수한 모습에서 지나치게 깔끔한 외모의 딜러들에게는 없는 진정성까지 엿보였다. 토요일 오후 4시란 점도 구매를 결정하는 데 큰 영향을 끼쳤다. 여느 딜러라면 벌써 퇴근하고 남았을 시간에 일하느라 여념이 없는 카를로스는 앞으로 3시간 후에나 퇴근할 예정이었다. 그의 성실성은 의심할 여지가 없었다.

남편이 가방에서 두툼한 현금 뭉치를 꺼냈다. 계약서를 작성하는 와중에도 우리 차에 대한 문의전화가 빗발쳤다. 남편과 나는 약속이나 한 듯이 흐뭇한 눈길로 무언의 대화를 나누었다. 기분이 좋아진 우리는 내친 김에 보험까지 들었다. 카를로스의 컴퓨터를 빌려서 제일 저렴한 보험 상품을 찾아서 가입했다.

드디어 우리에게도 차가 생겼다. 비록 중고였지만 우리에게는 새 차나 다름없었다. 골치 아픈 보험까지 한번에 해결하고 나니 날아갈 것만 같았다. 그 기분을 주욱 이어서 돌아가는 길에는 중고물품점에 들렀다.

한국식 '아름다운 가게'를 예상하고 들어간 중고물품점은 우리 기대를 완전히 벗어난 곳이었다. 풍요롭고 반짝이는 미국 상점이라고는 도저히 믿기지 않았다. 꾀죄죄한 행색의 청년은 선반 위의 라디오를 고르는지 거칠게 들었다, 놨다 반복했다. 물건이 망가지든 말든 전혀 개의치 않는 눈치였다. 그 옆에서 요즘에는 좀처럼 보기 힘든 쑥대머리의 여자가 초점 풀린 눈으로 정신 없이 물건을 쓸어 담았다. 땟국물이 줄줄 흐르는 아이들은 이곳저곳을 버릇없이 뛰어다녔다. 쑥대머리 엄마를 따라온 모양이었다. 가구를 고르는 줄 알았던 이상한 노숙자는 알고 보니 물품을 정리하고 있던 직원이었다. 휴, 나도 모르게 깊은 한숨이 나왔다. 이런 데서 세간을 골라야 하는 내 신세가 처량하기 그지없었다.

그때였다. 불현듯 요란하게 울려 퍼지는 휴대전화 벨소리에 정신을 차렸다. 진원지는 내 가방이었다. 어제 개통한 휴대전화가 떠올랐다. 허겁지겁 가방을 뒤져서 전화를 받았다. 전화를 건 사람은 전혀 모르는 남자였다. '냄크옥(남국) 킴'을 찾길래 얼른 남편을 바꿔 주었다. 떨떠름한 표정으로 전화기를 건네받은 남편은 통화가 길어질수록 우거지상을 지었다. 남편은 계속 같은 말만 반복했다. 영문을 몰라 보는 내내 속이 터졌다. 지금 사용하는 휴대전화의 요금제는 수신자에게도 과금하는 방식이었다. 1분에 무려 25센트의 요금이 올라간다. 1달러가 날아갔을 즈음 전화기를 뺏어서 다짜고짜 물었다. 넌 누구냐? 남자는 자동차보험회사의 전화 상담원이었다. 우리가 가입한 500달러짜리 보험 상품이 미국 운전면허증 미소지자에게는 할증을 부과하는 상품이었다나? 면허를 따고 전화하면 다시 조정해 주겠다면서 당장 200달러를 추가로 내라고 했다. 아, 세상은 정말 만만치가 않았다. 생활이 안정될 때까지 미뤄 두기로 한 면허 취득이 최우선 과제로 돌변하는 순간이었다. 여유 부리면서 세간이나 장만할 때가 아니었다. 서둘러 집으로 돌아왔다. 집안에 들어서자마자 컴퓨터부터 켜고 유타 주 교통국 홈페이지에 접속했다.

미국의 면허 취득 과정은 의외로 간단했다. 필기시험에 필요한 교통법규 가이드는 교통국의 홈페이지에서 PDF파일로 무료 제공되었다. 시험은 언제라도 볼 수 있고 국제운전면허증이 있는 사람은 오픈 북 방식으로 시험을 치를 수 있었다. 주말 동안 벼락치기로 공부하면 월요일 응시도 가능할 것 같았다.

드디어 월요일 아침, 둘 다 새벽같이 일어나서 교통국에 갔다. 공무원들이 주 4일 일하고 오전 7시부터 근무한다더니 사실이었다. 이른 아침부터 찾아온 응시자들이 적지 않았다. 필기시험은 시간도 무제한인데다가 전산시험이어서 끝나자마자 합격 여부를 알 수 있었다. 떨어지면 그 즉시 재시험을 보면 된다. 그야말로 너그러움의 극치였다.

나는 첫 번째 시험을 30분 만에 뚝딱 끝냈다가 보기 좋게 떨어졌다. 두 번째 시험에서는 합격선인 80점을 받았다. 내가 두 번의 시험을 치르는 동안 남편은 첫 번째 시험문제를 풀고 있었다. 과거시험이라도 보는지 문제 하나하나에 엄청난 공을 들이는 게 이상했다. 그렇다고 실기시험에 합산되는 것도 아닌데 도통 모를 일이었다. 아니나 다를까, 한 문제만 틀린 남편은 드물게 우수한 성적으로 합격하고야 말았다. 합격증을 나눠 주는 교통국 직원도 "네 남편 엄청 똑똑하다."라며 놀랄 정도였다.

엄청난 대기자들에 밀려 실기시험이 11월 중순으로 잡혔다. 보험 할증료를 생각하면 속이 타들어갔지만 기다리는 수밖에 없었다. 시험일까지 두 달 남은 시점부터 긴장의 끈을 놓지 않았다. 하지만 마땅한 방법이 떠오르지 않아서 늦은 밤까지 애먼 필기시험 책만 붙들고 지냈다. 우수한 성적으로 교통국 직원을 놀라게 한 남편은 그런 나를 비웃었다. 똑같이 응시생 처지라는 걸 잊었는지 벌써 합격한 사람처럼 굴었다. 필기시험 장벽을 가뿐히 넘겼으니 실기 따위는 대수롭지 않다고 여기는 눈치였다. 그런 거만한 태도는 시험 당일까지 계속되었다. 시험 보러 가는 차 안에서도 남편은 내 운전 실력을 트집 잡았다. 아무리 지적해도 고쳐지지 않는다나? 이제부터는 알아서 하라며 잔뜩 겁을 주었다.

진지한 만남을 시작할 무렵 남편은 내게 면허를 따라고 계속해서 압력을 넣었다. 혼자만 운전하면 피곤하다는 이유였다. 나보다 일곱 살이나 연상인 남자가 하기엔 상당히 당돌한 발언이었다. 하지만 나 또한 남에게 신세 지고는 못 사는 성격이라 곧바로 학원 등록을 해버렸다.

다닌 지 한 달 만에 면허증을 손에 쥐었다. 기분이 썩 좋진 않았다. 환경보호 차원에서 일평생 자가용을 몰지 않을 작정이었는데. 여태 지켜온 신념과 맞바꾼 면허증이 좋아 보일 리 없었다.

문제는 그 망할 놈의 학원에서 완전히 엉터리로 운전을 가르쳐 주었다는 것이다. 마침 대학생들이 여름방학을 앞둔 시점이었는데 당시 학원은 눈앞의 이익에만 눈이 멀어 기존 수강생을 한 명이라도 더 내보내려고 혈안이 되어 있었다. 수강생을 조금이라도 더 받으려는 시뻘건 장삿속이었다. 그런

난리 통에 클러치가 뭔지도 모르는 사람이 1종 보통 면허를 따다니 한마디로 옆집 개가 웃을 일이었다.
　처음으로 차를 몰고 나가서 대형마트가 모여 있는 양재동 도로를 역주행하는 곡예 운전을 선보였다. 오르막길에서 시동이 꺼질까 봐 평지를 찾아 멀리 돌아간 일은 애교 수준이었다. 그 붐비는 사당역 교차로를 지나면서 시동을 꺼뜨린 적도 부지기수였다. 내가 이나마 운전을 하게 된 것은 순전히 인내심 많은 남편의 노련한 가르침 덕분이었다. 연애 초기에 운전을 배웠기에 망정이지, 오래된 연인이었다면 헤어져도 이미 여러 번 헤어졌을 것이다. 결혼한 부부였다면 이혼으로 대미를 장식했을지도 모르겠다. 하지만 과거는 과거일 뿐, 기막힌 반전이 우리를 기다리고 있었다.

　교통국에 도착해 먼저 시험 차에 오른 사람은 남편이었다. 얼른 다녀와서 합격 요령을 가르쳐 주겠다며 잔뜩 부푼 얼굴로 출발했다. 초조하게 기다리는 동안 20여 분이 금방 지나갔다. 멀리 남편을 태운 차가 대기 장소로 돌아오는 게 보였다. 그런데 시험을 마친 남편의 행동이 뭔가 이상했다. 차에서 내릴 생각은 안 하고 나란히 앉은 시험관과 한참 동안 대화를 나누고 있었다. 불길한 징조였다.
　차문을 열고 밖으로 나온 남편이 내 쪽으로 걸어왔다. 몹시 어두운 표정이었다. "합격했죠?"라고 묻는데 남편은 힘없이 고개를 저었다. 아니 이럴 수가, 나라면 몰라도 남편이 떨어지다니 믿기지가 않았다. 200달러 뭉치가 저 멀리 날아가며 작별을 고하는 모습이 눈에 아른거렸다. 남편의 손에서 채점표를 낚아챘다. 8점! 최하위권인 10점에서 2점이나 모자란 점수, 고작

8점을 받다니. 어처구니가 없어서 벌어진 입이 안 다물어졌다. 시험관에게 감점 요인을 듣느라 차에서 내리지도 못한 것이었다. 그 짧은 시간 동안 온갖 종류의 감점 행동을 저지르고 나오는 것도 재주라면 아주 용한 재주였다.

다음은 내 차례였다. 풀 죽어 있는 남편을 다그칠 새도 없이 차에 올랐다. 놀란 가슴부터 진정시키고 시험에만 집중했다.

느릿느릿 최대한 천천히 움직였다. 시험관이 "유턴 하세요, 평행주차 하세요"라고 지시할 때마다 "Pardon me?"를 연발했다. 일종의 확인 절차였다. 비록 시간은 초과됐지만 상관없었다. '너무 느림'이란 감점 항목은 채점표 어디에도 없다는 사실을 잘 알고 있기 때문이었다.

과연 '거북이 전략'은 성공이었다. 살가운 교포 아줌마들이 일러준 고지식한 운전법이 적중한 것이었다. 평행주차 때 차바퀴가 포장도로를 벗어나서 모래밭에 빠지는 불상사가 있었지만 최종 85점을 받았다. 실력으로 당당히 합격한 것이다. 남에게 피해를 줄 수 있는 실수는 가차 없이 감점하되, 혼자서는 어떤 멍청한 짓을 해도 관대한 것이 미국식 기준 같았다. 오래전부터 준비했지만 잘난 척하기 좋아하는 남편에게는 비밀이었다. 어차피 귀띔해 준다고 들을 위인도 아니었다. 솔직히 한번 떨어져 봐라 하는 마음도 전혀 없지는 않았다. 8점! 성급하고 건방진 운전자에게 딱 맞는 점수였다.

돌아올 때의 운전대는 영예의 합격자인 내 차지였다. 면허시험 낙방이란 대혼란에 빠진 남편은 차창에 얼굴을 기대고 알아듣기 힘들게 작은 소리로 웅얼거렸다. "사람이 한번 떨어질 수도 있지.", "이제 보험에서 나는 빼고 당신만 등록하면 되겠네."라고 말하면서 자기 위안과 학대 사이를 오갔다.

미국 국립공원의 아버지, 존 뮤어는 광활한 서부의 아름다움을 알리는 여러 권의 저작물을 남겼다.

이듬해 1월 재시험을 보고 면허를 딸 때까지 남편은 나의 운전에 대해 언급을 삼갔다. 결혼한 뒤 처음으로 기를 펴고 산 두 달이 아니었나 싶다.

요세미티는 공식적으로는 미국에서 세 번째로 오래된 국립공원이다(1890년 지정). 세계 최초의 국립공원이라는 영광스러운 칭호는 와이오밍 주의 옐로스톤이 가져갔다. 하지만 여기에는 그럴 만한 사정이 있다. 옐로스톤 입장에서는 조용히 덮어 두고 싶은 뒷얘기이다.

요세미티의 빼어난 아름다움은 황금을 찾아 몰려든 이들의 입소문에 힘입어 빠른 속도로 미국 전역에 퍼져나갔다. 그러자 요세미티를 상업적으로 이용하려는 손길들이 뻗쳐왔고, 보다 못한 몇몇 선구자들이 나서서 요세미티를 지키는 데 앞장섰다. 1864년 링컨 대통령이 사인한 요세미티 그랜트 법안은 그 결과물이다. 법안에는 '보존', '공공의 사용'과 같은 세계 최초의 개념들이 담겨 있다. 그로부터 8년 뒤, 1872년 미국 최초의 국립공원으로 옐로스톤이 지정되면서 그랜트 법안의 개념들이 그대로 쓰였다. 공원 설립의 취지 면에서 보면 요세미티와 옐로스톤의 가치는 별반 차이가 없는 것이다. 오히려 시기적으로만 본다면 요세미티의 가치가 한 발 앞서 인정받았다고 봐야 한다.

그런데 왜 미국 최초의 국립공원은 옐로스톤이 되었을까? 한마디로 요약하면 지리적인 차이 때문이었다. 연방 정부는 요세미티의 관리를 당시 잘 나가던 주인 캘리포니아에 맡겼다. 넉넉한 재정과 많은 인구수가 공원 관리에 가장 적합하다고 판단했기 때문이다. 요세미티 주립공원의 시작이었다. 반면 옐로스톤이 속한 몬태나 주와 와이오밍 주는 연방 정부의 행정력이 미치지 않는 오지였다. 연방 정부에 41번째(1889년), 44번째(1890) 주로 편입되는 것도 꽤나 오래 걸린 편이었다. 하지만 결과적으로 국립공원으로 맨 처음 지정된 것은 옐로스톤이었다. 운 나쁘게 이미 주립공원으로 지정되어 관리를 받고 있던 요세미티는 국립공원 지정이 늦어진 것뿐이다. 물론 이런 이야기는 옐로스톤 관광안내서에 안 나와 있다.

요세미티에서 시작된 '누구나 와서 즐기고 쉴 수 있는 공공의 땅'은 완전히 새롭고 파격적인 개념이었다. 서부 개척시대의 사람들이 깃발 하나 달랑 꽂으면서 땅 부자로 거듭난 호시절이 엊그제였다. 공유지 개념에 익숙하지 않던 땅주인들 때문에 애를 먹긴 했지만—그들이 요세미티 안의 토지 소유권을 주장하자 결국 대법원이 나서서 정리해야 했다—초기 선각자들 덕분에 국립공원 시스템을 지킬 수 있었다.

12월 31일, 드디어 우리는 140번 도로를 타고 요세미티의 서쪽 입구에 도착했다. 도로변에는 바퀴에 체인을 감느라 분주한 차들이 늘어서 있었다. 겨울 공원에 입장하려면 체인을 달아야 했기 때문이다. 사륜구동차 역시 사계절 타이어나 스노타이어는 필수였다. 사륜구

눈의 나라로 향하는 진입로

동인 우리 차는 고맙게도 사계절 타이어를 달고 있었다. 사고 전력에 연료 계기판까지 고장 난 주제였지만 용케도 최소한의 겨울 장비를 갖춘 중고차였다. 대견했다. 이 차의 전 주인도 놀러 다니는 면에서 여간내기가 아니었던 게 확실하다. 아마도 신나게 쏘다니다가 사고를 냈을지 모른다는 생각이 들었다. 아무튼 우리는 의기양양한 기세로 서 있는 차들을 지나쳐서 공원으로 들어갔다.

요세미티 계곡 안으로 막 들어서는데 갑갑한 기분이 먼저 들었다. 계곡은 거대한 화강암으로 둘러싸여 있었다. 사방이 막힌 채로 머리 위의 하늘만 올려다보고 있자니 막막했다. 발아래 첩첩산중이 펼쳐지고 아스라이 농촌 풍경이 한눈에 들어오는 우리 경치와는 많이 달랐다.

하지만 요세미티의 진면목은 따로 있었다. 방문객센터에서 공원 홍보 영상을 보고 거울 호수까지 걸어갔다 오니 어느새 해질녘이었다. 잠잘 곳을 찾아서 주차장 쪽으로 터덜터덜 걸어가는데 뭔가 심상치 않은 변화가 느껴졌다. 눈사람을 만들던 사람들, 앞에서 걷던 사람들이 시야에서 점점 사라져 갔다. 연막 소독약보다 짙은 농도의 안개가 순식간에 차오른 것이었다. 잠시 후 눈 앞의 모든 것들이 하얀 구름 위에서 둥둥 떠다녔다.

저녁 어스름의 요세미티 계곡은 완전 다른 세상이었다. 계곡을 빈틈없이 메운 안개가 어른 키 높이만큼 부풀어 오르면 몇 초 전까지만 해도 분명했던 풍경들이 마법처럼 사라졌다. 불쑥 머리만 내민 나무들, 아찔한 높이의 절벽에서 내려다보는 기암괴석들, 깎아지른 듯 거대한 절벽 위로 쉼 없이 떨어지는 폭포만 남기고 모든 것들이 숨어 버린다. 그 장엄하고 신성한 모습에 취해서 한 발자국도 움직일 수가 없었다. 딱 한 가지 생각밖에 들지 않

얼음 안개가 짙어지면 어느새 나무의 기둥들은 사라지고 가지들만 수줍게 고개를 내민다

왔다. 이곳이 바로 샹그릴라구나! 영원한 행복을 누릴 수 있는 평화롭고 신비로운 계곡! 그게 바로 요세미티의 진짜 얼굴이었다.

  우리가 운 좋게 마주친 얼음 안개는 겨울에만 볼 수 있다. 그것도 완연한 저녁으로 넘어가기 직전 딱 30분만이다. 한낮에 비해 훨씬 약해진 오후의 햇빛이 땅 위의 공기를 데우지 못하게 되면 얼음과 눈이 공기를 차갑게 식힌다. 땅의 냉기와 오후 햇살의 가냘픈 온기가 힘겨루기를 하는 사이에 극적으로 안개가 생기는 것이다.

  요세미티를 덮친 차갑고 축축한 안개는 해가 지면서 순식간에 사라져버

렸다. 겨울 요세미티에는 처음부터 흥미가 없었다. 볼 것이라고는 눈밖에 더 있을까 싶었다. 추위 때문에 캠핑을 못하면 모닥불도 피울 수 없다. 더없이 따뜻한 위로가 되어 주는 모닥불이 없다니 길 위의 여행자에게는 탐탁치 않은 곳이다. 하지만 고작 30분 동안 등장했다가 사라진 얼음 안개 덕분에 사고의 편협에서 벗어나고 반성할 수 있었다. 그 짧은 시간 동안 평생 잊지

못할 감동을 주는 곳이라면 계절을 따지는 게 무의미하다. 사계절 내내 와야 되겠구나, 마음먹었다. 오랜만에 대단한 깨달음이라도 얻은 듯 고해성사를 했지만 남편은 이랬다저랬다, 손바닥 뒤집듯이 한다며 내 말을 무시했다. 슬슬 운전면허증의 약발이 떨어지고 있었다. 안타까운 마음에 어서 다음 라운드가 오기를 빌었다.

옐로스톤, 처음 가는 길

# 목숨을 위태롭게 하면서까지 캠핑하지 말 것

미국에 오면서 기대했던 게 하나 있다. 주말에 휴일이 끼면 금요일이나 다음 주 월요일을 대체해서 쉰다는 이야기 때문이었다. 주 5일 근무만으로도 감사한데 공휴일은 반드시 쉬게 해준다니 지상낙원이 따로 없구나 싶었다. 내친 김에 40일의 유급휴가까지 더해서 한 해의 3분의 1을 거뜬히 놀며 보내겠다는 야무진 계획을 세웠다. 한데 남편이나 나나 미국의 휴일을 몰라도 너무 모른다는 것이 문제였다.

미국은 주마다 휴일이 제각각이다. 연방 휴일은 전 국민이 쉬는 날이라기보다는 연방 정부의 공무원들이 쉬는 날이다. 일반인은 살고 있는 주에서 정한 휴일에 신경을 써야 한다. 다행히 대다수의 주가 정한 휴일은 연방 휴일과 대동소이하다. 10개의 연방 휴일 중 한두 개를 더하거나 빼는 수준이다. 특히 빅6라고 불리는 날들—새해 첫날, 현충일과 비슷한 메모리얼 데이, 독립기념일, 노동절, 추수감사절, 크리스마스—은 공통 휴일이다.

그런 복잡한 휴일 시스템을 알기 전의 일이었다. 보스톤에 사는 친구와 통화를 하던 중에 "어머, 몰랐어? 내일 콜럼버스의 날이잖아. 쉬는 날이야."라는 얘기를 들었다. 이튿날 "이구, 나 아니었으면 휴일에 출근할 뻔했잖아요. 오늘 노는 날이래요."라고 공치사를 하며 남편의 출근을 막았다. 내 말을 철석같이 믿은 남편은 집에서 쉬고 있다가 전화를 받고 허둥지둥 뛰어나갔다. 유타대학교가 콜럼버스의 날에 쉬지 않는다는 사실은 나중에 알았다. 유타 주가 정한 틀림없는 휴일이었지만 막상 남편의 직장은 쉬지 않아 문제였다. 주마다 휴일이 다른 건 그렇다 치고 직장마다 다르다니, 휴일에 대한 강렬한 의지도 꺾이고 말았다.

그렇게 된통 당한 다음부터 우리는 주말 이외의 휴일에는 일체 관심을 끊었다. 달력조차 보지 않았다. 솔직히 말하면 들여다볼 달력이 없었다. 연말이면 여기저기서 보내 온 공짜 달력을 죽 펼쳐 놓고 어느 걸로 걸까 고민해야 했던 우리나라 현실과 너무 대조적이었다. 믿었던 유타대학교와 주거래 은행인 웰스파고은행에서도 기다리던 달력을 보내지 않았다. 미국에서 공짜 달력은 꿈같은 이야기였다.

결국 기다림이 오기로 변해서 가게에서 사온 달력은 절대로 걸지 않겠다며 버티던 1월의 어느 날 저녁이었다. 인터넷으로 유타대학교의 문화공연 캘린더를 보는데 돌아오는 월요일이 '마틴 루터 킹의 날'이었다. 몰랐으면 모를까, 휴일인 줄 알면서 지나치기가 억울했다. 모처럼의 연휴를 헛되이 보낼 수는 없었다. 부랴부랴 여행지를 정했다. 솔트레이크시티에서 6시간 거리인—줄로만 알았던—옐로스톤 국립공원을 골랐다. 유명한 데니까 좋겠지, 하는 단순한 생각으로 숙소 예약도 하지 않은 채, 장도 보지 않은 채, 집에 있는 라면과 3분 카레만 챙겨서 무작정 떠났다.

6시간을 우직하게 달린 끝에 옐로스톤에 도착했다. 집에서 가장 가까운 서쪽 입구가 목적지였다. 마을 초입으로 들어서는데 이상한 분위기가 감돌았다. 도로에 쌓인 눈이며 문 닫힌 주유소, 적은 수의 행인들까지 심상치 않은 분위기를 자아냈다. 설마 설마하며 매표소를 찾았는데 일반 자동차는 다음 해 4월 중순까지 통행금지였다. '걸어 들어가는 것은 허락한다.' 라는 안내 문구가 있었지만 이런 한겨울에는 자살행위나 마찬가지였다.

하는 수 없이 유일하게 열려 있는 북쪽 입구로 차를 돌렸다. 워낙 넓다 보니 차를 타고 다시 4시간 반이나 이동해야 했다. 아주 기본적인 정보조차 알아보지 않고 무작정 달려온 대가였다. 결국 공원 입장은 성공했지만 저녁이 되자 슬슬 숙소 걱정에 맘이 무거워졌다. 역시 예상한 대로였다. 우리에겐 선택의 여지가 없었다. 우리 부부에게 항상 최후의 보루가 되어 주는 2인용 텐트를 꺼냈다. 남편이 '에베레스트에서도 쓸 수 있다' 고 입버릇처럼 주장하는 문제의 텐트이다. 과연 이 문구를 만든

준비된 사람들의 아늑한 휴식처, 맘모스 호텔

사람은 직접 에베레스트에서 써봤을까? 진심으로 궁금했다.

추위 때문에 아랫니와 윗니가 부딪히며 딱딱 소리를 낼 정도였다. 남편은 손가락이 얼어서 곱는데도 "옐로스톤이 에베레스트보다 춥겠어?"라고 큰소리를 쳤다. 텐트를 세우는 중간 중간 잊지 않고 주변 차들을 가리키며 말했다.

"저 봐. 다들 캠핑 한다니까?"

하며 나의 불만을 잠재우려고 했다. 평소에는 남들 반대로 하면서 쾌감을 느끼는 사람이 꼭 이럴 때만 주변 사람들을 걸고 넘어졌다.

"저 사람들은 우리랑 종자부터가 달라요. 우리나라 산모들이 장갑 끼고 냉장고 문 여는 것도 못 봤어요? 저 사람들은 몸 푼 다음 날부터 찬물로 샤워하는 인간들라고!"

라고 외치고 싶었지만 실험과 통계로 증명할 수 없는 '낭설'로는 도저히 막을 수 없다는 사실 또한 잘 알고 있었다. 말을 아끼는 게 상책이었다. 저 남자는 오늘 밤 반드시 캠핑을 해야만 미국의 캠핑 주류—그런 게 있다면—에 편입될 수 있다는 믿음을 가진 것 같았다. 마치 종교의식을 주관하는 사제마냥 텐트를 치는 손길 하나하나에는 엄숙함까지 느껴졌다.

남편은 무언가에 홀려 있었다. 하나뿐인 귀중한 목숨이 달려 있는 마당에 손 놓고 지켜보기만 할 수는 없었다. 일단 자동차 열쇠부터 확보해 놓고 여차하면 차 안이나 인근 호텔 로비로 피신할 생각이었다. 과연 내 판단이 옳았음을 알게 되기까지는 그리 오래 걸리지 않았다.

트렁크에 굴러다니던 박스들을 닥치는 대로 모아 깔았지만 등짝을 파고드는 냉기를 막기에는 역부족이었다. 당연히 잠도 오지 않았다. 참다 못해

온천들이 만들어 낸 수증기는 겨울에 더욱 왕성하고 아름답다(위). 맘모스 온천 한가운데서 고사해 버린 나무들(아래).

대피하려고 준비하는데 한밤의 정적을 깨뜨리는 정체 모를 소리가 귓속을 파고들었다. 무언가가 주변을 돌아다니며 풀을 헤치는 소리였다. 어떤 동물인지 짐작조차 가지 않았다. 자그마한 설치류에서 1톤 무게의 엘크까지, 오만 가지 동물 형상이 떠올랐다. 낮에 만난 동물들 앞에서는 가까이 다가서지 못하는 게 한이었는데, 한밤중에 들이닥친 손님 앞에서는 언제 정신 줄을 놓을지 모를 사람처럼 부들부들 떨고 있었다. 반전도 이런 반전이 없었다.

시간은 느릿느릿 흘러갔다. 무서운 건 둘째 치고 추위 때문에 버티기가 점점 힘들어졌다. 텐트 내부에 맺힌 이슬이 얼어붙을 만큼 추웠다. 녀석은 도무지 떠날 생각이 없는 듯했다. 오늘 밤 우리 부부의 운명이 한낱 짐승에게 달려 있다니 정말 어이가 없었다. 저게 만약 엘크라면? 행여 녀석이 쉬어갈까, 하는 마음으로 텐트 위에 올라타기라도 한다면? 옐로스톤이니 대자연이니 모두 부질없게 느껴졌다. 당장 내일 아침 밝아 오는 햇님을 다시 볼 수 있을까 생각하니 뒤늦은 후회가 밀물처럼 밀려왔다. 이럴 줄 알았으면 집에서 팝콘이나 먹으면서 밀린 드라마나 왕창 볼걸.

하지만 아직 죽을 때는 아니었는지 녀석의 소리가 조금씩 멀어져 갔다. 머리카락를 곤두서게 만들었던 소리는 완전히 사라졌지만 몇 번이나 확인한 끝에 조심스럽게 텐트의 지퍼를 내렸다. 머리 하나만 겨우 내놓고 주위 동태를 살폈다. 다행히 아무것도 없었다. 재빨리 자동차 열쇠를 찾아 리모컨 버튼을 눌렀다. 차문이 열림과 동시에 후다닥 뛰쳐나갔다. 침낭을 들고 뒤도 안 돌아보고 달렸다. 잽싸게 차에 올라 문을 닫았다. 쾅! 내 평생 차문 닫히는 소리에 그토록 감동해 보기는 처음이었다.

운전석에 앉자마자 침낭 속에 몸부터 쑤셔 넣었다. 히터를 최대로 틀어 놓은 지 몇 분 만에 참았던 졸음이 한꺼번에 쏟아졌다. 추워서 저녁밥도 거의 생략하다시피 했더니 잊고 있던 허기까지 몰려왔다. 남편을 깨워서 데려올까 했지만 바로 마음을 고쳐먹었다. 좀 전의 아찔했던 기억이 떠올라서였다. 아직 세상에는 인과응보, 사필귀정의 정의가 살아 있음을 보여 줘야 했다.

아침이 되자 어떻게 차문을 열었는지 남편이 조수석에서 쿨쿨 자고 있었다. 자존심 때문에 내가 대피한 다음 슬그머니 뒤따라온 게 뻔했다.

"당신은 살아도 텐트에서 살고 죽어도 텐트에서 죽어야지, 왜 여기서 잠을 자요? 에베레스트에서도 쓰는 텐트라면서요?"

"기왕에 히터도 빵빵하게 틀었는데 둘이면 더 좋잖아? 서로 체온도 있고."

아깝다! 동상으로 발가락 하나를 잃는 한이 있더라도 버텼어야 했는데……. 분하지만 내가 퇴로를 제공한 셈이었다.

그런데 나를 더더욱 기막히게 한 사실은 간밤에 텐트에서 잠을 청한 이들이 우리뿐이었다는 것이다. 캠핑장에 주차된 차들 말고 다른 텐트는 눈을 씻고 찾아봐도 없었다. 어젯밤 요란하게 모닥불을 피우고 '캠핑의 정석'을 보여 줄 것처럼 굴던 사람들 중 단 한 명도 텐트에서 자지 않은 것이었다.

호기심과 원망에 불타 가까운 차 안을 들여다봤다. 김 서린 창문 너머로 건장한 백인 청년이 단잠에 빠져 있었다. 무쇠도 씹어 먹을 나이의 젊디 젊은 남자였다. 욕이 저절로 나왔다. 몽매한 남편을 둔 덕분에 얼어 죽을 뻔하다니, 뜨거운 뭔가가 울컥 치미는 것을 가까스로 참아 눌렀다.

뒤늦게 일어난 남편은 화장실에 다 녀오더니 아무 말 없이 텐트를 접기 시작했다. 그러더니 시키지도 않았는 데 아침밥을 차린다고 분주히 움직였 다. 내 눈을 똑바로 쳐다보지도 못하고 부지

둑툭한 모습으로 설원을
누비는 스노 코치

런히 손을 놀렸다. 알아서 죄 값을 치르는 중이었다.

굳이 확인할 필요도 없었다. 어쨌든 그렇게도 선망하던 캠핑 주류에 '목 숨을 위태롭게 하면서까지 캠핑하지 말 것'이라는 강령이 있음을 확실히 알았을 것이다. 그걸로 만족했다.

옐로스톤에서 다시 하룻밤을 보내고 스노코치 투어를 신청했다. 겨울에 는 공원 안에 가득 쌓인 눈 때문에 일반 승용차로 다니긴 무리였다. 4월 중 순이나 되어야 눈이 녹기 때문이다. 공원의 모든 도로를 이용하려면 5월 중 순까지 기다려야 했다. 지금처럼 한겨울에는 스노코치나 스노모빌, 스키처 럼 설원용 탈것들이 필요하다.

우리가 고른 스노코치는 타이어 대신 캐터필러가 달려 있어서 하반신은 탱크, 상반신은 승합차처럼 생긴 차였다. 함께 승차한 인원은 예닐곱 명 정 도였다. 가이드는 사람들에게 출신지와 옐로스톤에 와본 적이 있는지를 물 었다. 우리만 빼고 모두 여러 번 와본 사람들이었다. 사람들이 한겨울에 이 곳을 찾은 이유는 야생동물을 관찰하기 위해서였다. 새하얀 들판에서는 야 생동물이 훨씬 눈에 잘 띈다고 했다. 다들 경험자임을 증명하듯 목에 쌍안 경을 하나씩 걸치고 있었다.

그중 유독 한 남자가 내 관심을 끌었다. 유일하게 혼자 온 남자는 무리에

서 유일하게 날씬했다. 안경 너머 날카로운 눈매가 몹시 매서웠다. 책상머리에서 수학문제나 풀고 있으면 딱인 용모였다. 다들 예의상 눈을 마주치며 인사를 하는데, 남자의 시선은 바깥 풍경에 고정되어 있었다. 마치 한 마리의 고독한 늑대를 연상시켰다.

스노코치가 출발하고 얼마간 이동했을 무렵 남자는 자신의 존재를 서서히 드러냈다.

"저기 대머리독수리가 있네요."

"저건 코요테군요. 쥐를 잡고 있어요."

남자는 망원경도 없이 육안으로만 동물들을 척척 찾아냈다. 그가 가리키는 작은 점도 망원경으로 다시 보면 움직이는 동물이었다. 일부러 돈을 주고 고용한 가이드는 고작해야 "네, 대머리독수리 맞네요.", "네, 정말 코요테군요. 사냥에 성공했어요." 하면서 뒷북치기에 바빴다. 결정적으로 "앗! 저기 늑대 아닌가요?"라고 외친 가이드의 말을 "아니오. 저건 여우입니다."라고 재빨리 정정해 주는 그를 보자, 오늘 길 잃은 어린양들을 이끌어 주실 분이라는 확신이 들었다.

12시가 조금 넘어서 사람들을 태운 스노코치는 옐로스톤 호수가 내려다보이는 곳에 정차했다. 점심을 먹기 위해서였다. 사방이 눈이라 딱히 앉을 곳은 없었다. 각자 마련해 온 음식을 선 채로 간단히 먹어야 했다. 갑자

이곳의 까마귀는 "깍(give) 깍(me) 까아악(food)!"이라고 운다.

기 그 남자의 점심이 궁금해졌다. 이런 찬 날씨에 고수들은 뭘 먹을까? 건조 동결식과 티타늄 포크, 고성능 보온병을 예상했지만 그의 메뉴는 의외로 소박했다. 포테이토칩 한 봉지와 콜라 캔 하나가 가방에서 꺼낸 전부였다. 남자는 호수가 가장 잘 내려다보이는 곳을 골랐다. 그러더니 누구도 침범한 적이 없는 보드랍고 하얀 눈밭에 콜라 캔을 푹 꽂았다. 그런 다음 버팔로가 한가로이 풀을 뜯듯 천천히 포테이토칩을 씹어 먹었다. 식사를 끝낸 남자는 눈 속에서 차가워진 콜라를 마시는 걸로 마무리를 했다. 나는 눈에 심어진 콜라 캔의 풍류에 완벽하게 굴복당하고 말았다. 다시 올 때는 반드시 미지근한 콜라 캔 하나를 꼭 준비해 오리라 다짐했다.

코치를 타고 공원에서 마주친 야생동물은 꽤 다양했다. 대머리독수리·코요테·여우·버팔로 들은 한창 겨울잠에 빠져 있을 곰들을 대신해 기꺼이 모습을 드러내 주었다. 녀석들은 눈 깜짝할 사이 등장한 차를 보고도 제 할 일만 열심히 하는 대범함까지 갖추고 있었다. 유난히 기억에 남는 녀석들이라면 주저 없이 늑대를 뽑고 싶다. 단 한 번의 등장으로 모두를 술렁이게 만들었기 때문이다.

녀석들은 멀리 보이는 눈 덮인 언덕 꼭대기에 서서 조용히 우리를 내려다봤다. 이전까지 비교적 평온한 태도를 유지했던 사람들의 숨소리가 점차 거칠어졌다. 이번에야말로 진짜 늑대일지 모른다는 생각에 다들 흥분을 감추지 못했다. 가이드가 "늑대예요, 늑대!"라고 외쳤지만 그와 상관없이 모두의 눈길은 다른 곳을 향했다. 그 남자의 최종 판단을 기다리는 것이었다. 쏟아지는 시선을 의식한 듯 남자는 어느 때보다 신중한 태도로 쌍안경을 들었다.

"늑대로군요."

모두들 기쁨의 탄성을 내질렀다.

"늑대다! 진짜 늑대!"

미국인들은 유독 버팔로와 늑대에 대해 죄의식을 가진 듯하다. 아니 어쩌면 그래야 마땅하다. 서부 개척시대에 멸종 직전까지 갔던 버팔로와 무분별한 남획으로 옐로스톤에서 사라진 늑대, 이 두 종은 '개척자'의 손에 스러져간 서부 야생의 아이콘들이다.

늑대에게 옐로스톤은 애증의 땅이다. 늑대 사냥이 한창이던 1920~1930년대, 한 해 평균 2만 1천여 마리의 늑대들이 전문 사냥꾼들에게 목숨을 잃었다. 그것으로 부족했는지 옐로스톤은 포식자를 통제하는 제도를 시행했다. 착한 사슴을 잡아먹는 못된 늑대 사냥에 공원이 앞장서기 시작한 것이었다. 결과적으로 1914~1926년까지 13년에 걸쳐 총 136마리가 목숨을 잃었다. 이후 늑대 같은 포식자가 생태계의 먹이사슬에서 얼마나 중요한 역할을 하는지 밝혀지는 데 대략 반세기가 걸렸다. 관리 기관은 1995년부터 약 2년에 걸쳐 캐나다에서 잡아온 회색 늑대를 공원에 풀어 준다고 호들갑을 떨었다. 그때부터 늑대의 개체 수 변화를 감시하는 일은 공원 레인저의 중대한 임무 중 하나가 되었다.

요즘도 옐로스톤에서는 늑대가 상전이다. 늑대를 끝장내겠다며 달려들었던 사람들이 이제는 과속 차량에 늑대가 치일까, 행여 전염병이 돌아서 새끼들이 죽지나 않을까 늘 노심초사한다. 관광객들에게 늑대를 목격하면 시간과 장소를 꼭 공원 본부에 알려 달라고 신신당부한다. 늦었지만 지금이라도 옐로스톤을 늑대들에게 돌려주려는 의도 같다. 아무래도 옐로스톤의 늑대는 구경거리를 넘어서 '죄 사함의 존재'로 거듭난 게 확실했다.

나는 어릴 적부터 유난히 덩치 큰 포유류에 끌렸었다. 동물원에 가면 곰이나 늑대 우리부터 찾아다녔다. 동물원 곰은 푸석푸석한 털복숭이에다가 굼뜬 동작으로 느릿느릿 사육장 안을 돌아다녔다. 철창 안 늑대들은 언제나 불안한 눈빛으로 낯선 구경꾼들을 올려다봤다. 엄연한 생명체였지만 가엾고 측은한 존재로서 내 눈길을 붙들었다.

하지만 이곳에서 만난 녀석들은 놀라운 매력을 가진 존재들이었다. 개구쟁이 블랙베어는 신나게 눈밭을 구르며 오랜 동면에서 깨어난 기쁨을 만끽하고, 최상위 포식자인 늑대들은 도도한 눈빛으로 발아래의 인간들을 내려다봤다. 동물원 친구들과는 차원이 다른 삶을 살고 있었다. 죽기 전까지는 제 발로 사육장 밖을 빠져나올 수 없는 녀석들이 생각나서 가슴 한구석이 아려왔다. 이제는 동물원에 가도 녀석들의 슬픈 눈을 똑바로 쳐다볼 수 없을 것만 같다.

야생동물 말고는 딱히 볼 게 없는 겨울 공원은 단조롭다고 생각할 수 있다. 하지만 공원에서 오래 생활한 레인저들 중에는 겨울을 좋아하는 사람이 유독 많다고 한다. 그들 눈에 비친 겨울 공원의 매력은 '길 없음, 규정되지 않음'이 아닐까 싶다. 여름 길은 뚜렷하지만 겨울 길은 하얀 눈 밑으로 숨어 버린다. 잠시지만 시야에서 모든 인공물이 사라지고 누군가 발을 디딜 때마다 새길이 찾아온다. 자연과 훨씬 가까워지는 길이다.

여행이란 무언가를 보기 위해 떠나는 것이라고 알고 있었지만 그게 다는 아니었다. 보지 않기 위해 떠나는 여행도 있다는 평범한 이치를 한겨울의 옐로스톤에서 깨달았다.

옐로스톤, 두 번째 가는 길

# 불을 싫어하는 장작

좋은 사람들과 함께하는 캠핑의 즐거움에 빠지면 헤어나기가 힘들다. 집으로 손님을 부르면 주인은 신경 써서 음식을 차려야 하고, 손님은 손님대로 부담이 생긴다. 하지만 캠핑장 테이블 앞에서는 그런 걱정일랑 일찌감치 내려놔도 된다.

냉장고 안을 굴러다니는 채소와 과일 등 온갖 것들을 박박 긁어모아 그릴 위에 던져 놓으면 만사 오케이다. 음식이 익는 동안 수다나 떨면 그만이다. 가끔 소금과 후추로 간만 해주면 된다. 정신없이 놀다 보면 어느새 맛있는 구이요리가 완성 직전이다. 감히 대접하기 민망한 요리 솜씨를 가진 내가, 주로 캠핑에만 사람들을 초대하는 이유가 바로 거기에 있다.

남편 친구인 박 대위가 주말을 지내러 미국에 왔다. 참고로 박 대위는 군인이 아니다. 뭘 입어도 군복 같고 어떤 머리 스타일을 해도 군인 같은데다가 무슨 음식이든 전투식량처럼 먹을 뿐이다. 어느 순간부터 박 대위는 자연스럽게 그의 별명이 되었다.

캠핑장에 비치된 그릴을 이용한 숯불구이

박 대위로 말할 것 같으면, 당장에라도 철인 3종 경기에 나갈 만한 강철 체력을 가진 사람이다. 남다른 운동신경의 소유자이면서도 여행에 대한 뚜렷한 자기주장이 없는 것이 특징이다. 한마디로 같이 여행하기에 가장 이상적인 인간형이다. 그렇다. 여행에는 늘 짐꾼이 필요한 법이다.

박 대위는 미국에 다른 볼일이 있어서 왔다가 들른 게 아니었다. 치과의사라는 일당 센 생업도 잠시 접어 두고 오로지 친구를 만나겠다는 일념 하나로 이 먼 데까지 날아왔다. 그의 우정마저도 전우애처럼 끈끈하다고나 할까. 솔직히 그런 친구를 가진 남편이 조금은 부럽다. 시차 때문에 시간을 꼭 정해 놓고 인터넷전화로 겨우 통화하는 친구들이 전부인 나로서는 더욱 그렇다.

고심 끝에 우리는 박 대위와 함께하는 주말 여행지로 옐로스톤을 정했다. 겨우내 폐쇄되었던 공원 도로가 4월 중하순인 이맘때부터 열리기 때문이다. 박 대위는 아무 생각 없이 비행기에 올랐겠지만 어찌 되었거나 공원 길이 열리는 날 도착하는 기막힌 타이밍을 만들어 냈다. 브라보! 역시 박 내위였다.

떠나기 전날, 혼자서 동네 마트에 들렀다. 제일 먼저 장작을 찾았다. 남편이 출근하면서 캠프파이어용 장작을 꼭 사 놓으라고 당부했기 때문이다. 미국에 정착한 6개월 동안 자신이 얼마나 숙련된 캠퍼로 거듭났는지, 오랜만에 보는 친구 앞에서 뽐내고 싶은 남편의 마음을 십분 이해할 수 있었다.

그런데 개똥도 약에 쓰려면 없다더니 지난겨울 1층 출입구 옆에 산처럼 쌓여 있던 장작들이 깡그리 사라지고 없었다. 계절이 바껴서 위치를 옮겼나 해서 2층까지 샅샅이 뒤졌지만 허사였다. 하는 수 없이 지나가는 점원을 붙잡고 물어봤다.

"장작이 어디 있나요?"

"장작이요? 글쎄요, 아마 1층에 있을 텐데."

"아뇨, 1층에 없어서 올라온 거예요."

"아, 그래요? 그럼 제가 1층에 물어볼게요."

무전기로 1층 점원과 이야기해 보더니 믿기 힘든 소식을 전했다.

"겨울이 다 가서 난로 때는 사람이 없잖아요. 전부 들어갔나 봐요."

시내에서 몇 손가락 안에 꼽히는 큰 마트에서 고작 장작 한 무더기를 못 구하는 건 말이 되지 않았다.

"제겐 장작이 꼭 필요해요. 선생님."

공손한 말투에 감동했는지 점원이 잠시 고민하는 눈치였다.

"따라오세요."

점원을 따라 다시 1층으로 내려갔다. 점원은 아웃도어 섹션 앞을 지나쳐 홈앤리빙 섹션 앞에서 걸음을 멈췄다. 상자 하나를 가리키면서 "우리가 가진 게 이것뿐이네요." 하고는 자신의 위치로 돌아가 버렸다.

상자에는 장작이란 뜻의 '파이어우드' 대신 '로그'라는 단어가 적혀 있었다. 로그는 우리말로 통나무라는 뜻이다. 나무는 나무인데 상자 안에 들어 있는 게 맘에 걸렸다. 보통 장작들은 대충 끈으로 묶어 팔기 때문이다. '오래감', '연기가 안 남' 등의 알 듯 말 듯한 문구 역시 미심쩍긴 마찬가지였다. 적힌 그대로라면 아주 특이한 장작이었다. 점점 의심이 깊어지려는데 가격표가 눈에 들어왔다. 철 지난 상품이라 그런지 9달러짜리를 반값에 팔고 있었다. 무엇보다 남은 개수가 달랑 2개였다. 더 생각할 것도 없었다. 본능적으로 몸이 먼저 움직였다. 상자를 번쩍 들어 카트에 싣고 계산대로 뛰어갔다.

예상한 대로 퇴근한 남편은 장작부터 챙겼다.

"장작 샀어요?"

"그럼요. 무려 반값이나 할인하는 걸로 샀어요."


오전 근무를 마친 남편을 납치하듯 태우고 차로 6시간을 달렸다. 목적지는 지난겨울 폐쇄된 줄도 모르고 코앞까지 갔다가 돌아온 서쪽 출입구였다. 들어서자마자 거대한 버팔로 무리의 환영인사를 받았다. 도로 한가운데를 점령하고 최대한 천천히 걸으며 반갑게 맞이하는 방식이었다. 다가가 만질 수 있을 만큼 가깝게 느껴지지만 그런 유혹은 애시 당초 뿌리치는 게 좋다. 초식동물은 무조건 온순하다는 '사소한' 오해 때문에 버팔로에게 받치는 사람이 연간 수십 명이다.

녀석들의 꽁무니를 쫓아가면서 매디슨 강의 반짝이는 물결과 강변에서 풀을 뜯고 노니는 엘크들을 구경했다. 비팔로들이 아니었다면 그냥 지나쳤

버팔로들 때문에 유난히 차가 막히는 현상을 버팔로 잼이라고 부른다.

아침과 초저녁에 주로 모습을 나타내는 사슴.

을지도 모를 예쁜 풍경이었다.

저녁때 즈음 도착한 탓에 다른 구경은 내일로 미룰 수밖에 없었다. 이번에도 맘모스 캠핑장에 자리를 잡았다. 짐을 푸는데 문득 지난겨울 일이 떠올랐다. 하마터면 얼어 죽을 뻔한 곳에 또 오다니 감회가 새로웠다. 성미 급한 남편은 장작부터 찾았다.

"It's all yours(모두 당신 거랍니다)."

영화 대사를 흉내 내며 자랑스럽게 내놓았다. 해가 지면서 기온이 급속히 떨어지고 있었다. 서둘러 상자를 여는 남편의 입에서 전혀 예상치 못한 반응이 터져 나왔다.

"얼레?"

무슨 일인가 싶어서 남편을 쳐다보았다. 나와 눈이 마주친 남편이 무섭게 내 쪽을 노려보고 있었다. 가까이 가서 상자 안을 들여다보았다. 상자에는 늘 쓰던 나무 장작이 아니라 톱밥을 압축해서 만든 장작이 들어 있었다.

초등학교 때 난로에 쓰던 장작과 비슷해 보였다. 어쩐지 상자 크기에 비해 이상하게 무겁더라니…….

하지만 놀란 기색은 감추고 이미 알고 있었다는 표정을 지었다.

"이런 장작도 있나 보죠. 원하는 물건은 뭐든 구하는 미국인데 장작이라고 딱 한 가지만 있겠어요?"

그때까지만 해도 크게 걱정할 일이 아니라고 생각했기 때문에 이렇게 여유 있게 대답한 것이었다. 원재료가 나무인데 뭐가 그리 다를까, 굳이 따지자면 떡과 밥을 구분하는 차이? 오히려 묵직하고 큼직한 장작 덕분에 긴긴밤을 따뜻하게 보내는가 싶었다.

남편은 잠시 고개를 갸웃거렸지만 이내 본격적인 불 붙이기에 착수했다. 우선 공기가 잘 통하게 장작을 세워서 모닥불의 형태를 만들었다. 불쏘시개로 가져온 전화번호부를 착착 뜯어 라이터 불을 붙였다. 불붙은 종이들을 장작 사이사이에 조심스레 끼워 넣었다. 군더더기 없이 정확하고 매끄러운 손놀림이었다. 남편이 그동안 캠핑 활동에 많이 익숙해졌다는 증거였다.

우리 모두는 설레는 맘으로 불이 붙기를 기다렸다. 그런데 예상과 달리 장작에는 전혀 불이 붙지 않았다. 그을음만 생기고 애꿎은 종이만 계속 타버렸다. 당황한 남편은 장작과 함께 있던 설명서를 찾아 읽었다. 별다른 특이사항은 없었다. 따로 연료를 사용하지 않아도 불이 잘 붙는다는 선전 문구가 전부였다. 사태의 심각성을 깨달은 우리는 전원이 합세하여 불붙이기에 달려들었다. 셋이서 동시에 입으로도 불어 보고 손목이 아파 올 때까지 부채질을 하면서 갖은 애를 썼다. 체력이라면 어디 내놔도 뒤지지 않을 바대위가 사력을 다해 부채질을 하는데도 장작은 꿈쩍도 하지 않았다. 인간의 힘으로는 불을 붙일 수 없는 장작인 게 확실했다. 전화번호부의 마지막 겉표지까지 거덜내고 나서야 상황은 '강제종료' 되었다. 오늘 밤 안으로 불이 붙으려면 모르긴 몰라도 장작 스스로 번개를 맞거나 산불이 일어나기만을 바라는 수밖에 없었다.

옐로스톤에서 모닥불 없이 밤을 보내는 사람의 심정을 이해하려면 새로 산 옷을 입고도 거울을 보지 못하는 여인의 마음을 알아야 한다. 캠핑장 밤의 운치는 모닥불 없이 절대로 완벽해질 수 없다. 대자연의 품에 안겨 따스한 모닥불을 쬘 수 없다니 이만저만 안타까운 게 아니었다. 그래도 끼니는 해결해야 했기에 주섬주섬 저녁거리와 숯을 꺼냈다.

그렇다! 우리에겐 숯이 있었다. 옐로스톤의 경이로운 풍광을 감상하며 즐기는 노릇노릇 숯불구이 삼겹살 파티는 그런 대로 괜찮은 캠핑 식사였다. 더군다나 오랜만에 해후한 친구까지 있었으니 더 바랄 게 없었다. 새로운 희망 덕분에 가슴이 떨려왔다. 패자부활전을 치르는 기분이었다. 남편은 캠핑장에 설치된 그릴 밑에 정성스럽게 숯을 쌓았다. 전화번호부를 다 써버린지라 옐로스톤 지도를 불쏘시개로 쓰게 되면 어쩌나 걱정했는데 다행히 불이 잘 붙었다. 연료 코팅된 숯을 산 보람이 있었다.

재빨리 그릴 위에 석쇠를 얹고 알루미늄 호일을 깔았다. 미국에서는 자주 먹기 힘든 삼겹살과 양파, 버섯까지 올려놓고 보니 벌써부터 마음 한쪽이 따뜻해져 왔다. 남편의 명예회복은 시간문제였다.

첫 번째 고기는 당연히 멀리서 와준 사람의 몫이었다. 우리 부부의 강권에 못 이긴 박 대위가 고기 한 점을 집어 살포시 입 안에 넣었다. '메이드 인 옐로스톤 숯불삼겹살'에 대한 찬사를 기대하면서 지켜보는 두 쌍의 눈이 이글이글 불타올랐다.

그런 기대감을 박 대위가 모를 리 없는데 입안에 든 고기를 겨우 한 입 씹고 말더니 뱉어냈다.

"덜 익었어요."

설마하며 그릴을 치우고 숯 위로 손을 올렸다. 이상한 일이었다. 타고 있는 건 분명한데 그냥 따뜻하기만 했다. 확실히 남의 살을 익힐 정도의 화력은 아니었다. 발갛게 달아오른 숯의 화력이 어찌 이리 약하단 말인가. 기가 막혔다. 숯불구이가 아무리 좋다 한들 씹고 뱉기를 반복하면서 먹을 수는 없는 노릇이었다. 결국 두 손 두 발 다 든 남편이 운치라고는 눈곱만큼도 없어 뵈는 버너와 부탄가스를 꺼냈다. 천혜의 자연환경에서 이런 노골적인 인공 도구들을 쓰다니…… 안타깝기 그지없는 순간이었다.

나는 제 발 저린 도둑의 심정으로 열심히 고기를 구웠다. 남자들의 분노가 장작과 숯에만 머물러 있기를 바랐는데 다행히 오랜만에 만난 두 친구는 이야기하느라 바빴다. 불을 싫어하는 장작과 웬만해서는 열 받지 않는 숯쯤은 재미난 이야깃거리로 여기는 듯했다. 부탄가스의 화력은 고기를 시원시원하게 구울 만큼 충분했고, 이날을 위해 아껴 두었던 귀한 소주들이 하나 둘씩 비워졌다.

有朋自遠方來(유붕자원방래) 不亦樂乎(불역락호), 벗이 멀리서 찾아오니 이 어찌 기쁘지 아니하겠는가.

태평양도 막지 못한 우정의 대서사시를 읊을 만한 곳으로 옐로스톤만 한 곳이 또 있을까?

옐로스톤은 여전히 살아 있다. 방심하지 말자!

옐로스톤은 북미 대륙에서 가장 크고 세계적으로도 몇 손가락 안에 꼽힐 정도로 큰 화산이다. 과학자들이 분화구를 찾으려고 노력했지만 초기에는 실패의 연속이었다. 상상을 초월할 만큼 커다란 분화구는 사람 눈높이에서는 도저히 찾을 수 없었다고 한다. 결국 항공 사진을 통해서 확인된 분화구는 지름만 64킬로미터에 달하는 초대형이었다. 우리에게 친숙한 백두산 천지가 3킬로미터, 한라산 백록담이 0.5킬로미터인 것을 생각하면 더욱 놀라지 않을 수 없다.

초대형 분화구를 가진 옐로스톤 산은 지난 200만 년 동안 약 60만 년을 주기로 대폭발했다. 200만 년 전 엄청난 규모의 화산 분출은 실로 경이로운 흔적을 남겼다. 지질학자들이 공포에 떨었을 정도이다. 폭발 당시의 화산재가 1천 600킬로미터나 떨어진 네브라스카 주에 3미터 높이로 쌓였다고 하니 그 위력이 어땠을지 감히 상상하기조차 어렵다. 1980년 서부 워싱턴 주에서 발생한 세인트헬렌스 산의 폭발과 비교해 보면 더욱 소름이 돋는다. 57명의 사람이 죽고(미리 대피한 주민들은 괜찮았으나 연구자와 사진가들이 주로 희생되었다), 200여 채의 집과 27개의 다리가 무너졌다. 약 130킬로미터 떨어진 야키마Yakima의 도시 기능은 13일간이나 마비되었다. 하지만 폭발로 쌓인 화산재의 높이는 고작 1.5센티미터에 지나지 않았다. 3미터나 쌓일 정도로 화산재를 뿜어 낸 옐로스톤의 위력에 비하면 새 발의 피였다.

온천수가 만들어 내는 신기할 정도로 아름다운 물빛. 그 다채로운 빛깔에 빠지면 시간 가는 줄도 모르고 들여다보게 된다.

옐로스톤에 놀러 갈 계획이 있는 사람이라면 차라리 모르는 게 좋을 충격적인 이야기가 있다. 알 만한 사람은 다 알고 있는 사실이기도 하다.

옐로스톤의 분화구는 지금까지 약 60만 년을 주기로 폭발해 왔다. 그런데 마지막으로 폭발한 시점으로부터 약 63만 년이 지났다. 존 쿠삭이 주연한 영화 〈2012〉에서 옐로스톤화산 폭발이 지구 멸망에 큰 몫을 하는데 절대 과장이 아니다. 지난 3만 년 간 북미 대륙에서 인간이 이뤄 낸 모든 문명은, 어쩌면 옐로스톤이 그만큼의 시간을 유예해 준 덕분에 가능했는지도 모른다. 내일 폭발한다고 해도 전혀 이상할 게 없는 이 수퍼볼케이노 위를, 매년 200만 명의 관광객들이 태평하게 돌아다닌다. 약간의 분별력만 있는 사람이라면 펄펄 끓는 온천과 모락모락 피어나는 김을 보면서 이 열이 어디에서 왔을지 한번쯤 생각해 볼 만도 한데, 그런 사람은 거의 없는 것 같다.

우리도 아무 생각이 없기는 매한가지였다. 지천으로 널린 간헐천(일정한 간격을 두고 분출하는 온천)과 온천 사이를 쏘다녔다. 온천수가 만들어 내는 다채로운 색감에 넋을 빼앗겨 화산 폭발의 위험 따위는 잊은 지 한참이었다. 호수 하나하나마다 빨주노초파남보, 무지개 빛깔 이상의 온갖 색들이 존재했다. 보면 볼수록 온천수 성분과 미생물들이 빚어 내는 진하고 현란한 색채에 압도당했다.

오묘한 색채의 마술을 선보이는 호수를 지나 우리가 도착한 곳은 이곳의 간판스타인 올드 페이스풀이었다. 옐로스톤에 머물 시간이 단 몇 시간밖에 없는 사람 중 열에 아홉은 들르는 곳이다. 지난겨울에는 눈 때문에 길이 막혀서 아쉽게도 생략한 곳이었다.

올드 페이스풀 역시 간헐천이었다. 이름처럼 칼같이 정확한 간격은 아니어도 대략 45분~125분 간격으로 분출한다는 설명이 있었다. 올라오는 간격이 점차 길어지고 있다지만 그래도 꽤 규칙적인 편이었다. 방문객센터 외벽에 '다음 분출 시간'이 적혀 있었다. 30분 후에 있을 예정이었다. 딱히 다른 할 일이 없는 우리는 관람석에 앉아서 다음 분출을 기다렸다.

관람석은 흡사 원형 공연장 같은 느낌이었다. 무대인 올드 페이스풀을 둘러싼 의자들이 이 열 종대 형태로 놓여 있었다. 옐로스톤의 간판스타라더니 과연 괜히 나온 말은 아니구나 싶었다.

하지만 백 년 전만 해도 지금과는 전혀 다른 대우를 받던 곳이기도 했다. 서부 개척시대의 탐험가들은 이곳을 천연의 세탁기—삶기 기능까지 제대로 갖춘—로 이용했다고 한다. 더러워진 빨래를 물구멍에 집어넣으면 깨끗하게 삶아져서 분출되는 물줄기와 함께 나왔다고 한다. 전기나 세제는 물론이고 손으로 비벼 빠는 일체의 수고가 필요 없으니 하늘에서 내린 세탁기였던 게 분명하다. 단, 삶아 빨아도 전혀 문제가 없는 면직물 옷만 가능하다는 단점이 있다.

분출 시각이 다가오자 관람석의 빈자리들이 빠르게 채워졌다. 예정된 분출 시간이 되자 물구멍에서 모락모락 김이 나기 시작했다. 물방울이 몇 개씩 튕겨 올라왔다. 오!…… 어?…… 애걔……그게 다였다. 사진으로 봤던 엄청난 기세의 물기둥은 솟구치지 않았다. 실망한 사람들은 바로 자리를 뜨기 시작했다.

그때부터 춥고 지루한 기다림이 시작되었다. 하지만 우리에게는 남들에게 없는 군인 정신이 있었다. 완벽한 퇴가 명령—오늘 분출은 없습니다. 그

카우보이 모자를 쓴 여인과 서부의 명물 옐로스톤은 썩 괜찮은 조합이다.

만 돌아가세요—이 떨어지기 전까지는 움직일 수 없었다. 10분쯤 지났을까? 갑자기 퍼버버벅 하는 소리와 함께 물기둥이 솟구치기 시작했다. 멀리서 그 모습을 본 사람들이 허겁지겁 되돌아왔다. 시간이 지날수록 물기둥이 커지고 굵어졌다. 뜨거운 물과 4월의 차가운 공기와 만나자 엄청난 양의 수증기가 피어올랐다. 희뿌연 증기가 하늘 위로 퍼져나가는 사이 바람결을 따라 물보라가 흩날렸다. 창공에 휘날리는 새하얀 빨래 같았다. 기다린 시간이 아깝지 않을 만큼 볼 만했다. 무엇보다 그 오랜 세월 동안 지치지 않고 자신만의 방식으로 세상에 존재를 드러내는 모습이 장했다. 누군가가 보든 말든, 빨래가 있건 없건.

우리가 무사히 귀환할 때까지 옐로스톤은 폭발하지 않았다. 하기야 터진다고 해도 큰 상관은 없었다. 대재앙은 순식간이다. 500킬로미터 떨어진 솔트레이크시티는 하루, 북미 대륙의 대부분이 일주일이면 폐허로 변한다. 화산재가 가라앉은 후에도, 반경 1천 킬로미터 이내로는 접근조차 불가능하다. 어차피 죽을 거라면 한방에 깨끗하게 가는 게 나을지도 모르겠다. 카메라를 쥐고 여전히 올드 페이스풀을 바라보고 있는 남편을 억지로 차에 태웠다. 명색이 부부인데 한날, 한시, 한차에서 발굴되는 기쁨을 포기할 순 없었다.

불을 거부하는 장작의 비밀은 나중에서야 풀렸다. 벽난로가 있는 집에 초대를 받았는데, 그 집에서 톱밥 장작을 쓰고 있었다. 집안 분위기를 은은하게 살려 주는 인테리어가 주된 목적이라고 했다. 난방용이 아니니 약하고 오래 타는 성질은 당연한 것이었다.

이웃에 사는 바비큐의 달인과 주말 피크닉을 다녀온 다음에는 숯에 대한 의문도 간단히 해결했다. 달인에게 연료 코팅된 숯보다 일반 숯의 화력이 세다는 점을 배웠다. 화력이 센 일반 숯을 넉넉히 깔고 그 위에 연료 코팅 숯을 조금 뿌려서 불을 붙이는 게 정석이었다. 그러면 위의 불이 아래 숯으로 옮겨 붙어서 보다 쉽게 강력한 화력을 얻을 수 있다고 했다.

역시 사람은 죽을 때까지 배워야 한다. 이왕이면 바다 건너 온 손님을 맞이하기 전에 배웠으면 더욱 좋았겠지만.

그랜드 티턴 가는 길

# 숨어 있는 호수

나는 이곳을 비운의 국립공원이라고 부르고 싶다. 옐로스톤 관광지도를 자세히 살펴보면 두 개의 국립공원이 존재한다. 여름에는 두 공원 사이를 연결하는 도로가 열리지만 상당수의 옐로스톤 관광객들은 이곳을 모르고 지나친다. 집에 돌아온 지 한 달쯤 지나서 '그래, 내가 옐로스톤이란 델 갔었지' 하는 감상에 젖어 지도를 꺼내 보다가 '흐음, 이건 뭐지?' 하면서 발견할 가능성이 아주 높다. 월드 스타 옐로스톤과 붙어 있어서 더욱 슬픈 이곳은 그랜드 티턴 국립공원이다.

그랜드 티턴은 옐로스톤과는 완전히 다른 매력을 가지고 있다. 붙어 있으니 '비슷하겠지' 하면서 건너뛸 곳이 절대로 아니라는 말이다. 옐로스톤

멀리서도 보이는 그랜드 티턴의 봉우리들. 안구를 정화시키는 효능이 있다.

에는 높은 산이 하나도 없지만 그랜드 티턴에는 하늘을 찌를 듯이 쭉 뻗은 산봉우리가 세 개나 있다. 최고봉인 그랜드 티턴 봉은 4천 198미터의 높이를 자랑한다. 남한에서 가장 높다는 한라산(1천 950미터)보다 두 배 이상 높다. 그 자체도 아름답지만 편평한 초원에 갑작스레 솟아오른 모습은 더욱 신비롭다.

　이 지역 사람들은 그랜드 티턴이라는 이름의 유래를 두고 지금까지도 논쟁 중이다. '거대한 유방'이라는 뜻의 프랑스어에서 비롯되었는 설과 원주민인 티턴수Teton Sioux부족 이름에서 따왔다는 설이 유력하다. 나는 봉긋 솟아오른 봉우리가 서부 개척시대의 사람들—특히 남성—에게 커다란 영감을 주었다고 믿는 쪽이다. 딱 한 가지, 봉우리가 세 개라는 점이 걸리지만. 아무튼 이름의 진짜 기원이 무엇이든 간에 이렇게 산다운 산을 만나기는 무척이나 오랜만이었다. 남편과 나는 약속이나 한 것처럼 감격에 젖었다. 4월 말임에도 불구하고 믿을 수 없을 정도로 풍성한 눈이 쌓여 있었다. 바다 건너 온 귀한 손님이 스노슈잉Snowshoeing을 체험할 수 있게 되어 금상첨화였다.

    스노슈잉이란 발바닥이 넓은 눈신을 신고 눈밭을 걷는 일종의 트레킹이다. 겨울스포츠이긴 해도 두 다리로 걸을 수 있는 모든 사람이 할 수 있다. 세상에 스노슈잉 강사가 있다면, 아마도 '자 신읍시다, 자 걸읍시다'라고 말하는 게 강습의 전부일 것이다. 지난겨울 옐로스톤을 찾은 우리는 눈 때문에 고생한 씁쓸한 추억이 있다. 조금만 걸어도 눈 속에 푹푹 빠지는 통에 맘껏 돌아다닐 수도 없었다. 모처럼 놀러 온 박 대위마저 그런 고생을 하게 할 수는 없었다.

    평소 겨울스포츠에는 전혀 관심을 두지 않고 살던 우리가 스노슈즈를 신게 된 데에는 이유가 있다. 결혼 전부터 환경운동에 관심을 두었던 나는 아예 스키 부츠조차 신어 본 적이 없었다. 나보다 조금 나은 수준이라는 남편 역시 친구들 따라 몇 번 타본 것이 전부였다. 스키어라고 말하기 낯간지러 러웠지만 유타에서 살기 전까지는 아무런 문제도 아니었다. 황당하게 들리 겠지만 사막지대인 유타는 눈으로 유명한 곳이다. 그 증거는 곳곳에 있다. 상당수의 자동차번호판에 "유타에서 스키 타세"라든가 "유타의 눈은 지구 최고!" 같은 문구가 새겨져 있다. 겨울 내내 최상급 수준의 파우더스노

Powder snow가 내리기 때문이라고 한다. 스키 타는 데 가장 적합하다는 이 특별한 눈 때문에 남편과 나는 서서히 압박을 받기 시작했다. 하지만 의료보험 비싸기로 소문난 미국에서 스키를 배우는 일은 엄두도 못 낼 일이었다. 아니 생각조차 하면 안 된다. 다쳐서 입원이라도 하는 날에는 감당 못할 치료비 때문에 야반도주해야 할지도 모르니까.

우리는 다칠 염려가 거의 없는 겨울스포츠를 찾아 나섰다. 너무 흔한 눈썰매 타기나 여차하면 부부싸움으로 번질 수 있는 눈싸움 말고, 빙벽 등반처럼 목숨 걸고 하는 익사이팅 스포츠는 더더욱 말고, 이름도 그럴듯하면서 무사히 살아 돌아와 저녁밥을 해먹을 정도로 안전한 겨울스포츠가 필요했다. 그게 바로 스노슈잉이었다. 눈밭에서 저벅저벅 걷기만 하면 끝이니 뭐든 간결하고 단순한 맛을 좋아하는 우리 성격에도 잘 맞았다. 유타의 긴긴 겨울을 스노슈즈와 함께 보냈다고 해도 과언이 아니다.

스노슈잉 코스를 정하기도 전에 이 완소 아이템을 신을 생각에 내 마음은 한껏 부풀어 올랐다. 그리고 엄격한 잣대를 들이대 트레킹 코스를 골랐다. 점심 먹기 전에 돌아오는 코스야말로 최고의 트레일이었다. 가장 짧은 거리의 타가트 호수를 목적지로 정했다. 평상적인 도보로 1시간 남짓 걸리는 왕복 5킬로미터의 거리였다. 스노슈잉을 신으면 그보다 딱 두 배가 걸린다. 지금 출발하면 12시까지는 여유 있게 돌아올 수 있는 데다가 깜짝 놀랄 만큼 멋진 봉우리를 감상할 수 있다는 레인저의 강력 추천까지 있으니 망설일 이유가 없었다.

쌓인 눈이 다 녹으려면 서너 달은 더 걸릴 것 같았다. 1.5미터 길이의 등산 스틱이 손잡이까지 푹푹 꽂혔다. 설원에 반사되는 햇빛 때문에 챙 넓은 모자와 선글라스를 썼는데도 입술이 따끔거렸다. 지나치게 맑은 공기는 폐부를 찌르는 듯 통쾌하고 시원했다.

스노슈잉이 난생 처음인 박 대위만 스노슈즈를 빌려 신었다. 몇 명이 신고 벗었는지 짐작도 안 갈 정도로 낡아 빠

지팡이 따위는 전혀 사용하지 않는 박 대위의 타고난 균형감각.

진 것이었다. 하지만 박 대위의 전투력은 전혀 위축되지 않았다. 그가 신으면 스노슈즈마저도 만능 군화가 되었다. 지난겨울부터 열심히 탄 우리 부부와는 비교도 안 될 정도로 잘 걸었다. 급기야 스노슈즈를 신은 채 외나무다리를 건너는 묘기까지 선보였다. 근 20년간 조정·골프·스키 등으로 단련해 온 사람다웠다. 겁이 나서 외나무다리를 피해 멀리 돌아간 우리는 그 모습을 보고 침울해질 수밖에 없었다. 긴긴 겨울을 스노슈즈와 함께 보냈는데, 그새 길들여진 스노슈즈가 이제는 내 발처럼 편안하게 느껴지는데……. 이래서 둔재들은 아무리 노력해도 천재를 따라갈 수 없다는 말이 생겼나 보다. 운동 천재에게 둔재들이나 하는 스포츠를 권한 것부터가 '잘못된 만남'이었다. 늦었지만 박 대위에게 심심한 사과의 말을 전한다.

호수로 가는 길이 가장 멋있다는 레인저의 말은 참말이었다. 봉우리 삼형제는 걷는 내내 시야를 떠날 줄을 몰랐다. 하얀 눈으로 뒤덮인 날카로운 봉늘이, 눈이 시릴 정도로 파란 하늘을 찔러대고 있었다. 봐도 봐도 질리지

않는 경치였다. 걷다가 숨이 차면 고개를 들고 봉우리들을 응시했다. 그 날선 아름다움을 맛보고 나면 적어도 10분간은 버틸 힘이 생겼다. 천장에 매단 굴비를 보며 맨밥을 먹는 자린고비의 자세라고나 할까.

호수에 다다랐겠지 싶을 즈음 탁 트인 설원이 눈에 들어왔다. 새하얀 눈이 늠름하게 남아 있는 '평원'이었다. 흔한 나무 한 그루 없이 깨끗한 풍경을 둘러보며 감탄을 금치 못했다. 그리고 얼마 후 다시 발걸음을 재촉했다. '눈 덮인 호수'를 지나서.

평원을 지나자 숲이 나타났다. 통행 흔적이 뜸해지면서 점차 길을 찾기가 어려워졌다. 나처럼 힘없는 여자가 나무 사이를 비집고 지나야 하는 길은 정상이라고 보기 힘들었다. 그런데 길을 묻고 싶어도 지나는 사람이 하나도 없었다. 어림짐작으로 목적지를 지나온 것을 알았지만 실낱같은 희망을 버리지 못하고 계속 걸었다. '조난의 정석'을 착실히 밟아 나가는 중이었다.

점심때가 지나가자 급격히 체력이 떨어지면서 공복감이 밀려들었다. 정신이 혼미해지는 가운데 눈앞에 또 다른 '평원'이 나타났다. 시야에 두 명의 청년이 포착되었다. 크로스컨트리 스키를 타는 모양이었다. 청년들은 반짝이는 은박 포장지에 싸인 샌드위치를 들고 있었다. 토마토와 계란이 보였다. 나머지는 확실치 않았다.

"미안합니다만 지금 드시고 계신 게…… 아니, 아니 여기가 어딘가요?"
"여기는 브래들리 호수예요."
"네? 타가트가 아니고요?"
"타가트는 아마 지나오셨을 텐데."

브래들리 호수에서 만난 블랙베어. 뭐가 그리 좋은지 신나게 뛰어다니고 있다.

나보다 족히 열 살은 어려 보이는 청년들은 순박하기 그지없는 눈빛을 가지고 있었다. 이 동네 사람이 분명했다. 우리를 놀리려는 거짓말이 아니었다. 문득 아까 지나온 '평원'이 생각났다. 나무 한 그루 없이 깨끗해서 '평원'이라고만 생각했던 곳이 바로 타가트 호수였다. 왕복 5킬로미터의 여정이 10킬로미터로 늘어난 순간이었다.

머릿속이 멍해진 그때, 호수 반대쪽 숲에서 갑자기 검은색 물체가 튀어나왔다. 블랙베어였다. 다 자란 어른은 아니었다. 하는 짓도 어린 곰답게 장난기가 그득했다. 이유 없이 뛰고 구르는 모습이 꼭 서너 살 아이마냥 신나 보였다. 동면에서 깨어난 지 얼마 안 되었는지 새봄 맞이의 기쁨을 한껏 발산 중이었다.

나는 마치 곰이라는 동물을 처음 보는 듯한 착각에 빠졌다. 새삼 곰과 내가 평등하다는 생각을 했다. 각자 하고 싶은 대로 시간을 보낸다는 면에서 그랬다. 한 번 굳어진 관계를 뒤집기는 거의 불가능하다고 생각했는데 자연은 아무렇지도 않게 그 일을 해낸다. 감동이었다.

곰에게 아는 척이라도 하고 싶었다. 손이라도 크게 흔들어 눈이라도 마주치고 싶었다. 하지만 그 또한 지극히 인간적인 방식이었다. 곰 입장에서는 인간과 친해져서 좋을 게 하나도 없었다. 잡기 쉬운 사냥감이 되거나, 캠핑장을 습격해 음식을 훔쳐먹는 도둑이 된다. 뭐가 되든 비극적 결말을 초래하는 것은 막을 수 없다.

한동안 가만히 지켜만 보았다. 녀석은 우리에게 눈길 한 번 주지 않고 얼어붙은 호수 위를 신나게 구르며 한참을 놀았다. 그러더니 인사도 없이 올 때처럼 순식간에 가버렸다. 우리는 꿈에서 막 깨어난 표정으로 서로를 쳐다봤다. 오히려 길을 잃기를 잘한 것 같았다.

돌아갈 채비를 하는데 착한 청년들은 가는 길을 자세히 일러주었다. 마음은 정말 고마웠지만, 수능 외국어영역 1번 문제가 아닌 다음에야 들은 대로 찾아가기란 거의 불가능했다. 하는 수 없이 스노슈즈의 밑창 무늬와 눈밭에 찍힌 발자국 모양을 조심스레 맞춰 보면서 왔던 길을 되돌아갔다. 가장 단순한 방법이었지만 무사히 돌아갈 수 있는 확실한 방법이기도 했다.

그랜드 티턴은 고산 준봉과 거울 같은 호수, 곰이 뛰노는 숲을 가졌다. 그 덕분에 지금까지 국립공원으로 관리되고 있지만 그렇게 되기까지는 순탄치 않은 과정이 있었다. 이곳의 가치를 일찍부터 알아본 사람들은 옐로스톤에 그랜드 티턴을 포함시킬 것을 주장했다. 이런 움직임은 1919년 아이다호 주 상원의원의 반대로 무산되었다. 반대의 주된 이유는 이것이었다.

"국립공원을 자꾸 넓히면 어디서 양을 치라는 말인가?"

관광도 어엿한 산업이 될 수 있다는 상상은 꿈도 못 꾸던 시대였다. 그랜드 티턴에게는 가시밭길의 시작이었다. 1920년대 개발 바람이 불자 어정뜬 개발보다 차라리 국립공원이 낫겠다라고 판단한 목장주들이 잠시 누그러진 태도를 보였다. 덕분에 1929년 그랜드 티턴의 일부분이 국립공원으로 지정된다. 그러나 이곳 생태계 전체를 보호하기에는 너무 작은 규모였다. 경계를 더욱 넓혀야 한다는 의견이 꾸준히 제기되었지만 와이오밍 주의 반대로 이뤄지지 않았다. 국립공원이 넓어지면 세수稅收가 줄어든다고 생각했기 때문이다.

보다 못해 나선 사람이 석유 재벌 록펠러 가문의 존 디 록펠러 주니어John

D. Rockefeller Jr.였다. 록펠러는 1924년과 1926년 두 차례에 걸쳐 그랜드 티턴을 방문하면서 그 아름다움에 매혹당했다. 이후 아예 처음부터 기부할 목적으로 주변 땅을 사들였다. 그러나 선뜻 기부하기는 쉽지 않았다. 공원 확장을 여전히 반대하는 사람들 때문이었다. 그들은 토지 매입의 위법성을 문제 삼으며 소송을 걸었다. 일이 지지부진해지면서 록펠러는 루즈벨트 대통령에게 역사에 길이 남을 편지 한 장을 써 보냈다. 편지에 쓰인 한마디는 이랬다.

"그 땅, 다시 팔아 버린다!"

대통령은 화들짝 놀라서 허겁지겁 그 땅을 잭슨 홀 국립기념지로 지정했다(1943년). 갑작스러운 결정에 반발한 목장주들이 소매를 끌고 나와 시위를 했지만 결국 1950년 그랜드 티턴과 잭슨 홀 국립기념지가 합쳐져 지금의 그랜드 티턴 국립공원이 되었다. 지역 주민들이 관광산업의 가능성을 깨닫고 찬성하는 분위기로 돌아서지 않았다면 아마도 불가능했을 것이다.

록펠러는 그랜드 티턴뿐만 아니라 아카디아·그랜드 스모키 산·요세미티·셰넌도어 등의 국립공원에도 땅을 사서 기부했다. 그리고 석유산업뿐만 아니라 미국 국립공원의 역사에서도 빼놓을 수 없는 인물이 되었다. 물론 그의 삶에는 다른 공과功過가 있고 그를 싫어하는 사람도 있을 것이다. 그러나 뉴욕 록펠러센터 구석의 어딘가에 새겨진 한 문장 때문에라도 적어도 그가 괜찮은 신념 하나쯤은 가진 사람이며, 또한 그것을 지키려 노력했다는 사실만은 믿고 싶다.

"모든 권리에는 책임이, 모든 기회에는 책무가, 모든 소유에는 의무가 포함되어 있다고 나는 믿는다."

그랜드 캐니언 사우스 림, 처음 가는 길

# 사랑만 하고 살기에도 짧구나

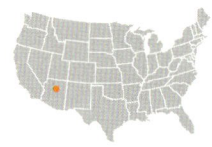

　미 서부에는 '그랜드 서클'이란 이름의 여행 코스가 있다. 라스베이거스에서 출발해 유타와 애리조나 그리고 콜로라도를 지나 뉴멕시코를 거쳐 출발지인 라스베이거스로 돌아오는 일정이다. 원형의 경로 안에는 여러 개의 국립공원과 국립기념지를 비롯해 사막지대에서 볼 수 있는 온갖 기기묘묘한 볼거리들이 집중되어 있다. 그래서 풍경 사진 찍는 사람들이 특히 좋아한다.
　마침 우리가 살고 있는 유타는 그랜드 서클의 중심인데다가 여러 개의 국립공원들이 모여 있는 지역이다. 땅덩이가 커서 슬픈 미국이란 나라에 있다 보면 짧은 이동 거리는 거부하기 힘든 유혹이다. 하지만 그랜드 서클을 여행하려면 최소 2주간의 긴 휴가가 필요했다.

믿기 힘들지만 여러 번의 우연이 겹치면 간혹 필연을 만들어 내기도 한다. 남편의 지인 두 사람이 우리와 몇 달 간격으로 연수를 왔다. 콜로라도주 덴버에 자리 잡은 서 작가와 메사추세츠 주 보스턴의 보스토니언—보스토니언은 R발음을 하지 않기로 유명한데, 이 친구도 이미 보스토니언이 다 되었다—은 남편의 사진 친구들이다. 한국에서부터 친했던 세 남자가 비슷한 시기에 그것도 머나먼 타국에서 모이기는 정말 흔치 않은 기회였다. 특히 덴버의 서 작가는 지난 번 교통사고 이후로 사진계 복귀를 벼르고 있는 터였다.

하지만 그랜드 서클을 돌아보는 데 필요한 2주간의 휴가는 모두에게 무리였다. 그렇다고 이런 절호의 기회를 쉽게 포기할 수는 없었다. 남편은 며칠 밤을 꼬박 고민한 끝에 남들은 2주 걸린다는 일정을 8박 9일로 단축시켰다. 남편의 야심찬 계획에 따르면 일정 중 절반은 새벽 5시에 일어나야 하고 점심은 매일 라면으로 때워야 한다. 구성원의 나이와 체력을 무시한 비정한 일정표였다. 그러나 사진에 눈이 먼 남자들은 아무도 이의를 제기하지 않았다.

세부 계획이 나오기가 무섭게 모든 일이 일사천리로 진행되었다. 최종 집결 장소는 차량을 책임지는 우리 집이었다. 서 작가와 보스토니언이 솔트레이크시티로 날아왔다. 우리 부부는 식재료와 취사도구를 꼼꼼히 준비했다. 그렇게 모인 날 밤, 우리는 신중한 태도로 성대한 전야제를 치렀다. 앞으로 헐벗고 굶주릴 것을 대비해서 스테이크를 배불리 먹어 두는 매력 만점의 행사였다.

떠나는 날, 첫 번째 운전대는 내가 잡았다. 성인 4명이 올라탄 차는 한층 묵직했다. 남편과 단둘이 다닐 때와는 또 다른 기분이었다. 나를 포함해 무려 네 명의 목숨이 내 손에 달려 있었다.

집을 떠난 지 2시간 만에 커피 한잔이 그리웠다. 가까운 고속도로 휴게소에 들렀다. 목적지인 그랜드 캐니언 사우스 림(그랜드 캐니언은 동서로 흐르는 콜로라도 강을 사이에 두고 사우스 림과 노스 림으로 나뉜다)에 도착하려면 9시간이나 계속 달려야 했다. 시간은 충분했다. 다들 여유롭게 커피 한잔씩을 마시고 다시 차에 올랐다. 다음 차례인 서 작가에게 운전대를 넘기고 뒷좌석으로 옮겨 앉았다. 안전벨트를 매고 한숨 붙이기 위해 눈을 감는데 서 작가의 떨리는 목소리가 들렸다.

"시동이 안 걸리는데……."

"왓?"

나도 모르게 눈이 번쩍 뜨였다. 아흐레 여정의 첫째 날 고작 2시간을 달리고 서버리다니 잘못되어도 한참 잘못된 상황이었다. 전날까지 멀쩡하게 달리던 차였는데…… 비행기까지 타고 날아온 사람들은 어떡하라고! 이 무슨 날벼락인가 싶었다. 사람들은 약속이나 한 것처럼 급속도로 공황 상태에 빠져들었다.

혹시 손을 타는가 싶어서 남편과 번갈아가며 시동을 걸었다. 열 번을 넘게 반복했지만 소용 없는 일이었다. 망할 놈의 차는 꿈쩍도 하지 않았다. 우리 손으로 어쩌기에는 너무 큰 문제였다. 당장에 해결할 수 있는 전문가를 찾아나섰다. 마침 휴게소에는 작은 정비소가 딸려 있었다. 이런 데일수록 바가지를 씌울 게 뻔했지만 다른 방법이 없었다.

남자들이 매점에서 노닥거리고 있는 정비사를 찾아내 데려왔다. 정비사는 마지못해 끌려온 기색이 역력했다. 심드렁한 표정으로 차를 훑어보는데 영 미덥지 않았다. 차의 보닛을 열어 보기는커녕 이상하게 타이어에만 관심을 보였다. 그런데 갑자기 무슨 생각이 들었는지 소리를 들어 본다며 다시 시동을 걸라고 했다. 고장을 자기 탓으로 여기고 침울해 있던 서 작가가 재빨리 운전석에 앉았다.

　　"부르릉!"

　　거짓말처럼 시동이 걸렸다. 다들 어리둥절해 있는데, 정비사가

　　"제가 고친 거죠?"

　　하며 실없이 농담을 던졌다.

　　우리는 정비사가 고쳤다는 말을 절대로 믿지 않았지만 만약을 위해 점검을 받는 게 낫겠다고 결론을 내렸다. 이때부터 본색을 드러낸 정비사는 대뜸 자신을 타이어 정비의 전문가라고 소개했다. "타이어를 바꾸는 게 어떠냐?"라고 떠보는 걸로 모자라 시내보다 훨씬 비싼 가격을 불렀다. 이어 타이어가 얼마나 중요한지 아느냐, 고속도로에서 타이어가 터지면 어쩌려고 하면서 열변을 토했다. 장거리 여행자의 불안감을 최대한 물고 늘어지는 수법이었다. 하지만 수적으로 우세한 여덟 개의 눈들이 동시에 쏘아 보자 오래가지는 못했다. 정비사는 마지못해 배터리를 세척하기 시작했다. 꼼질꼼질 10분이나 닦았을까? 정비 요금으로 20달러를 요구했다. 이런 시골 정비소에 요금 단가가 따로 있을 리 없었다. 음흉한 작자가 100달러를 부르지 않은 게 다행이었다. 이번 여행의 회계를 맡은 보스도니인이 군말 없이 돈을 주었다. 이런 때일수록 최대한 빨리 빠져나오는 게 상책이었다..

실처럼 이어지는 브라이트 엔젤 트레일. 저 길 끝의 풍경은 또 다르다.

어렵게 다시 출발하긴 했지만 문제가 깔끔하게 해결된 느낌은 들지 않았다. 과연 그 느낌은 적중해서 여행 내내 차가 말썽이었다. 시동이 걸렸다, 말았다를 반복하면서 모두의 애를 태웠다. 그렇게 골골대면서도 아예 서버리지 않은 게 신통방통했다.

휴게소를 떠난 지 8시간만에, 세계의 관광객을 불러 모은다는 그랜드 캐니언에 도착했다. 유치원생일 때 미국 연수를 떠난 부모님이 보낸 엽서에서 처음 본 곳이었다. 영국 BBC 선정 '죽기 전에 꼭 가봐야 할 50곳' 중 1위를 차지한 그랜드 캐니언에 오다니 감회가 남달랐다. 꾸준히 밥 먹고 살다 보니 직접 보는 날이 오고야 말았구나 싶어 가슴 한 구석이 떨려 왔다.

그랜드 캐니언의 동쪽 입구로 들어가서 매서 포인트에 섰다. 머릿속에는 단 한마디만 떠올랐다. 믿을 수 없다! 이것이 정말 실재하는 것일까? 버젓이 눈앞에 펼쳐진 광경은 도저히 현실감이 들지 않았다.

그랜드 캐니언의 길이는 서울과 부산 간 거리보다 긴 446킬로미터에 이른다. 깊이만 1.6킬로미터가 넘는다. 내가 전에 알고 있던 '자연'이란 개념의 한계는 저만치 사라지고 없었다. 자연은 정말 어디까지 보여 줄 수 있는 것일까? 블로그와 유튜브 동영상을 아무리 열심히 뒤져 본들 직접 보지 않으면 모를 이 느낌을 어떤 말로 설명할 수 있을까? 평소 같으면 어림도 없을 '인간이란 존재도 하찮게 느껴진다'라는 표현에 절대 공감하고 말았다.

그랜드 캐니언을 깎아낸 장본인은 콜로라도 강이다. 언제부터 협곡을 깎았는지에 대해서는 아직 학자들도 완전한 합의를 이루지 못했다. 다만 그랜드 캐니언의 협곡 깊이가 1년마다 5밀리미터 이하로 깊어진다는 사실은 이견의 여지가 없다. 바꿔 말하면 백 년이란 세월 동안 깊어져 봤자 겨우 사람

손가락 두 마디만큼 깊어진다는 의미이다. 그렇게 얕은 깊이가 점점 깊어져서 지금의 협곡이 되었으니…… 그에 비하면 백 년도 채우지 못하고 생을 마감하는 사람의 일생이란 한낱 먼지처럼 가볍다. 사랑만 하고 살기에도 짧은 하루살이 인생인 줄도 모르고 욕심 내던 지난날이 모두 부질없게 느껴졌다. 본디 이런 성숙한 깨달음은 부부가 함께해야 하건만 접착제라도 발라 놨는지 남편은 카메라에서 떨어질 줄을 몰랐다.

이곳에서의 가장 중요한 임무는 그랜드 캐니언의 일출 찍기였다. '일출 때의 햇빛에는 무언가 특별한 것이 있다'는 말을 하도 많이 들었던 터라 이튿날 군말 없이 동행했다. 우리처럼 일출을 보려는 사람들을 위해 공원 관리소가 전망대까지 셔틀버스를 운행하고 있었다. 체력을 아끼기 위해서라도 꼭 타야만 했는데 야속한 버스는 기다려 주지 않았다. 물론 우리가 어둠 속에서 더듬더듬 정류장을 찾아 헤매느라 놓친 것이지만. 밝을 때 위치를 알아두지 않은 것이 후회됐지만 이미 버스는 떠난 후였다. 준비 소홀을 뉘우치면서 걸어가는 수밖에 없었다.

그런데 걸으면서 곰곰이 생각해 보니 '일출 전망대'는 틀린 말이었다. 인간의 상상을 초월할 정도로 넓고 긴 이곳에서 특정한 위치만 고집하는 건 말이 안 된다. 한마디로 정답이 없는 게 정답이었다. 알고 보면 무료 운행하는 셔틀버스의 노선을 최대한 짧게 만들려고 공원 측이 마음대로 지정한 것에 불과한 게 아닐까? 각자 마음에 드는 곳을 골라서 취향껏 즐기면 그만이었다.

살아오면서 일출을 제대로 본 적이 한 번도 없던 나는 이날의 광경을 잊을 수가 없다. 추운 날씨 때문에 두 발을 동동 구르며 해가 나기만을 기다리고 있던 순간이었다. 갑자기 사방이 환해지는 느낌이 들었다. 곧 뜨는구나 싶었지만 막상 지평선 위쪽은 감감 무소식이었다. 조급한 마음에 연신 시계만 쳐다보는데 10분쯤 지나자 빨간 해가 손톱만큼 빼죽 솟아올랐다. 드디어 시작하는구나 싶었다. 이제부터 천천히 감상하는 일만 남았다고 생각했다. 그런데 뭐가 그렇게 급한지 순식간에 반달 모양으로 솟아올랐다. 그리고 미처 불만을 터트리기도 전에 벌써 완연한 원 모양을 이루고 있었다. 마치 동쪽에서 출발해 서쪽 결승점까지 단숨에 뛰어가는 달리기 선수 같았다. 눈 깜짝할 사이 질주한 해를 보고 있자니 섬뜩한 느낌마저 들었다. 내가 저런 속도로 나이를 먹고 있었다니, 커피를 마시고 만화책을 보면서 노닥거리는 시간에도 저 속도로 꾸준히 달리고 있던 거였다.

시간이 지나면서 협곡 가장자리만 비추던 햇빛이 서서히 넓어졌다. 협곡 깊숙한 속살까지 파고들어 그랜드 캐니언 전체가 발그스름하게 달아올랐다. 내가 제일 좋아하는 복숭아빛 분홍이었다. 웅장함과 따스함이 이렇게나 잘 어울릴 수 있다니 그 완벽함 앞에서 고개를 숙이지 않을 수가 없었다.

세상은 넓고 협곡은 많지만 그랜드 캐니언에는 여느 곳과 다른 무언가가 있다. 이름 앞에 꼭 정관사 '더The'를 붙여야 하는 것만 봐도 알 수 있다. 영어에서 '더'는 보통 유일무이한 특정 존재 앞에 붙는다. 즉 말만 하면 누구나 아는 명사 말이다. 굳이 '더 그랜드 캐니언'이라고 부르는 그 마음이 짐작된다.

발아래는 천길 낭떠러지. 때로는 목숨을 걸고 찍어야 좋은 사진을 건지기도 한다.

이번 여행의 취지는 '최단 시간 내에 최대한 많이 보고 가자'였다. 일출을 촬영한 다음에는 림(그랜드 캐니언을 가장 잘 내려다볼 수 있는 협곡의 가장자리. 공원 안의 도로와 전망대는 거의 림에 있다)을 따라 걸으면서 다양한 각도에서 협곡을 감상할 생각이었다. 그런데 보다 좋은 자리를 잡아서 삼각대를 설치하려고 갈팡질팡하던 중에 일행에서 서 작가 혼자만 떨어지고 말았다. 곧 따라오겠지 싶어 눈에 잘 띄는 곳에 자리를 잡고 기다렸지만, 일출 촬영을 모두 끝낸 후에도 여전히 행방불명이었다. 계속 기다릴 수만은 없어 삼각대를 접고 협곡을 따라 걷기 시작했다.

한 걸음 한 걸음 발을 떼기가 무서웠다. 떠나자니 보고 있는 광경이 아깝고 머무르자니 뒤에 만날 경치를 제대로 보지 못할까 조급해졌다. 매 순간이 꿈속을 걷는 느낌이었다. 그래서인지 다들 억지로 조금씩 걷고 있다는 생각이 들었다.

홀연히 사라진 서 작가는 좀처럼 모습을 드

아침 햇살은 그랜드 캐니언에 가장 어울리는 조명이다.

그랜드 캐니언 사우스 림, 처음 가는 길

그냥찍으시오, 나는계속먹겠소.

러내지 않았다. 우리 뒤를 따라올지도 모른다는 생각에 꽤 오랫동안 천천히 걸었는데도 행방이 묘연했다. 달리는 힘만 보자면 평균에도 훨씬 못 미치는 사람이라 뒤쳐진 게 분명하다고 생각했었는데, 이상한 일이었다. 그런데 보스토니언이 앞으로 달려나갔다. 어쩌면 뒤쳐진 게 아니라 앞서 가고 있을지도 모른다는 새로운 가설을 내놓은 직후였다. 목이 터져라 서 작가를 부르는데 남편과 나는 그럴 리가 없다며 어정쩡하게 뒤를 따랐다. 얼마나 갔을까. 우리를 훨씬 앞서서 걸어가는 서 작가의 뒷모습이 눈에 들어왔다. 걸음이 얼마나 빠른지 걷는 건지 뛰는 건지 분간하기 힘들 정도였다. 그 뒤를 쫓는 보스토니언의 속력도 만만치 않았다. 육백만 불의 사나이에게 붙들린 서 작가는 겨우 걸음을 멈추고 일행에 합류할 수 있었다. 혼자만 뒤처진 줄 알고 다급하게 종종걸음을 치던 중이었다고 했다. 그의 달리기 실력이 저질이었기에 망정이지, 하마터면 그랜드 캐니언에서 사람 찾는 방송을 할 뻔했다.

잃어버린 서 작가를 찾고 다시 빛의 향연에 집중할 수 있었다. 찌뿌듯한 피로감도, 셔틀버스를 놓치고 이산가족이 되었던 낭패감도 모두 잊었다. 길이 끝나는 곳에서 김밥을 가운데 두고 모여 앉았다. 새벽잠을 줄이고 참기름과 소금으로만 대충 싼 김밥이다. 음료수도 없이 꾸역꾸역 김밥을 밀어 넣었다. 목이 메었지만 그랜드 캐니언 이야기를 하느라 밥알이 튀는 것도 모를 정도였다. 제대로 된 리허설 한 번 없이 여행의 첫 번째 임무를 성공적으로 마쳤다는 사실에 다들 뿌듯해 했다.

우리 네 사람의 팀워크는 예상했던 것보다 훨씬 좋았다. 남편과 서 작가는 빡빡하게 세운 일정에 틈이 생기지 않도록 단속하는 채찍 역할을 맡았다. 돌발 변수가 생겨서 일정이 어긋나려는 찰나마다 플랜 B를 내놓는 것도 두 인간 채찍의 몫이었다. 보스토니언은 망가지는 역할을 자처했다. 연일 계속되는 강행군으로 피로와 짜증이 누적된 모두를 웃겨 주었다. 유일하게 사진에 관심 없던 나는 밥을 짓고 운전을 했다. 시동이 걸렸다가 안 걸리는 차만 빼면 모든 것이 완벽했다.

떠나온 지 겨우 하룻밤이 지났을 뿐인데 집에서의 일상이 먼 옛날처럼 느껴졌다. 여행 중에 집 생각을 하면 기분이 좋아진다. 하지만 거꾸로 집에 있을 땐 여행할 생각으로 들뜬다…… 집에서 여행하는 일상을, 길에서는 집에서의 일상을 꿈꾸는 것이다. 나는 이것을 '청개구리 놀이'라고 부른다. 내가 제일 자신 있어 하는 일 중 한 가지이다.

아치스 가는 길

# 사막의 대하드라마

　유타 주에만 6개의 국립공원이 있다. 미국 전역의 것들을 합친 개수가 56개라고 하니 다른 주에 비해 상대적으로 꽤 많은 편이다. 그중 아치스 국립공원은 자연이 만든 우아한 자태의 모래 아치들 덕분에 유명세를 얻었다. '아치가 별거야?' 라고 생각하는 사람도 있을 것이다. 사실 우리 주변에도 아치 형태의 구조물은 많다. 광화문도 아치형이고, 동작대교도 아치형이니까. 하지만 황량한 사막 한가운데에서 멋진 곡선을 뽐내는 거대한 모래 아치를, 그것도 무더기로 만나는 순간의 느낌은 전혀 다르다. 무방비 상태에서 누군가에게 등짝을 차인 듯한 격한 감동을 직접 맛보지 않고서는 함부로 얘기할 수 없다.
　대부분의 사람들은 아치를 보자마자 "와! 어떻게 이런 게 만들어질 수 있지?" 하며 놀라기부터 한다. 나 또한 크게 다르지 않았다. 호기심에 이끌려 방문객센터에 도착하자마자 쉴 틈도 없이 곧장 아치의 생성 자료부터 찾았다.

이곳의 아치들은 자연적인 침식작용으로 만들어졌다. 그 생성 과정을 추적하려면 훨씬 오래전으로 거슬러 올라가야 한다. 지금으로부터 300만

나를 웃게만든 진짜 이유는 손에 들린 식빵과 딸기잼이었다.

년 전, 바다였던 이곳에 바닷물이 증발하면서 엄청난 두께의 소금층이 만들어지고, 그 위로 흙이 쌓이면서 퇴적암이 생겨났다. 오랜 세월 동안 암석 무게에 눌린 소금층이 꺼지고 비틀리면서 퇴적암도 무너져 내렸다. 그중 붕괴를 면하고 운 좋게 살아남은 몇몇 암석들이 바로 예비 아치들이다. 예비 아치에 물이 스며들고 오랜 기간 얼고 녹기를 반복하면 가운데가 차츰 부스러지면서 조금씩 구멍이 커진다. 마지막으로 바람에 날아온 모래알들이 사포질을 하면서 구멍을 넓히면 현재의 아치로 거듭나는 것이다.

아치를 본 문과생들은 "그래, 로마의 수로水路가 아치형이었지." 하고 지나치겠지만 이과생이라면 전혀 다른 반응을 보일 것이다. 교과서로 배운 역학 이론이 완벽하게 구현된 모습을 본 감동으로 가슴이 먹먹해질지도 모른다. 아치가 스스로 하중을 견디는 가장 안정적인 구조라는 사실, 자연이 만들어 낸 '실험 결과'를 여기보다 확실하게 보여 주는 곳이 지구상에 또 있을까? 그러나 뒤집어 생각하면 이 말은 모순 덩어리이다. 아치야말로 돌덩

이가 버틸 수 있는 최후의 모습이기 때문이다. 심하게 말해 무너지기 직전의 돌들이 바로 아치들인 것이다. 나를 포함한 동시대의 사람들은 운이 좋은 편이다. 저 돌덩이들이 완전히 사라지기 전 가장 아름다운 모습으로 존재하는 시대에 태어났으니까.

공원 안에는 2천여 개의 아치가 있었다. 듣자 하니 가장 백미는 뭐니 뭐니 해도 델리컷 아치라고 했다. 석양으로 붉게 빛나는 이 아치는 많은 사진가들이 찍고 싶어 하는 명물이었다. 우리도 예외는 아니었다. 악마의 정원부터 트레킹하고 석양이 지는 저녁에 그쪽으로 이동할 계획을 세웠다. 악마의 정원은 한마디로 크고 작은 아치들이 모인 아치 밭이었다. 랜드스케이프 아치가 가장 유명했다. 해가 지기 전까지 시간이 넉넉했던 터라 내친 김에 더 멀리 있는 더블 오 아치를 보고 돌아오기로 했다.

가벼운 마음으로 길을 나섰다. 그런데 걷기 시작한 지 채 5분도 지나지 않아서 만만치 않은 트레일을 만났음을 알았다. 편도 약 3킬로미터의 거리라고 얕봤다가 맞닥뜨린 모래바람은 이번 트레킹의 최대 난관이었다. 울퉁불퉁한 암석을 매끈한 아치로 빚어 낸 자연의 사포질은 과연 대단했다. 막강한 풍속의 바람에 실린 모래알들이 마치 작은 총알처럼 날아왔다. 실탄은 사방에서 무한 공급되었고, 사막의 바람은 쉬지 않고 방아쇠를 당겼다. 도시에서 골바람을 타고 잠깐씩 날아드는 모래와는 차원이 다른, 사람 잡는 모래였다!

까딱 하면 볼에 구멍이 날지도 모른다는 불안감이 엄습해 왔다. 이곳을 벗어나는 유일한 방법은 최대한 빨리 걷기였다. 보풀이 잔뜩 생긴 꼬질꼬질

한 황사 마스크가 있어서 그나마 천만다행이었다. 사람들은, 마스크로 코와 입을 단단히 막은 내 모습을 부러운 눈빛으로 쳐다봤다. 하지만 히잡을 둘러쓴 무슬림 여성에 비하면 별것도 아니었다. 그녀는 마치 "거기 무슨 일 있어?" 하는 표정으로 꼿꼿이 고개를 든 채 발걸음을 옮겼다. 그녀야말로 사막의 진정한 승자였다.

애들아, 너희는 좀더 커야 손이 닿겠구나.

모래 총알을 뚫고 찾아간 수고는 전혀 아깝지 않았다. 랜드스케이프 아치는 그 정도로 훌륭했다. 파란 하늘에 붓으로 그은 듯한 날렵한 실루엣이 끝내주게 시원했다. 섬세하면서 장쾌한 멋은 표현하기 어려울 정도로 인상 깊었다. 개인적으로는 랜드스케이프가 최고의 아치였다. 하지만 이 멋진 아치가 앞으로 얼마나 더 우리 곁에 있을지는 아무도 모른다. 1991년 아랫부분 한 뭉텅이가 떨어져 내려 그렇잖아도 가느다란 아치 윗부분이 더 가늘어졌다. 참고로 근처에 있던 월 아치Wall Arch는 2008년 8월 4일 한밤중에 와르르 무너져 버렸다고 한다. 무릇 중력이란 전 세계 어디에서도 게으름을 피우지 않는 법이니 크게 놀랄 일은 아니다. 다만 형편없이 무른 성질의 퇴적암이 아니라 화강암

비교적 접근하기 쉬운 편이었던 터렛 아치.

같이 단단한 재질이었다면 어땠을까? 하지만 화강암은 모래바람 따위에 깎이지 않는다. 태생적으로 아치가 될 수 없는 존재인 것이다. 이게 바로 아치의 아이러니이다. 퇴적암의 무른 성질은 아치를 만드는 핵심 요소이기도 하지만 동시에 아치의 죽음을 부르기도 한다. 그 누구도 모든 걸 가질 수는 없다는 세상 이치가 여지없이 들어맞는다. 놀랍기도 하지만 왠지 쓸쓸한 기분이 들었다.

　모래바람과 싸우느라 체력이 급격하게 떨어져서 그런지 더블 오 아치로 가는 길은 더욱 힘들었다. 관광객이 눈에 띄게 줄어서 뿌듯한 마음과 뭐 하러 이런 고생을 사서 하지, 하는 마음이 열 번쯤 교차하고 나니 어느새 더블 오 아치가 보였다.

　아, 그러나 더블오아치는 전혀 멋지지 않았다. 누가 오자고 했어, 하는 분위기로 급변하려는 찰나 우리 옆을 지나던 백인 아저씨가 갑자기 말을 건넸다.

　"뒤로 돌아가서 위에 가서 보면 더 멋있어요. 꼭 뒤에 가서 봐야 돼요."

　묻지도 않았는데 신신당부하는 아저씨의 말을 우리는 반신반의했다. 하지만 여행 중에 만난 사람 말을 들어서 손해를 본 적은 없었다. 속는 셈 치고 아치 밑을 통과해 뒷편의 절벽을 기어올라갔다.

　"우와아아아!"

　호연지기는 산에서만 기를 수 있는 게 아니었다. 더블 오 아치는 눈이 시릴 만큼 푸른 하늘을 품고 있었다. 바라보는 내 가슴에도 아치만 한 구멍이 생겼다. 똑같은 사막의 하늘이지만 아치 속에 있는 하늘은 뭔가 달랐다. 만약 더블 오 아치의 앞만 보고 간 사람이 있다면 아마 평생 가슴을 치며 후회

할지도 모른다. 하마터면 이런 진면목을 못 보고 되돌아갈 뻔하다니, 아찔한 기분이었다. 올라갈 때만 해도 험악했던 분위기가 말끔히 사라졌다. 모두 순한 양이 되어 내려왔다. 모래 때문에 귓속을 후비고 연신 침을 뱉으면서도 다녀오길 정말 잘했다는 표정들이었다.

아치의 생성 원리도 직접 체험했겠다. 다음은 아치의 왕, 델리컷 아치를 알현할 차례였다. 해가 지면 기온차가 심해질 것을 대비해 여벌의 옷과 넉넉한 양의 물을 챙겼다. 각오를 단단히 하고 새로운 정보가 없나 싶어 트레일 입구의 게시판을 훑었다. '물을 많이 가져가시오', '한낮에는 걷지 마시오.' 등은 자주 보았던 것들이니 통과. 한데 생전 처음 보는 문구가 있었다.

'해질녘에 델리컷 아치를 가리지 맙시다.'

무슨 말인지 단박에 이해가 갔다. 이 델리컷 아치의 석양을 찍어 보겠다고 세계 각지의 사람들이 이곳을 찾아온다. 어쩌면 그들에게는 오늘이 일생일대의 날일 수도 있다. 그런데 혼자만 가까이에서 보겠다고 아치 앞을 알짱거리면, 순수하게 있는 그대로의 모습을 찍고 싶은 사람들의 기분은 어떻겠니, 그런 글로벌 진상 짓은 제발 하지 말자, 뭐 이런 의미가 내포된 게 아닐까?

미국 국립공원은 안전과 관련 없는 잔소리(안내문)를 거의 하지 않는다. '쓰레기를 버리지 마시오', '잔디를 보호하자' 처럼 우리에게 익숙한 팻말은 보기 드문 편이다. 그럼에도 불구하고 저런 안내문까지 붙어 있는 걸 보니 그동안 얼마나 많은 사람들이 항의했는지, 델리컷 아치의 석양이 얼마나 유명한지 짐작이 갔다. 사진 좀 찍는다는 사람은 꼭 한 번쯤 앵글에 담고 싶어 한다는 델리컷 아치의 석양, 트레킹을 시작한 우리는 흡사 순례자로 향

거대한 자연의 창을 통해 들여다본 사막의 하늘은 눈이 부셨다.

하는 사람들처럼 최대한 경건함을 갖추었다.

주차장에서 출발하는 델리컷 아치 트레일은 편도 2.4킬로미터 구간이었다. 대략 1시간 정도가 걸린다. 돌 위를 걷는 길이 많아서 악마의 정원보다는 체력 소모가 훨씬 덜했다. 마지막 벽을 의지하고 한 사람씩 통과해야 하는 200미터 절벽 길만 아니었어도 무난한 트레킹이 되었을 것이다. 고소공포증이 있다면 견디기 어려울 만큼의 스릴 만점 코스였다.

델리컷 아치와의 첫 대면에서 나는 여행자만이 느낄 수 있는 스포일러를 경험했다. 떠나기 전 이곳을 다녀온 사람들의 블로그를 찾아본 것이 되레 좋지 않은 결과를 불러온 것이다. 블로그에는 소상한 정보가 가득했다. 구간에 따라 트레일 풍경이 어떻게 변하는지, 델리컷 아치는 어느 방향에서 어떻게 나타나는지……. 이럴 땐 뭔 놈의 기억이 그렇게 생생한지, '그녀를 만나기 100미터 전' 부터 아치의 등장이 머릿속에 그려졌다. 정말 한 치의 오차 없이 익숙한 모습의 델리컷 아치가 나타났다. 속으로 땅을 치면서 후회했다. 여기까지 오는 데 들인 시간과 노력을 보상받지 못한 기분이었다. 명성에 걸맞은 아름다움이었지만 더블 오 아치 때의 억! 하는 감동이 없었다. 김 빠진 사이다를 억지로 들이킨 심정이었다. 준비를 많이 해와서 손해 보기는 처음이었다.

해가 지려면 1시간도 넘게 남았는데, 아치 주변은 좋은 자리를 잡으려는 사람들로 벌써부터 북적였다. 잘 나온 사진을 한 장이라도 더 건지려면 동작이 재빨라야 했다. 삼각대가 가장 밀집된 곳에 무조건 우겨 넣는 전술을 폈다. 다들 삼각대를 세운다, 카메라 방향을 맞춘다고 하면서 부산을 떨었다.

자리를 잡고 나면 항상 그랬듯이 기다리는 게임이 시작된다. 모두들 학처럼 목을 길게 빼고 앉아서 눈치 없는 자가 행여 아치를 가리지나 않는지 매의 눈으로 감시하고 있었다.

그때 사람들의 시선이 한곳으로 쏠렸다. 아치에서 한참이나 떨어진 곳이었다. 웬 동양 여자가 삼각대를 세우느라 애를 먹고 있었다. 언뜻 보기에도 좋은 사진을 얻기에는 적합하지 않은 위치였다. 사막의 거친 바람은 여자의 삼각대를 계속해서 쓰러뜨렸다. 보는 사람도 지쳐 갔다. 여자를 말리든지, 삼각대를 잡아 주든지 뭐든 결정을 내려야 할 때였다. 여자도 지쳤는지 주변 사람들에게 도움을 청하는 것 같았다. 특별히 동양인만 골라서 말을 건네는가 싶더니 그룹 여행을 온 사람들과 반갑게 아는 척을 했다. 말소리를 들어 보니 여자는 일본인이었다. 한참을 떠든 여자는 편평한 곳에 자리를 잡고 앉았다. 순간 내 눈을 의심했다. 현장 분위기와 전혀 어울리지 않는 요가 쇼가 펼쳐지는데 어이가 없었다. 아까 여자와 말을 섞던 사람들 중 한 명이 카메라를 들고 셔터를 눌러댔다. 여자는 요가 하는 사진을 찍으려고 좀 전의 난리를 피운 것이었다.

동양의 미녀가 가부좌를 틀고 앉아서 늘씬한 팔다리를 사방팔방 뻗어대자 사람들의 눈길이 금새 자석처럼 달라붙었다. 아예 카메라 방향을 여자 쪽으로 돌려 놓은 사람까지 있었다. 여자는 쏟아지는 수십 개의 시선에도 아랑곳하지 않고 간단한 동작부터 한 발로 서서 중심을 잡는 고난이도의 동작들을 선보였다. 날씬하고 예쁜데다가 유연하기까지 한 여자의 등장은 전혀 반갑지 않았다. 넋을 놓고 바라보는 무리 속에 남편 얼굴이 보였다. 차마 카메라까지 돌려 놓을 용기는 없었는지 연신 "좋은데……" 하며 감탄하기에 바빴다. 숨 쉬기도 힘든 사막에서 기가 차고 코까지 막힐 지경이었다. 시퍼렇게 두 눈 뜨고 지켜보고 있는 마누라를, 그것도 코앞에 두고 감히 외간 여자 품평회를 열다니, 남편이 언제부터 저리 배짱이 두둑해졌을까 하고 기억을 되짚느라 정신이 없었다. 살면서 내 앞가림하기 바빠다는 이유로 '유부남의 올바른 행실'을 제대로 가르치지 못한 게 한이 될 정도였다. 편하게 대할수록 고마워하기는커녕 더 편해질 궁리만 하는 게 인간사의 비극이라더니, 지금이 딱 그 짝이었다. 나도 모르게 점점 눈초리가 올라갔다. 눈치 빠른 서 작가가 황급히 남편을 말리지만 않았어도 갑작스러운 혈압 상승으로 앰뷸런스 신세를 졌을 것이다.

쇼를 마친 신비의 요가 여인은 홀연히 짐을 챙겨서 내려가 버렸다. 애초부터 여자의 관심은 아치가 아니었으니 당연지사였다. 어쨌거나 여자의 퇴장은 모두를 위한 바람직한 처사였다. 겨우 안정을 되찾은 남편과 사진사 무리가 촬영 준비에 전념할 수 있게 되었으니 말이다.

잠시 후 끈적해진 해가 농익은 빛을 뿌리기 시작했다. 석양이 뿜어 내는 길고 나른한 햇빛이 아치를 때렸다. 경쾌하게 울리는 셔터 소리가 여기저기서 한꺼번에 터졌다. 풀 한 포기, 나무 한 그루, 돌멩이 하나 없는 누런 땅에 홀로 서 있는 델리컷 아치는 외계인이 지구 방문 기념으로 남기고 간 표식처럼 보였다. 델리컷 아치의 독무대나 다름없었다. 그 모습이 마치 지상에 내려온 여신처럼 빛을 발했다.

혹자는 델리컷 아치를 파리의 개선문을 닮았다고 하여 '자연의 개선문'이라고 부른다. 하지만 내 눈에 비친 아치는 개선문과는 차원이 다른 별개의 존재였다. 좌우대칭 구조를 과시하는 개선문은 부담스러울 정도의 무게감이 느껴지지만 비정형인 델리컷 아치는 우아하면서도 위태로움을 잃지

델리컷 아치의 명성을 제대로 체감하려면 반드시 붉은 석양 아래서 봐야 한다.

않았다. 특히 왼쪽 다리의 잘록한 마디는 이 극적인 아름다움이 매우 한시적임을 웅변했다. 아주 약한 지각변동에도 부러질지 몰라서 자꾸만 눈길이 갔다. 그럼에도 불구하고 꿋꿋하게 버티고 있는 델리컷 아치는 비장미의 화신이나 다름없었다. 설령 언젠가 지금의 완벽한 상태를 포기해야 한다면 나는 이렇게 말해 주고 싶다.

"행여 반쪽만 살아남아 한쪽 다리로 멀뚱히 서 있지는 마라. 차라리 이전의 완벽했던 모습을 아무도 짐작할 수 없게 산산이 부서져 내리는 편이 낫다!"

들리는 소리라고는 오직 바람과 셔터 소리뿐이었다. 오늘 이 자리의 누군가는 내년을 기약하지 못해 벌써부터 애를 태울지도 모른다. 또 다른 누군가는 긴긴 비행시간을 마다 않고 견뎌 낸 보람을 만끽하고 있는지 모른다.

하루 30분의 환상이 사막의 도마뱀에게는 지겨운 일일연속극이겠지만 나처럼 평범한 인간에게는 흔하지 않은 대작 다큐멘터리였다. 결코 재방송 없는 특별 기획물 말이다.

해가 지고 밤이 찾아오자 안면 몰수한 바람이 점점 차가워졌다. 배낭에서 긴팔 옷을 꺼내 입고 묵묵히 발길을 돌렸다. 나란히 걷는 사람들의 얼굴에서 천 가지, 만 가지 생각이 읽혔다. 아무리 우연이라지만 낯선 땅에 모여 평생을 잊지 못할 벅찬 감동을 함께 해놓고도 아무 일 없었다는 듯 뿔뿔이 헤어지는 인연이라니, 참으로 재미있고 허망했다.

브라이스 캐니언 가는 길

# 후두의 마법

그랜드 서클 일정 5일째, 브라이스 캐니언에 도착했다. 역시나 일출 촬영이 목적이었다. 범상치 않은 분위기의 사진 한 장이 여기까지 우리를 이끌었다. 사진 속 주인공은 기이한 모양의 돌기둥들이었다. 대체로 하얗고 붉은 빛을 띠었지만 자세히 들여다볼수록 조금씩 다른 색감을 갖고 있었다. 여태 이런 곳을 모르고 살았던 게 이상할 정도였다.

예정보다 일찍 도착한 김에 간단한 맥주 파티도 할겸 다함께 공원 앞 마트로 몰려갔다. 브라이스 캐니언의 명물인 루비스 인<sup>Ruby's Inn</sup> 호텔에서 운영하는 곳이었다. '루비'라는 이름은 호텔 창업자인 루벤 사이렛<sup>Reuben C. Syrett</sup>의 애칭이다.

루비는 브라이스 캐니언의 빼어난 경관에 감동해서 1916년 가족과 함께 이 근처로 이주해 왔다고 한다. 관광객에게 숙소와 쉼터를 제공하는 것으로 시작해서 1923년에는 지금의 루비스 인을 짓고 본격적인 숙박업에 뛰어들었다.

며칠 동안 먼지 속을 헤매다 만난 대형마트는 목 마른 여행자들에게 사막의 신기루나 다름없었다. 마트 안은 우리처럼 신기루에 유혹당한 관광객들로 북적북적했다. 냉장고 문을 열고 모처럼 맛보는 냉기는 황홀경 그 자체였다. 깔끔하게 포장된 프라이드치킨마저 내가 다시 문명의 테두리로 돌아왔음을 여실히 느끼게 했다.

여섯 개들이 맥주 한 상자와 피스타치오를 들고 서 작가와 보스토니언의 방에 모였다. 정신없이 찍고 이동하는 동안 여행 중반에 이른 것을 축하하는 자리였다. 다 큰 어른들이라고 하지만 여러 날씩 붙어 다녀야 하는 일은 쉬운 일이 아니었다. 크게 부딪히지 않고 별다른 사고 없이 지내온 것은 충분히 축하할 만한 일이었다. 내내 빠듯한 일정만 소화하다가 모처럼 맞이한 여유로움 때문인지 다들 얼굴에 웃음이 가득했다. 나만 빼놓고. 나는 자리가 길어질수록 좌불안석이었다. 자꾸 시계 쪽으로 눈길이 갔다. 바늘이 9시를 가리키기 전에 무슨 일이 있어도 방으로 돌아가야 했다.

밤 9시 CNN 채널에서는 앤더슨 쿠퍼Anderson Hays Cooper가 진행하는 시사 프로그램 〈360〉이 방송된다. 인기 앵커인 은발의 쿠퍼는 마력을 가진 남자로 여성 시청자들로부터 절대적인 지지를 받고 있었다. 그의 달콤한 표정과 말투는 저널리스트로서의 최대 '약점'이긴 하나 일부러 감춘다고 감춰지는 것 또한 아니었다. 말하면서 눈썹에 힘을 주거나 음성을 낮게 깐다고 해서 타고난 마성이 사라질 리 없다. 나도 전혀 몰랐다. TV 없이 살아온 지 어언 10년째인 내가 텔레비전 속 누군가에게 이렇게 빠져들 줄은.

비록 쿠퍼 님 앞에서 무너지긴 했지만 TV를 멀리하는 취향은 우리 부부를 순탄하게 이어 준 일등공신이었다.

"저는 TV를 안 본 지 13년째입니다."

"와우! 대단하시네요. 저는 이제 겨우 8년 되었어요."

대한민국에서 이런 대화를 나누는 남녀가 얼마나 될까? 전혀 없지는 않겠지만 그렇다고 아주 많지도 않을 것이다. 그럼 TV 안 보는 사람을 정의하면서 '사회 부적응자'가 아니라 '뭘 좀 아는 사람'으로 여기는 사람은 또 몇이나 될까? 그리고 그런 취향이 서로에 대한 결정적인 호감으로 작용해서 결혼에 골인한 커플이 과연 몇 쌍이나 될까? 어쩌면 남편과 나는 서로에게 빠진 게 아니었을 수도 있다. 나보다 일곱 살이나 많은 남편이 부담스럽기는커녕 나 아니면 누가 이런 사람을 좋다고 할까 싶은 약간의 측은지심이 없었다고는 말하지 못하겠다. 모든 부부들이 비슷한 감정을 느꼈겠지만 남편이나 나나 서로에게 유일무이한 존재라고 여긴 것만은 분명하다. 더군다나 성별을 떠나 남편이나 나 같은 유형의 사람은 자주 배출되지 않는다. 이런 희소성이 있었기에 무사히 결혼할 수 있었던 게 아닌가 싶다.

하지만 사람은 변한다. 여행을 시작한 지 단 며칠만에 급속도로 TV에 빠져들 줄 누가 알았을까? 10년 가까이 지켜온 소신을 헌신짝처럼 내팽개칠 줄은 나 자신도 몰랐다. 우리가 묵었던 모텔들에 비치된 TV마다 첫화면이 항상 CNN으로 시작되다니 우연치고는 참 기막힌 우연이었다. 여전히 TV를 멀리하는 남편이 배신한 옛 동지를 대하듯 해도 어쩔 수 없는 일이었다.

맥주 파티를 끝내고 서둘러 방으로 돌아왔다. TV의 전원을 켜는데 남편은 이미 예상했다는 듯이 화면에서 등을 돌리고 앉아 있었다. 노트북으로 사진을 정리하고 있었다. 나는 애써 모른 척하고 쿠퍼 님에게 집중했다. 1시간 동안 진행된 프로그램은 밤 10시에 끝났다. 새벽에 일어나 김밥을 준비하려면 한시라도 빨리 눈을 붙이는 게 유리했다. 남편은 그 사이 곤하게 잠들어 있었다. 내가 쿠퍼 님에게 정신을 팔고 있는 동안 외로웠는지 노트북을 꼭 끌어안은 채였다.

어제 일도 있고 해서 졸린 눈을 비비고 새벽같이 일어났다. 조촐한 재료로 김밥을 말기 위해서였다. 김밥 속이라고 해봤자 햄과 오이뿐이었지만 나름 심혈을 기울인 것이었다. 일출이든 일몰이든 끊임없이 찍어야 직성이 풀리는 사진가들에게 죄가 있다면 모셔 두기에는 너무 아까운 카메라를 가진 것이다. 그런 그들의 운명에 가끔은 연민을 느꼈다. 어스름한 새벽녘에 일어나 일출을 찍는 일은 이만저만 고생이 아니다. 잠이 덜 깬 상태에서 차가운 공기를 뚫고 부지런히 촬영 준비를 마쳐야 한다. 카메라 설치가 끝나면 기다림이 시작되는데 이쯤 되면 속이 텅 빈 위가 아우성을 친다. 하지만 해가 뜨기 전까지는 움직일 수도 없다. 주린 배를 움켜쥐고 참는 것 말고는 도리가 없는 것이다. 추위에 배까지 곯지 않으려면 식은 김밥이라도 먹는 편이 훨씬 낫다. 소박한 김밥이야말로 내가 베풀 수 있는 작은 호의였던 것이다.

해 뜨기 40여분 전 브라이스 캐니언이 가장 잘 보인다는 브라이스 포인트에 도착했다. 비좁은 면적에 각양각색의 사람들이 오글거렸다. 4월 말인

최고의 전망을 볼 수 있는 브라이스 포인트에서 바라본 후두의 제국(위), 여왕의 정원(중간, 아래).

데도 불구하고 추위는 여전했다. 다들 바짝 얼어 있었다. 추위를 피하려고 침낭을 망토처럼 두르고 나온 사람이 있는가 하면 아예 이불로 몸을 둘둘 감고 있는 여자도 있었다.

작품사진을 논할 수준의 사람들은 이미 포인트 앞쪽에 진을 친 상태였다. 절벽 끝, 발아래 펼쳐진 브라이스 캐니언의 모습을 가장 잘 볼 수 있는 그곳은 복작복작 이미 초만원이었다. 그렇다고 쉽사리 포기할 우리가 아니었다. 그 틈으로 기어이 삼각대를 밀어 넣는데 성공했다. 남은 일은 기다림 뿐이었다. 차가워진 김밥으로 허기진 배를 채우고 달달한 사탕으로 후식을 즐겼다.

기다리던 일출이 시작되었다. 햇볕이 내리쬐자 거대하고 화려한 후두들의 향연이 바로 눈앞에서 펼쳐졌다. 따스한 햇살을 받은 곳은 원래보다 더욱 하얗고 붉게 변했다. 후두$^{Hoodoo}$란 오랜 시간에 걸쳐 침식작용으로 만들어진 돌기둥을 말한다. 지층이 무르고 단단한 부분에 따라 물에 의한 침식 차이가 생기면서 지금의 독특한 모양들이 만들어졌다고 한다. 후두는 기묘한 생김새와 꼭 어울리는 이름이다. 후두, 후두, 후두, 후두…… 입에 짝짝 달라붙는다. 언뜻 부두교$^{Voodoo}$를 연상시키는 발음이다. 그래서인지 주술적인 분위기가 난다. 다른 이름은 상상조차 할 수 없다. 후두는 꼭 후두여야만 한다.

19세기 후반, 에버니저 브라이스$^{Ebenezer\ Bryce}$라는 남자가 있었다고 한다. 모르몬교 신자이자 목수였던 그는 이곳에 정착하면서 자신의 재능을 유감없이 발휘했다. 수로를 만들고 길을 닦으면서 브라이스 캐니언에 문명을 심기 위해 무진장 애를 썼다. 하지만 가뭄에 못 이겨 다른 곳으로 이주해야만 했다. 이 땅을 떠나는 그가 남긴 전설적인 한마디가 있다.

"이곳에서 소를 잃어버리는 것은 악몽이야."

후두 숲으로 달아난 소들을 찾기가 어지간히 어려웠나 보다. 미로처럼 몸을 숨길 만한 데가 많아서 소에게는 천국이지 않았을까 싶다. 실제로도 어찌나 후두들이 빽빽하게 서 있는지 뭐라 달리 표현할 말이 없는 게 안타까울 정도였다. 후두들이 마치 세상을 뒤덮을 듯한 기세로 모여 있는데 그 아찔하고 강렬한 매력에 금새 압도당하고 말았다. '거하게 차려진 칠첩반상을 순식간에 바닥 낸' 기분이 들자 가까운 로지에나 가서 따뜻한 숭늉 한 사발, 아니 코코아 한잔을 들이키고 싶은 마음이 굴뚝같았다. 하지만 사나이들은 아직 칼을 집어 넣을 때가 아니라고 말하는 남자들에게 밀려 다음 일정으로 미뤄야 했다. 시계를 보니 오전 8시이었다. 워낙 일찍 일어난 탓에 휴식을 취하기에는 조금 이른 감이 있기는 했다.

결국 브라이스 캐니언의 또 다른 백미를 즐기는 쪽으로 의견이 모아졌다. 해 뜬 직후의 협곡을 트레킹 해야 한다는 강경파의 주장에 따라 여왕의 정원을 향해 걸었다. 여왕의 정원은 주차장에서 가파르게 경사진 길을 따라 내려가야 했다. 비교적 쉬운 길에 속했지만 나중에 도로 올라올 걸 생각하면 썩 달가운 코스는 아니었다. 뜨악한 이름도 맘에 안 들긴 마찬가지였다. 돌무더기, 모래투성이인 사막에서 '정원'이라니, 뜬금없다는 생각이 들었다. 한낮이 되면 위아래에서 치받는 열기 때문에 숨도 제대로 못 쉴 지경인데 그런 촉촉한 이름을 붙이다니 가당치도 않았다. 다만 '여왕'이란 말이 붙었으니 조금은 기대의 여지를 남겨 두고 싶었다. 여왕과 어울리는 섬세하고 아름다운 풍경이 그려졌다. 하긴 아치스에서는 '악마의 정원'도 좋다고 걷던 우리 아닌가?

　내리막이 끝나고 여왕의 정원이 시작되었다. 후두 숲에 비하면 시원찮은 규모였지만 장점이 전혀 없지는 않았다. 아주 가까에서 보는 후두들은 아침 해의 기운을 듬뿍 받고 형형색색 빛을 발했다. 마치 외계의 행성에 와 있는 듯한 착각을 불러일으켰다. 거대한 후두 사이에 서 있는 내 자신이 마치 대형 체스판 위에 올라간 개미가 된 느낌이었다. 네 사람 모두 어린아이처럼 신나게 돌아다녔다.

　트레킹을 마치고 내려왔던 길을 거꾸로 올라가는 길이었다. 위에서 우리를 내려다보는 사람들이 보였다. 쳐다보는 눈길에는 부러움이 가득했다. 격전지에서 승리하고 살아 돌아온 아군을 맞이하는 눈빛이었다. 우리는 해냈다는 성취감과 뿌듯함을 만끽했다.

　"좋아요? 힘들지 않았어요?"

　난데없이 질문이 날아들었다. 질문의 주인은 앞뒤로 볼록한 비대한 몸을 가진 백인 부부였다.

　"네. 진짜 멋있어요. 꼭 내려가서 보셔야 돼요."

　나는 100퍼센트 확신에 차서 답했지만 그들이 원하는 답이 아니었던 모양이다. 무엇 때문인지 몰라도 부부는 여전히 고뇌하는 표정으로 벌컥, 벌컥 콜라만 들이켰다. 낯설지 않은 모습이었다.

　평범한 현대인의 축에 드는 나 역시 어떻게든 적게 걷는 방법을 궁리하는 타입이다. 하지만 그런 잔머리 굴리기가 통한 적은 손에 꼽을 정도이다. 매번 남편의 설득에 넘어가기 때문이다. 살아생전 여기를 다시 오겠느냐, 밥을 먹었으면 걸어서 소화를 시켜야지, 이만큼 걸으면 저녁에 아이스크림

여왕의 정원으로 향하는 길. 마치 동화 속의 한 장면을 보는 듯 신비롭다.

한 개, 오케이? 등등 남편의 설득법은 참으로 다양하다.

결혼을 코앞에 두고 있던 일이다. 내가 말마다 토를 단다고, 뭐든 부정적으로만 생각한다고 불평하던 남편이 말했다.

"그냥 내가 하자고 하는 대로 하면 안 되겠어?"

이상하게도 그 말을 듣는 순간 마음이 편해졌다. 이전까지 만난 남자와는 많이 달랐다.

"안 될 거야."

라고 말하면 보통은 이렇게 대답했다.

"그래, 역시 안 되겠지?"

하고 조용히 물러났다. 남편처럼 '하면 된다고, 뭐든 가능하다고, 나만 믿고 따라와.' 라고 말해 주는 사람은 없었다. 살아오면서 나 스스로를 꽤나 독립적인 인간이라고 생각했었지만 실상 마음 한 구석은 아니었던가 보다.

정작 나보다 심각해진 건 친구들이었다. 요즘도 저렇게 고압적인 남자가 있느냐며 한동안 성토 대회를 열었다. 그걸로는 부족했는지 결혼과 동시에 내 인생이 끝장 날 것처럼 무시무시한 예언들을 쏟아냈다. 가만 놔두면 남편의 실험실 앞에서 농성이라도 할 기세였다. 하지만 당사자인 내가 펄쩍 뛰지 않은 이상 어쩔 도리가 없었다.


여왕의 정원을 다녀오고 난 다음, 드디어 원하던 코코아를 마실 수 있었다. 이른 아침 로지에 들러 마시는 따뜻한 차 한잔의 여유는 꿀맛이었다. 점심에 무얼 먹을까, 다음 행선지에 늦지 않게 갈 수 있을까, 하는 평상시의 자질구레한 걱정들은 머릿속을 떠난 지 오래였다. 로지의 로비에는 모든 근

경쾌한 햇살을 받아 반짝반짝 윤이 나는 후두들.

심을 사라지게 만드는 마술 같은 편안함이 있었다. 홀짝 홀짝 코코아를 마시면서 새삼 감사했다. 지금 이 순간, 이 자리에 올 수 있게 해준 모든 형편과 인연, 우연의 조합에 진심으로 감사했다.

**앤털로프 캐니언 가는 길**

# 잔돈과 팁의 극명한 차이

　세상에 이런 곳이 있다. 사막 한가운데를 흐르는 물이 바위를 조각한 곳. 사막에 물이 흐르다니, 그게 가능할까? 물론 가능하다. 딱딱하게 마른 땅에 갑작스레 폭우가 쏟아지면 빗물이 채 땅에 스며들지 못하고 홍수를 이룬다. 전문 용어로 돌발홍수Flash Flood라고 부른다.

　사막의 홍수도 신기하지만 거친 물살이 빚어 낸 협곡의 곡선은 숨이 멎을 정도로 황홀하다. 하늘에서 뚝 떨어진 것만 같은 이 아름다운 협곡이 바로 앤털로프 캐니언이다. 유타 주 정부가 발행한 여행 안내 책자에 소개된 곳이었다. 사진이 많은 게 맘에 들어서 화장실에서 두고 심심풀이로 읽던 책이었는데 그 책을 통해 처음 알게 되었다. 사진 속 앤털로프 캐니언을 보는 순간 유타에서 뭘 해야 할지를 깨달았다. 이런 대자연의 신비를 찾아 띠

121

나는 것이야말로 유타 주민으로서 가장 보람된 일이었다.

앤털로프 캐니언은 애리조나 주의 페이지시 근처에 있다. 유타 주와 거리는 가까운데 나바호Navajo 보호구역에 속해 있어서 구경하기는 좀 까다롭다. 보호구역 입장료를 별도로 내야 하는데다가 돌발홍수의 위험 때문에 반드시 가이드를 동반해야 한다. 물론 비용은 자기 부담이다. 국립공원에서 무소불위의 입장권으로 통하는 자유이용권도 이곳에서는 무용지물이다.

공원에 도착해 입장료를 계산하고 가이드 물색에 나섰다. 주차장은 이미 호객행위에 열심인 나바호족 가이드들과 관광객들로 우글우글했다. 일반 투어와 사진 투어에 따라 가이드가 달라서 선택을 해야 했다. 물론 사진가로서의 자아가 한껏 고양된 남자들은 조금도 망설이지 않고 사진 투어를 골랐다. 필시 똑딱이로 불리는 디카 무리들과 어울려 찍는 것이 영 내키지 않았을 것이다.

미국 안의 섬, 나바호 보호구역은 19세기 후반 미국 정부가 나바호족을 강제 이주시키면서 만들어졌다. 그 과정에서 많은 원주민들이 희생되었음은 굳이 말할 필요도 없다. 1923년 부족 정부가 정식 설립되었고 오늘날 유타·애리조나·뉴멕시코 3개 주에 걸친 광대한 면적을 갖게 되었다. 남한의 무려 3분의 2에 해당하는 땅이다. 이곳에 사는 나바호족은 미국 원주민 중에서도 부족원 수가 가장 많은 걸로 유명하다. 그러나 넓은 땅, 많은 인구는 허울에 가깝다. 우리가 실제 목격한 보호구역의 실상은 황폐하기 그지없었다.

보호구역에서 살고 있는 원주민 가정 대부분은 생계 문제로 고통받고 있다. 거주민 절반이 실업 상태에 있거나 수공예품 판매업에 종사한다. 식구

중 한 명이라도 판매일을 하는 가정이 많다고는 해도 소득 면에서 어려움을 겪는 건 다들 비슷하다. 이들이 의존하는 관광산업이란 산업이라고 부르기 민망할 정도이다. 이곳의 관광산업이란 '모래먼지가 맹렬하게 부는 도로변에 가판대를 세워 놓고 하염없이 관광객을 기다리는 일'이다. 하루 평균 100여

적막감이 감도는 나바호 보호구역 안의 수공예품 가판대.

대의 차가 지나는 길 위에서 과연 몇 사람에게나 물건을 팔 수 있을까? 터무니없는 농담 수준이다. 게다가 동정심 없이는 도저히 지갑을 열 수 없게 만드는 품질의 조악한 수공예품은 팔릴 가망이 전혀 없어 보이고 비참한 현실을 일깨운다.

  도로변 가판대는 그 수를 제대로 헤아리기도 힘들 정도로 많지만 멀쩡한 집들은 눈 씻고 찾아보기 힘들다. 나바호 부족민들의 상당수가 컨테이너 집에서 생활하기 때문이다. 태양이 이글거리는 사막에서 어떻게 견디는지 그 인내심이 놀랍다. 대부분은 가스나 전기 같은 기본 편의시설조차 갖추지 않은 상태라고 한다. 대체로 보호구역에 사는 원주민들 대다수가 이런 시궁창 같은 주거환경을 견뎌야 한다. 무선인터넷이나 위성 TV를 설치한 집도 있다지만 과연 몇이나 될까 싶다.

  과거 한때였지만 나바호족의 경기가 활황인 적도 있었다. 1940년~1980년대까지 이 지역에 매장된 우라늄을 캐내는 광산업이 번성했다고 한다. 넉분에 원주민들도 배를 곯지 않고 일을 할 수 있었다. 하지만 냉전시대가 끝

나자 대부분의 우라늄 광산이 문을 닫았고, 나바호 사람들은 그때의 기억에서 헤어나오지 못하고 있다. 호시절을 잊지 못해서가 아니다. 나바호 소녀들은 생식기 암에 걸린 경우가 많았는데 그 발병률이 또래 소녀들보다 17배나 높았다고 한다. 그뿐이 아니었다. 우라늄 광산에서 일했던 사람들은 폐암에 걸릴 가능성이 일반인보다 현저히 높다는 결과가 발표되었다. 우라늄과 라돈으로 오염된 환경이 암의 원인과 무관하다고 자신있게 말하는 사람은 거의 없었다. 광산은 닫혔지만 나바호 사람들의 시련은 언제 끝날지 모르겠다.

그리고 2004년, 나바호 부족은 카지노 사업에까지 뛰어들었다. 술과 마약, 도박은 미국의 원주민사회를 좀먹는 3종 세트로 불린다. 나바호족이 마지막까지 손대지 않은 게 도박이었는데, 카지노 사업으로 돈을 버는 다른 부족을 보고 흔들렸나 보다. 모든 비극에는 클라이맥스가 있단 사실을 증명이나 하듯 더 깊은 늪으로 빠져드는 그들을 보니 착잡해진다. 우라늄 광산이 그랬던 것처럼 카지노 사업 또한 나바호 사람들에게 깊은 상처를 줄 게 불을 보듯 뻔하다. 빠져나오려고 몸부림치면 칠수록 더 깊이 빠져드는 모래 늪이 이런 것일까?

황량한 사막에 드문 드문 있는 원주민의 집들.

약속한 출발 시간이 되자 반짝이는 은색의 SUV 한 대가 주차장으로 들어왔다. 9인승짜리 도요타였다. 1시간 앞서 떠난 일반팀의 '탈것'과는 비교도 안 될 만큼 좋은 차였다. 앞 차는 승용차라기보다는 화물용 트럭에 가까웠다. 우리 앞에 멈춘 차의 까맣게 선팅된 차창을 보니 단 1미리미터의 틈새도 없이 완벽하게 닫혀 있었다. 에어컨 성능이 얼마나 환상적일지는 안 봐도 비디오였다.

운전석 문이 열리고 50~60대로 보이는 아주머니 한 분이 차에서 내렸다. 자신을 캐롤 빅섬$^{Carroll\ Bigthumb}$이라고 소개했다. 엄지손가락이 유별나게 큰 조상을 두었나 보다. 이럴 땐 미국 원주민들의 작명법이 썩 훌륭하단 사실을 인정하고 싶어진다. 기억하기도 쉽고 정이 가는 이름이 많기 때문이다. 우리나라의 나이트클럽 웨이터 분들이 참고하면 좋을 작명법이다.

캐롤은 영어를 아주 잘했다. 뿐만 아니라 사진 투어 전문 가이드답게, 협곡 안 촬영에도 빠삭했다. 오전 11시 30분이란 출발 시간도 아무렇게나 정한 게 아니었다. 협곡의 빛내림을 찍기에 최상의 시간대라고 했다. 직감적으로 최고의 가이드를 만났음을 알았다. 운 좋은 사람들은 우리 말고 세 명이 더 있었다. 페이지시의 발전소에서 일하는 친구를 만나러 온 플로리다 할아버지―은퇴한 걸 은근히 자랑하는데 이유는 말해 주지 않았다―와 아주 심각한 표정의 프로 사진가, 그리고 조수로 고용된 나바호 원주민이 한 차에 올랐다.

캐롤의 차에 오르기 전에 우선 가이드 비용을 지불해야 했다. 200달러가 조금 안 되는 액수였다. 지금껏 여행하면서 5달러 미만의 잔돈은 굳이 거슬러 받지 않았기에 이번에도 그러자 하고 돈을 냈다. 회계 담당은 보스토니언이었다. 일행 중 유일하게 운전면허가 없는 멤버였다. 대신 경비 챙기는 일을 맡겼다. 비교적 공평한 역할 분담처럼 보였지만 실제로는 전혀 아니었다. 보스토니언을 제외한 세 명이 돌아가며 운전대를 잡는 동안 뒷좌석에서 늘어지게 자거나 끼니 때에 맞춰 부스스 일어나 밥을 재촉하는 일이 전부였다. 여행이 후반부로 갈수록 경비는 계속 줄어들었고 당연히 돈 쓰는 회수도 점점 낮아졌다. 그나마 맡고 있던 보스토니언의 역할이 희미해지고 있던 차였다. 모처럼의 기회가 왔으니 오늘에야말로 보스토니언이 훌륭하게 활약해 주리라 믿어 의심치 않았다.

보스토니언은 지갑에서 100달러짜리 2장을 꺼내 깔끔하게 돈을 치렀다. 거기서 멈췄으면 좋았을 텐데 쓸데없는 한마디를 보탰다.

"이거 팁이에요(It's your tip)." 순간 내 귀를 의심했다. "잔돈은 그냥 가지세요(Keep the change)."라는 적절한 표현을 놔두고 왜 그랬을까, 라고 생각한 것도 잠깐이었다. 보스토니언의 말이 끝나기가 무섭게 빅섬 씨의 표정이 돌변했다. 한순간에 싸늘해진 분위기를 어떻게 반전시켜야 할지 몰라서 머릿속이 새카매졌다. 보스토니언은 점차 작아지는 역할을 이렇게나마 증명해 보이고 싶었던 걸까? 서비스가 시작되기도 전에 팁의 액수를 정하다니 상식에

멋져 보여도 실제로는 1분을 못 버틸 정도로 뜨겁다.

도 매우 어긋나는 행동이었다. 그의 돌연한 말에 모두 아연실색하고 말았다. 본심이 아니었겠지만 어쨌거나 고작 5달러를 팁으로 준다는 말은 캐롤의 자존심을 건드린 게 확실했다. 분노한 빅섬 씨는 우리가 오해를 풀 틈도 없이 차를 출발시켰다. 끝나면 당연히 따로 챙겨 줄 생각이었는데…….

덜컹거리는 차 안에서 보스토니언에게 물어보니 말이 헛나온 것이라고 했다. 아무튼 졸지에 무개념의 버릇없는 관광객이 돼버리고 말았다. 가는 내내 차 안에는 무거운 침묵만 흘렀다. 적극적으로 나서서 해명을 해도 시원찮을 판이었지만 소심해질 대로 소심해진 우리는 하염없이 창밖만 바라봤다.

협곡 안은 다른 업체의 가이드들과 먼저 도착한 팀들이 뒤엉켜 왁자지껄 소란스러웠다. 가장 멋진 사진을 얻을 수 있는 시간이 한정되어서 그런지 관광객들이 한꺼번에 몰려들어 엄청나게 붐비고 있었다. 빅섬 씨의 눈부신 활약은 그때부터 빛을 발했다. 고객을 모시는 차부터 남달랐던 그녀는 다년간 사진가를 위한 전문 투어만 진행해 온 사람이었다. 언제 어디서 찍어야 사진이 잘 나오는지는 물론이고 사진가들이 어떤 곳을 좋아하는지까지 모두 잘 알고 있었다.

"어이, 거기 비켜요."

"가리지 말고 이리 나와요."

빅섬 씨의 한마디에 홍해가 갈라지듯이 길이 생기고 장해물들이 사라졌다. 길을 막았다고 해서 되레 다른 가이드들이 자기 손님을 나무라는 지경이었다. 연배로 보나 경력으로 보나 다른 가이드들은 빅섬 씨의 새끼만 후배들인 게 분명했다. 하지만 슬프게도 빅섬 씨의 VIP 고객은 우리가 아니

강렬한 사막의 햇빛이 협곡 안으로 스며들면서 자연적인 스포트라이트를 만들어 낸다.

었다. 먼저 준 5달러 말고는 더 이상 나올 게 없다고 생각했는지 눈에 띄게 홀대했다. 빅섬 씨의 1순위는 플로리다에서 온 할아버지였다. 지켜보는 우리는 씁쓸한 입맛을 다셔야 했다. 아버지를 아버지라 부르지 못하고 형을 형이라 부르지 못하는 홍길동의 심정이었다고나 할까? 억울한 맘이 들어도 당장은 꾹 누르는 방법 말고 뾰족한 수가 없었다. 숨 가쁜 속도로 사진을 찍어대느라 하소연할 새도 없이 계속 전진했다.

협곡 중간에서 프로 사진가 일행과 재회했다. 입구에서 모래폭포까지 곧장 걸어온 모양이었다. 모래폭포는 사진가들이 협곡의 빛내림 다음으로 찍고 싶어 하는 피사체였다. 애석하게도 지금 계절에는 자연적으로 생기지 않는다. 그런데 사진가는 어떻게든 모래폭포를 찍고 싶었던 모양이다. 일부러 조수를 고용한 이유도 그 때문이었다. 원주민 조수가 큰 삽으로 모래를 뿌리자 폭포가 만들어졌다. 그 순간을 놓치지 않고 사진가는 잽싸게 사진을 찍었다. 눈치 빠른 몇몇 사람들이 이 기회를 놓치지 않았다. 모래를 뿌리는 사람도 찍는 사람도 다들 정신이 없어 보였다. 역시 작품사진은 쉽게 얻을 수도 정직하게 얻을 수도 없는 것이었다.

어느새 협곡 끝에 다다랐다. 빅섬 씨와는 나중에 입구에서 만나기로 하고 헤어졌다. 30분 정도는 여유 있게 둘러볼 수 있었다. 천천히 협곡을 감상하며 온 길을 되짚어 걸어갔다. 전능하신 빅섬 씨의 부재는 컸다. 발길에 차이는 관광객 틈에서 편하게 사진 찍기는 일찌감치 포기해야 했다. 아귀다툼에 합세할 수밖에 없었다. 우악스럽게, 그러나 너무도 신나게 찍고 또 찍었다.

앤털로프 캐니언에서의 하이라이트는 뭐니 뭐니 해도 협곡 틈새로 내리뻗는 빛내림이었다. 빛살이 뚜렷하고 강할수록 더욱 환상적인 자태를 뽐냈다. 가뜩이나 더운 여름에 숨 막히는 열기를 마다하지 않고 사람들이 찾아오는 이유가 있었던 것이다.

태양이 가장 높이 떠오르기 전에 가장 완벽한 빛내림 장소를 찾아야 했다. 사막지대에서 만난 빛내림은 온대 지방에서만 살아온 우리의 상상을 뛰어넘는 강렬함 그 자체였다. 문득 초등학교 시절 두꺼운 돋보기로 종이를 태워 먹던 일이 생각났다. 그때처럼 지금도 협곡 위에서 누군가가 거대한 돋보기를 들이대고 있는 게 아닐까 싶었다. 협곡 틈으로 떨어지는 햇빛 속에서 모래 먼지가 활활 타오르는 듯 춤을 추고 있었다. 어떤 빛으로도 만들어 내기 힘든, 보기 드문 스포트라이트였다.

앤털로프 캐니언은 대표적인 슬롯 캐니언이다. 슬롯 캐니언의 가장 큰 특징은 폭 대비 깊이가 엄청나게 깊다는 점이다. 동전을 넣으면 작동하는 슬롯머신과 비슷하다. 슬롯머신의 동전 투입구처럼 폭이 좁고 깊다. 폭이 1미터인 어떤 곳의 깊이가 30미터 이상이라고 하니, 그 아찔하게 깊은 곳에 뭔가를 떨어뜨리기라도 하는 날에는 아예 잃어버린 셈 치는 게 나을지도 모른다.

슬롯 캐니언은 주로 사암이나 석회암같이 무른 돌이 돌발홍수에 깎여서 만들어진다. 센 물살이 그대로 돌에 새겨져 있다고 해도 과언이 아니다. 사막에 홍수가 난다는 말을 처음부터 넙죽 믿기는 쉽지 않을 것이다. 하지만 이렇게 생각하면 금방 이해된다. 사막에는 호우 대비 시설이 거의 없다. 배수구나 수로가 없는 무방비 상태에 가깝다. 마른 땅일수록 빗물을 쑥쑥 잘 빨아일 것 같지만 현실은 전혀 그렇지 않다. 고기도 먹어 본 놈이 먹는다고 물맛을 모르는 메마른 지대는 표면의 물을 거의 흡수하지 않는다. 불어난 빗물을 실어나르는 고속도로일 뿐이다. 한꺼번에 비가 많이 오는 여름에 특히 위험하다. 비가 쏟아지면 좁은 협곡 안으로 많은 양의 물이 흘러들어서 홍수가 나는 것이다. 몇 시간 전까지 먼지가 풀풀 날리던 곳이라는 사실이 믿겨지지 않을 정도로 급격하게 변한다. 의외성, 그것이 바로 돌발홍수의 무서움이다.

돌발홍수의 위력은 오늘날까지도 여전하다. 1997년 어느 여름날, 어퍼 앤털로프 캐니언의 맞은편에 있는 로어 앤털로프 캐니언에는 거의 비가 내리지 않았다. 그러나 불과 10여 킬로미터 떨어진 곳에 엄청난 양의 폭우가 내리면서 메말랐던 좁은 협곡이 계곡으로 돌변했다. 무서운 속도로 거대한 강줄기를 이룬 빗물은 협곡에 도달할 즈음 어마어마한 규모의 물 폭탄으로 변해 있었다. 좁고 깊은 슬롯 캐니언의 특성상, 아무런 장비 없이 맨몸으로 협곡을 기어오르는 것은 거의 불가능하다. 최대한 빨리 달려서 입구 쪽으로 피신하는 방법이 최선이었다. 하지만 물이 덮치는 속도는 그보다 훨씬 빨랐다. 이날의 사고로 11명의 관광객이 목숨을 잃었다. 이들을 안내한 가이드만 겨우 목숨을 건졌다. 놀란 공원 측이 대피용 사다리를 설치하고 조기 경보 시스템을 보완했다고는 하지만 돌발홍수의 위험이 완전히 사라진 것은 아니다.

대부분의 사진가들이 빛내림을 찍기 위해 이곳에 온다지만 정작 내 눈을 잡아 끈 것은 협곡의 곡선이었다. 달리의 그림 같으면서도 찰흙을 아무렇게

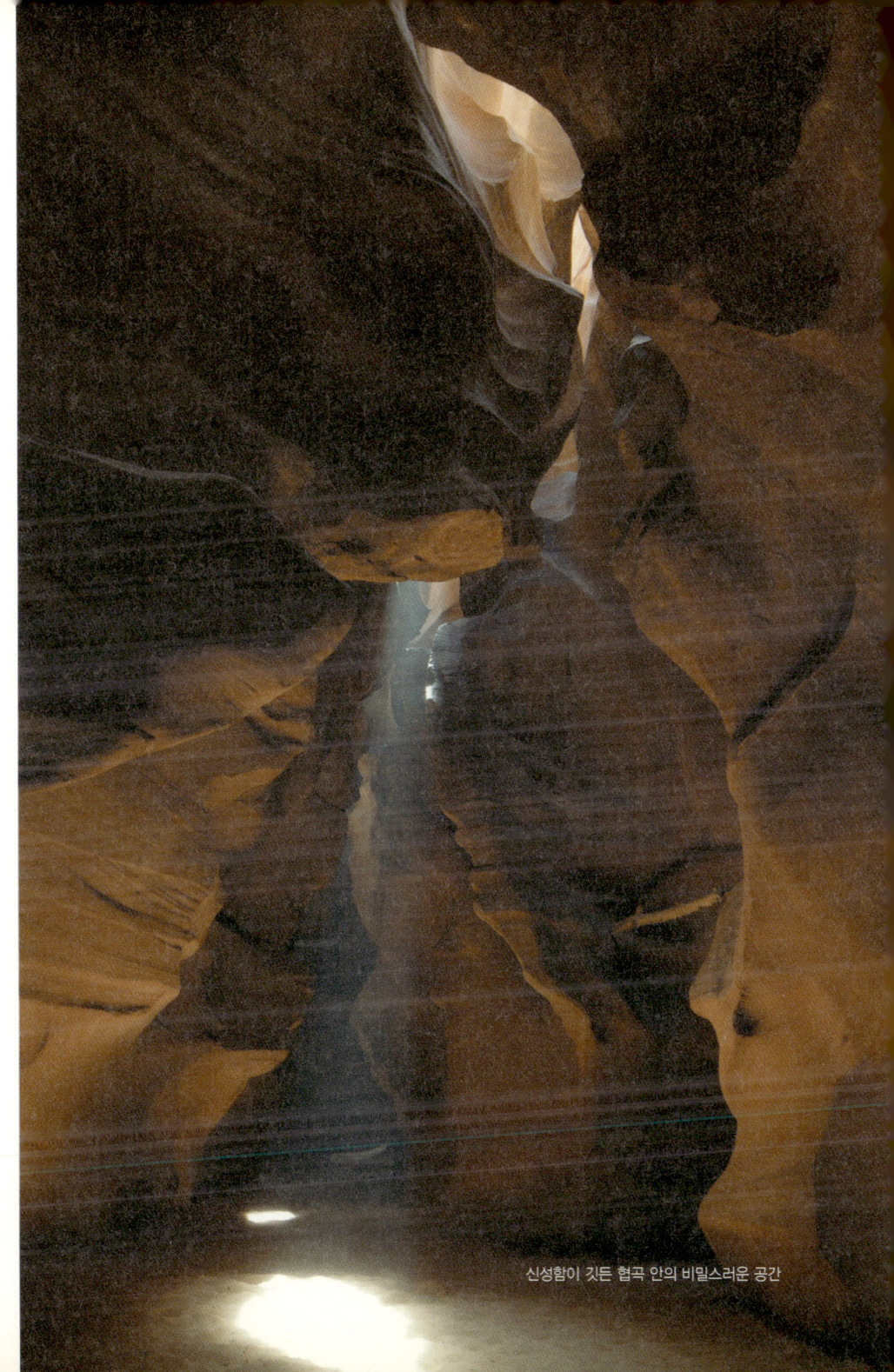

신성함이 깃든 협곡 안의 비밀스러운 공간

나 주물러 놓은 듯한 묘한 이미지였다. 앤털로프 캐니언의 기막힌 아름다움을 한마디로 정의하기란 너무 어렵다. 지금의 모습을 갖추기 위해 몇 번의 돌발홍수를 겪은 것일까? 백 년도 채 살지 못하는 인간으로서 전혀 가늠할 수가 없다. 돌에 새겨진 물살을 보고 또 보면서 놀라움을 주체하지 못할 때마다 나는 협곡의 벽을 쓰다듬었다. 부드러운 사암에 새겨진 가늘고 고운 결이 손끝에서 생생하게 느껴졌다.

약속한 시간, 입구에서 빅섬 씨와 재회했다. 차에 올라 시원한 에어컨 바람으로 더위를 식히며 협곡의 풍경을 떠올렸다. 그리고 계속해서 속으로 되뇌었다.

'아까 본 건 분명한 현실이야. 모두 실제로 존재하는 것들이라구.'

어떤 일을 오래 기억하기 위해서 그 일을 꼭 오래 지속할 필요는 없다. 단 1시간 봤을 뿐인데 평생 지워지지 않고 뇌리에 남을 것 같았다.

주차장에 내린 사람들은 각자 팁을 꺼내 빅섬 씨에게 전달했다. 플로리다 할아버지는 역시나 후한 팁으로 보답했다. 우리를 쳐다보는 빅섬 씨의 표정은 예상한 대로였다. 화해의 사절로 뽑힌 내가 다가갈 때까지만 해도 불편한 기색이 역력했다. 나는 대놓고 과장된 웃음을 지어 보였다. 아까 한 말은 실수였고 안내를 잘해 줘서 정말 고맙다는 말과 함께 팁을 건넸다. 빅섬 씨의 떨떠름한 표정이 완전히 사라진 건 아니었지만 어쨌든 오해를 풀게 되어서 다행이었다. 한결 마음이 가벼워졌다. 다시 오게 되면 역시 빅섬 씨를 찾으리라 다짐했다. 깔끔한 첫 만남은 아니었으나 그런 프로를 또 어디서 구하겠는가. 참, 그때는 꼭 "Keep the change."라고 말해야겠지.

**더 웨이브 가는 길**

# 운, 대폭발

나는 평소 운만 믿고 덤벼드는 터무니없는 행동은 자제하는 편이다. 내 주제를 잘 알기 때문이다. 나는 단순한 가위바위보 게임에서도 질 때가 압도적으로 많다. 당연히 운이라는 것도 믿지 않는다. 하지만 살다 보면 좋든 싫든 운에 의지해야 할 날도 온다. 특히 제비뽑기 하나로 희비가 엇갈리는 자리에서는 더욱 나 자신의 운에 의지하는 수밖에 없다.

애리조나 주의 더 웨이브는 제비뽑기를 잘해야만 구경할 수 있는 곳이다. 지나친 관광 인파에 훼손되는 것을 막기 위해 공원 측이 허가제로 운영하기 때문이다. 하루에 겨우 20명에게만 허가증을 내준다. 10명은 사전 추첨(방문 3개월 전에 온라인으로 실시)으로 뽑고, 나머지 10명은 하루 전날 추첨(현장에서 실시)해서 뽑는다. 우리는 과감히 현장 추첨에 도전하기로 결심하고 추첨 장소인 파리아 레인저 스테이션까지 거침없이 달렸다.

일찌감치 출발하긴 했으나 마음을 놓기는 일렀다. 보스턴과 덴버에서 날아온 사람들까지 있는데 못 보고 돌아가게 될까 봐 걱정이 태산 같았다. 그랜드 서클의 귀중한 일정을 성공적으로 마무리하느냐, 못하느냐가 달린 매우 중요한 문제였다. 달리는 차 속에서 누가 제비를 뽑을 것인가를 두고 진지하게 이야기를 나누었다. 누가 뽑아도 당첨 아니면 탈락이겠지만 생각만큼 그리 단순하지가 않았다. 100퍼센트 운에 좌우되고, 허가증을 얻는 사람보다 못 얻는 사람이 많다고 위로해 봤자이다. 막상 결과가 나오면 뽑은 사람을 원망하지 않을 수 없게 된다. 더욱 고심해서 골라야 했다. 결국 오랜 시간 논의한 끝에 '떨어져도 탓하기 힘든 사람'을 골랐다. 바로 나였다. 새벽마다 김밥을 말아 온 공로를 인정받은 것이다.

딱히 반대할 이유는 없었지만 하필 지지리도 운이 없는 내 차지가 된 것을 보니 이번 일 역시 글러 먹었구나 싶었다. 그때였다. 귀청을 때리는 끽 소리와 함께 맞은편에서 달려오던 차 한 대가 멈춘 게 보였다. 놀란 남편이 순간적으로 방어운전 태세에 돌입했지만 때는 이미 늦어서 난데없이 뛰어든 사슴 한 마리를 차로 치기 직전이었다. 맞은편 차를 세운 것도 이 녀석인 듯했다. 사람을 다치게 하느니 차라리 사슴을 치는 게 낫다고 말하는 운전자가 대부분이겠지만, 막상 그런 일이 닥치면 살아 있는 생명을 빼앗을 수 있는 사람이 과연 얼마나 될까? 펄펄 뛰는 심장과 뜨거운 피를 가진 사슴을 향해 돌진하기란 생각만큼 쉽지 않을 것이다.

남편은 사력을 다해 브레이크를 밟았다. 다행히 전원 안전벨트를 착용해

차창 밖으로 튕겨나가는 불상사는 일어나지 않았다. 천진난만한 사슴이 겅중겅중 뛰면서, 맞은편 차와 우리 차 앞을 차례로 지나갔다. 모두들 놀란 가슴을 쓸어내렸지만 아직 끝난 게 아니었다. 보통의 사슴은 무리 지어 다니는 습성이 있다. 방금 지나간 녀석이 '척후병'이었다면 뒤에 일개 소대가 따라올 게 분명했다. 과연 예상이 맞아떨어져서 잠시 후 꼬리에 꼬리를 무는 사슴 행렬이 이어졌다. 꼼짝없이 기다리는 수밖에는 없었다. 마지막 사슴까지 완벽하게 길을 건너는 것을 확인하고 다시 힘차게 출발했다. 그런데 문득 이런 생각이 떠올랐다.

'우리가 살려 준 사슴이 혹시라도 행운을 가져다 주지 않을까?'

사슴을 칠 뻔했지만 과감하게 브레이크를 밟아서 사슴을 살리는 데 결정적으로 기여한 남편이 제비를 뽑는 게 좋겠다고 제안했다. 운명의 날 아침에 들쥐나 개구리가 아닌 사슴을 살린 게 예사롭지 않았다. 일리가 있다고 여겼는지 다들 흔쾌히 동의했다.

우리가 찾아가는 파리아 레인저 스테이션은 3월 중순부터 11월 중순까지만 열리는 추첨 장소였다(나머지 기간에는 유타 주의 케이납 필드 오피스에서 열린다). 관광안내서에 적힌 주소만 보면 정말 존재하는 건물인지 약간 의문스러운 곳이었다. 그런데 '유타 주 케이납에서 애리조나 주 페이지로 가는 89번 고속도로의 21마일과 22마일 지점 사이'에 정확히 있었다. 황무지에 덜렁 서 있는 모습이 독특한 위치 설명만큼이나 인상적이었다.

평일 아침인데도 주차장은 이미 포화 상태였다. 건물 입구는 대기하는 사람들로 만원이었다. 먼저 도착해 있던 사람들은 경쟁자가 늘어나는 것이 영 마뜩치 않은 표정이었나. 이리저리 우리를 훑어보는 시선들이 썩 곱지 않았다. 그렇다고 우리가 마지막은 아니었다. 그 뒤로도 대기열에 합류하는 사람들은 더욱 늘어났다. 경쟁률 올라가는 소리가 들리는 것 같았다.

레인저들이 출근하고 기다리던 문이 열리자 긴장감은 한층 고조되었다. 시작에 앞서 제비뽑기의 진행 방식이 소개되었다. 신청서를 써내는 그룹에게 순서대로 번호를 나눠 주고 신청 그룹의 고유 번호를 적은 공들을 커다란 유리병에 넣어 추첨하는 방식이었다. 공은 레인저들이 뽑았다. 직접 뽑는 게 아니어서 김이 새긴 했지만 사슴의 보은을 그냥 날리자니 너무 아까웠다. 혹시나 해서 남편 손에 볼펜을 쥐어 주고 신청서를 쓰게 했다.

갖은 잔머리를 굴린 끝에 17번을 받았다. 그렇다고 우리 앞에 16개의 팀이 있는 것은 아니었다. 이곳의 제비뽑기는 나름대로 인간적인 면을 갖고 있었다. 이틀째 도전하는 그룹에게는 번호 두 개, 삼일째 도전하는 그룹에게는 세 개의 번호를 주는 식이었다. 여러 번 도전한 팀에게 더 높은 확률을 보장해 주려는 의도였다. 최고 기록은 6일째 도전하는 텍사스 팀이었다. 번호를 무려 6개나 받았다. 번호를 받아가는 표정에서는 비장미가 넘쳤다. 절대로 그냥은 돌아갈 수 없다는 강력한 의지가 느껴졌다.

유리병에는 총 40여 개의 공이 넣어졌다. 사람들은 참가자가 늘어나기 전에 어서 시작하라는 무언의 압력을 보냈다. 레인저들이 서둘러 공을 뽑았다. 첫 번째, 두 번째 당첨 번호가 차례로 불렸다. 실망하긴 일렀다. 며칠째 도전하고 있는 팀에 비하면 우리 처지는 양반이었다. 앞에 불린 두 팀의 인원은 각각 2명씩이었다. 남은 허가증은 6개이고 우리 일행은 4명이니 포기하기는 이른 단계였다. 하지만 남은 기회는 한 번뿐이었다. 꼭 우리 번호가 불려야 했다. 만에 하나, 3명 이상인 그룹이 뽑히면 남은 허가증 수와 우리

일행의 머릿수가 불일치하게 된다. 속이 바짝 타들어갔다.

레인저가 세 번째 공을 꺼내들었다.

"17번!"

오 마이 갓! 설마 설마 했는데 진짜로 나오고야 말았다. 너무 놀란 나머지 일순간 멍해지는 기분이 들었다. 몇 초 후 정신을 차리고 일행과 신나게 하이파이브를 나눴다. 그리고 청룡영화제의 여우주연상이라도 타는 양, 앞으로 뛰쳐나갔다. 곧바로 손부터 내밀었다. 한시라도 빨리 허가증이 어떻게 생긴 놈인지 구경하고 싶었다. 다음 공을 뽑던 레인저가 내 기세에 움찔했는지 약간 겁먹은 얼굴로 말했다.

"당첨자들은 나중에 모이라고 할 테니 일단 들어가 계세요. 추첨은 마저 끝내야죠."

집 나간 이성이 돌아오자 앞에 뽑힌 두 팀이 얌전히 있던 게 생각났다. 자리로 돌아오는데 암울한 분위기가 느껴졌다. 속마음이야 어떻든 쿨하게 축하 인사를 건네는 미국 사람들답지 않았다. 다들 무겁게 침묵한 가운데 추첨이 계속되었다. 우리 인원이 4명이나 되는 바람에 남은 허가증은 겨우 2장뿐이었다. 마지막 순간, 극도의 긴장감 속에 뽑힌 네 번째 팀은 6명이었다. 레인저가 2명이라도 들어가겠냐고 묻자 그들은 바로 'Yes'를 외쳤다. 아마 그들은 누가 들어갈지 정하기 위해 또 한 번의 제비뽑기를 했을 것이다. 같은 편끼리 혈투를 벌여야 한다니 안타까운 비극이었다. 그러나 뭐니 뭐니 해도 오늘의 최대 비극은, 무려 6개의 번호를 받은 텍사스 팀이 또 탈락한 것이었다. 일곱 번째 도전을 하든, 분노의 눈물을 삼키며 방을 빼든 그들이 결정할 문제였지만 이왕이면 끝까지 포기하지 말라고 격려해 주고 싶

지구 중력과는 상관없어 보이는 기괴한 바위에서의 황홀한 휴식

었다. 내가 저지른 무지막지한 결례에 대한 용서도 구하고 싶었다. 하지만 끝내 용기를 내지 못했다. 소리까지 지르면서 하이파이브를 했으니…… 그들이 어찌 볼지 뻔했다. 내가 아는 외국어―특히 중국어나 일본어―란 외국어는 모조리 동원해서 위기를 넘기지 못한 게 한이 된다.

현란한 무늬를 자랑하는 바위들은 방향감각을 잃게 한다.

분노와 체념, 질투와 원망의 회오리가 사람들을 한 차례 휩쓸고 지나갔다. 레인저는 당첨자들을 불러 모아 허가증을 써주었다. 모두 약속이나 한 것처럼 마냥 감격스러운 표정들이었다. 오늘이 아니면 평생 재도전의 기회는 꿈도 못 꾸었을 우리가, 그것도 남들보다 훨씬 적은 확률로 당첨되다니! 사슴이 은혜를 갚았다고밖에는 달리 생각할 수 없었다.

더 웨이브가 뭐길래 다들 기를 쓰고 들어가려고 하는지는 직접 와서 두 눈으로 확인하는 것이 가장 빠르다. 더 웨이브란 색색의 결로 이루어진 돌이 파도처럼 휘어진 지형이다. 과학자들에 따르면 더 웨이브는 1억 9천만 년 전 쥐라기 때의 나바호 사암으로 이루어져 있다고 한다. 아주 오래전에는 모래언덕이었는데 시간이 지나면서 점차 굳어져 돌로 변한 것이다. 지금의 무늬와 결들은 하루아침에 생긴 게 아니었다.

백문이 불여일견이라는 말처럼 아무리 말로 설명해 봤지 사진 한 장을 보여 주는 것만 못하다. 누구는지 보고 나면 꼼짝없이 웨이브의 소환마법에 걸려든다. 자신이 처한 경제적 상황과는 무관하게 언젠가 꼭 가보리라는 굳은 결심을 하게 만드는 부작용이 뒤따른다. 그만큼이나 이상하면서 아름다운 곳이었다. 지나고 나서 생각해 보니 이상한 곳에 가기 위해 이상한 운이 필요했던 게 아닐까 싶다. 나는 여태껏 수도 없이 가위바위보 게임에서 지고 셀 수 없을 만큼의 꽝을 뽑았다. 그러면서 먼지처럼 쌓인 운이 더 웨이브와 만나 대폭발한 것이 분명했다. 앞으로는 꽝을 뽑았다고 함부로 슬퍼하지 않을 것이다. 언제 다시 이상한 운이 필요하게 될지도 모르니까.

설레는 밤을 보내고 드디어 입장하는 순간이 왔다. '허가증을 가진 사람만 들어갈 수 있음'이라고 쓰인 팻말 앞에서 당당히 기념촬영을 했다. 하지만 그 기쁨도 오래가지는 못했다. 뜨거운 사막은 한 점의 그늘도 허용하지 않았다. 숨을 곳이 하나도 없어서 폭풍처럼 몰아치는 모래바람을 고스란히 맞아야 했다. 그뿐이 아니었다. 제대로 된 이정표가 없어서 지도는 보나 마나였다. 먼저 다녀간 사람들이 만들어 놓은 돌무더기마저 없었더라면 더욱 난처해질 뻔한 상황이었다.

걷는 족족 빠지는 모래밭을 지나자 더 웨이브가 본격적으로 시작되었다. 왜 방문 인원을 제한할 수밖에 없는지 알 것 같았다. 너무 연약한 지질 때문에 등산용 스틱에 찍힌 바위 표면은 그대로 바스러졌다. 심한 곳은 밟기만 해도, 만지기만 해도 부서졌다. 나와 남편은 누가 먼저랄 것도 없이 등산용 스틱을 접었다. 누구 하나 쓰지 말라고 하지 않았지만 저절로 그렇게 되었다. 쥐라기에서부터 이어져 온 지형이 고작 하루 다녀간 나 때문에 망가진다면 그 뒷감당을 어이 할까 싶었다. 남은 평생을 죄책감으로 괴로워하며 살긴 싫었다.

더 웨이브는 그 어디서도 보지 못한 선과 색의 향연이었다. 사진 한 장 들고 지구 밖 외계에 다녀왔다고 우겨도 될 것 같았다. 천연의 물결들이 휘어졌다가 솟구쳐서 내 몸에 휘감겼다. 넋을 놓고 보고 있으면 일순간 모든 감각이 마비되는 느낌이었다. 제대로 서 있기나 한 건지, 어느 쪽으로 걸어가야 하는지 도통 알 수가 없었다. 이상했다. 지구상에 존재하는 작은 땅덩이일 뿐인데, 어찌된 일인지 중력으로부터 유일한 면제권을 받은 곳 같았다. 살아 움직이는 물결들은 '이런 거 상상이나 해봤니?'라고 끊임없이 물어 왔다. 아, 인간의 창의력이나 상상력은 별 게 아니었구나! 그것들을 예찬하기 전에 인간은 자연이 이루어 놓은 것들을 먼저 살필 의무가 있다.

카메라를 쥔 자들은 말이 없었다. 안 그래도 예민한 시각을 가진 남자들이 오죽할까 싶었다. 그들은 엎드리고 쭈그리고 누워야 하는 불편한 자세를 마다하지 않았다. 지칠 법도 한데 끊임없이 셔터를 눌러댔다. 하긴 평생 단 하루 허락된 광경 앞에서 어떤 자세인들 못 취할까. 문제가 있다면, 배터리와 메모리가 언제까지 버텨 주느냐, 그뿐이었다.

촬영 광풍이 진정 국면에 접어들 때쯤 갑자기 사람 하나가 불쑥 나타났다. 오가는 사람을 찾기 힘든 곳이라 깜짝 놀랐다. 동양계 젊은 남자였다. 우리에게 무어가 할 말이 있다는 표정으로 다가왔다. 남자는 세컨드 웨이브를 찾고 있었

오랜 세월에 걸쳐 아슬하게 새겨진 바위결, 인간이 만든 그 어떤 무늬보다 아름답다.

다. 더 웨이브는 이미 와서 보았고, 오늘은 오로지 세컨드 웨이브만을 보러 왔다고 했다. 그런데 아무리 애를 써도 찾을 수가 없다며 우리에게 한탄을 늘어놨다. 마지막 단어를 말할 때의 얼굴은 거의 울기 직전이었다.

세컨드 웨이브는 '웨이브에서 서쪽으로 조금만 더 올라가면 나온다'고 알려진 곳이었다. 웨이브와 비슷한 지형으로 색깔만 좀 더 옅다고 했다. 우리도 모르는 바는 아니었으나 지금 보이는 오리지널 웨이브만으로도 충분한 만족감을 느끼고 있었다. 남자의 손에는 GPS가 들려 있었다. 고가의 신상 포스를 내뿜었지만 세컨드 웨이브를 찾는 데는 별 활약을 못한 게 틀림없었다. 하기야 '서쪽으로 조금만 더 올라가면' 따위의 느슨한 설명만 입력해도 척척 찾아 주는 GPS가 있다면, 세상의 길치들은 벌써 감격의 해단식을 치르고도 남았을 것이다. 길치들이 건재한 걸 보면 아직 세상에는 없는 물건임이 분명하다.

우리가 줄 수 있는 정보는 전혀 없었다. 남자는 주차장 쪽으로 힘없이 발길을 돌렸다. 마지막 희망을 버리고 쓸쓸히 돌아서는 모습이 측은해 보인 한편 우리의 도전 정신을 자극했다. 그때부터 세컨드 웨이브를 찾아나섰다. 네 명이 찢어져서 찾으면 못 찾을 것도 없겠다 싶었다. 바위만 돌아가면 금방이라도 나올 것 같았다. 그러나 우리의 자만심은 단 몇 분 만에 보기 좋게 깨졌다. '서쪽으로 조금만 더 올라가면'이란 설명은 그야말로 총체적 난국이었다. 이 황량한 사막에서 서쪽이 어딘지도 아리송한데 '서쪽으로 조금'이 어딘지 알 턱이 없었다. 결국 우리는 그 남자가 평균 이상의 지적 능력을 갖추었음을 뒤늦게 인정했다. 세컨드 웨이브는 애리조나판 '이어도 전설'이었다.

파도가 넘실대듯 돌이 춤을 춘다(위). 더 웨이브를 오가는 길에 볼 수 있는 특이한 지형(아래).

집에 돌아와서 인터넷으로 찾아보니 더 웨이브에서 고작 300미터 떨어진 계곡 위쪽에 있다고 나와 있었다. 흠, 다시 가면 찾을 수 있을 것도 같은데 제비뽑기의 난관을 통과할지는 모르겠다.

웨이브를 끝으로 그랜드 서클의 공식 일정이 무사히 끝났다. 내일이면 각자의 집으로 돌아가 언제 다시 볼 수 있을지 몰랐다. 자축의 의미로 처음이자 마지막으로 아이스크림을 먹기로 했다.

아이스크림을 먹고 나른해진 우리는 축 늘어진 오징어마냥 한참을 움직이지 않았다. 어떤 기력이나 의지도 없었다. 지나 온 9일간의 일정 하나하나가 뇌리를 스쳤다. 추첨이 어찌 될지 몰라서 끝까지 확정짓지 못한 마지막 일정을 결국은 해내고야 말았다. 사슴 덕분이든 우연이든 그렇게 기쁘고 영광스러울 수가 없었다. 예상을 뛰어넘은 아름다운 결말은 눈물이 날 정도로 감동적이었다.

미국 〈타임〉지의 휴고 마틴Hugo Martin이란 사람이 웨이브에 대해 이렇게 얘기했다고 한다.

"웨이브에서 사진을 찍어 보지 않았다면 당신은 스스로를 풍경사진가라고 말할 수 없다."

그의 말에 가슴 깊이 동의한다. 비록 능숙한 프로도, 의욕만 가득한 아마추어도 아니었지만 나 나름대로의 사진을 찍었다. 그리고 더 웨이브의 풍경들은 선명하게 저장되어 있다. 살면서 언제라도 꺼내볼 수 있는 마음속 웹하드에.

글레이셔 가는 길, 첫 번째

# 멀고도 험한 캠핑 고수의 길

미국에서는 메모리얼 데이(5월 마지막 주 월요일)을 기점으로 여름휴가가 시작된다. 이때부터 9월 노동절까지가 관광 성수기이다. 우리라고 손 놓고 있을 수만은 없었다. 우선 지난 실수를 되풀이하지 않기 위해 유타대학교 공식 휴일을 두 번 세 번 확인한 후 본격적인 여행 계획 짜기에 돌입했다. 3일이나 되는 연휴를 어떻게 쓸까? 우선 가까운 국립공원을 저인망식으로 뒤졌다. 한 번 갔던 곳과 연휴 때 말고도 다녀올 수 있는 곳을 제외하자 캐나다 접경지대인 몬태나 주의 글레이셔 국립공원이 걸려들었다. 무려 가는 데만 10시간 걸리는 장거리 코스였다. 오가는 데 이틀이나 걸리는 일정이었지만 길게 고민할 이유는 없었다. 몬태나 주의 그림 같은 자연을 배경으로 찍은 영화 〈흐르는 강물처럼〉을 기억하고 세계적인 피아니스트, 조지 윈

스턴이 동명의 앨범을 발표했다는 사실만 알아도 흔쾌히 결정할 수 있기 때문이다.

유타를 출발해 북쪽으로 달린 지 5시간 만에 몬태나 주에 겨우 닿았다. 글레이셔까지 가려면 북쪽 끝으로 한참을 더 달려야 했지만 전혀 급할 게 없었다. 은퇴 후 시골에서 살고 싶은 도시인의 로망은 미국인에게도 예외가 아니다. 우리와 다른 점이 있다면 몬태나에서 여생을 보내고 싶다고 콕 집어 말한다는 점이다.

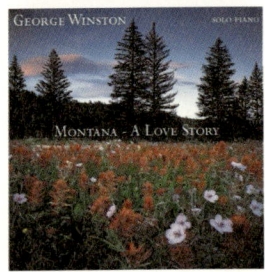

영화 〈흐르는 강물처럼〉 포스터(위), 조지 윈스턴의 〈몬태나〉 앨범 자켓 (아래).

풍경의 일부가 아름다운 주는 많이 봐 왔지만 몬태나처럼 어디로 차를 몰아도 훌륭한 경치를 맛볼 수 있는 곳은 없었다. 〈흐르는 강물처럼〉이 세상에 나온 지도 벌써 17년이 흘렀는데 감탄을 자아내던 영화 속 풍경 그대로였다. 브래드 피트가 플라이 낚시를 즐기던 블랙풋 강처럼 맑은 강줄기들이 여기저기서 수줍게 모습을 드러냈다. 불현듯 솔트레이크시티에서 가장 크다는 조던 강의 지저분하고 볼품없는 모습이 떠올랐다. 이곳의 넉넉하고 맑은 강에 비하면 조던은 강이 아니라 개천으로 개명해 불러야 마땅하다.

운전대를 남편에게 맡겨 놓고 가장 편안한 자세를 취했다. 의자를 뒤로 젖히고 비스듬히 누워 콘솔박스에 양다리를 올린 자세로 얼마간 창밖 풍경을 음미했다. 영화 속 장면들과 구분하기 힘든 현실이 계속되었다. 반짝이는 강과 녹색의 낮은 구릉들, 수많은 호수와 울창한 숲으로 둘러싸인 웅장한 산들…… 보면 볼수록 머리부터 발끝까지 완벽하게 내 타입이었다. 이런 환상적인 경치를 매일같이 자기 집 뜰에서 즐긴다니 몬태나 사람들이 미치도록 부러웠다. 부드럽고 촉촉한 녹색의 파노라마가 이어지는 동안 길 위에 오가는 차가 거의 없었다. 우리 부부만 즐기려니 약간 미안한 마음이 들었다. 미국의 인구가 3억 명 이상이라는데 다들 어디로 간 걸까?

푸르름에 취해 정신 줄을 놓은 지 한참 만에 이상한 현상이 감지되었다. 반대편 차선을 달리고 있던 까만 차 한 대가 갑작스럽게 속도를 줄였다. 뒤따르는 차들이 황급히 속도를 낮췄다. 저러다가 사고라도 나면 어쩌나 싶어 눈을 뗄 수가 없었다. 그런데 그 차가 순식

몬태나의 평범한 휴게소에서 바라본 비범한 경치.

간에 분리대를 넘더니 주행 방향을 바꾸었다. 그러고는 갑자기 속력을 올려 우리 뒤를 바짝 추격해 왔다. 무서운 속도로 맹렬하게 따라붙는 차를 보고 있자니 문득 지난 일이 떠올랐다. 저런 식으로 주행하는 차는 분명 고속도로 순찰대밖에 없었다.

재빨리 속도계부터 확인했다. 제한속도 75마일을 약간 넘고 있었다. 주정부의 재정이 아무리 나빠졌다고 해도 벌금감으로 보기 힘든 속도였다. 영문을 모르는 남편이 어리둥절해 했지만 길게 설명할 시간이 없었다. 일단 조용한 어조로 차를 세우라고 말했다. 때마침 순찰차가 경광등을 켰다. 기막힌 타이밍이었다.

순찰대원을 기다리면서 속으로는 열심히 영어 문장을 연습했다. 겨우 1~2마일 초과한 점과 자발적인 크루저 사용을 적극적으로 어필해 보기로 했다. 물론 한 치의 거짓 없는 사실이었다. 크루저는, 운전자가 엑셀이나 브레이크를 조작하지 않아도 일정한 속력으로 달리게 해주는 과속 방지 장치이다. 지난 번 덴버 여행 이후부터 애용해 온 기특한 녀석이다.

순찰대원은 예상보다 부드러운 표정으로 나타났다. 성가신 추격전을 건너뛰었으니 그럴 만도 했다. 다행히 시작이 좋았다.

"과속 하셨습니다. 면허증과 보험증 주세요."

"네, 경관님. 여기 있습니다. 그런데 저희는 크루저를 75마일로 설정하고 정속주행 중이었어요. 실례지만 속도가 정확하게 측정된 건가요?"

"스피드건은 정확합니다. 그리고 당신들은 76마일이 아니라 80마일로 달렸어요. 다른 차는 전혀 없었으니 잘못 측정했을 리도 없고요. 여기서 기다리고 계세요."

80마일이라니! 미치고 팔짝 뛸 일이었지만 얌전히 운전대에 손을 모으고 기다리는 일 말고는 방법이 없었다. 무전 교신을 끝낸 순찰대원이 종이 한 장을 들고 돌아왔다.

"과속한 전력이 없고, 속도도 그다지 많이 초과한 게 아니니까 이번엔 경고를 줄게요. 벌금은 없어요. 하지만 앞으로 조심하세요."

이게 웬 떡인가 싶어 땡큐, 땡큐를 연발하며 종이를 받으려는 순간이었다. 옆에 있던 남편이 강경하게 결백을 주장하며 끼어들었다. 순찰대원의 말을 제대로 알아듣지 못해 일어난 사태였다. 갑작스러운 태클 때문인지 순찰대원이 불쾌한 표정을 지었다. 하기야 벌금이 없다는데도 죽자고 달려드는데 이상해 보이지 않으면 그게 더 이상한 일이었다. 남편 귀에 대고 재빨리 속삭였다.

"이거 돈 안 내는 거래. 빨리 고맙다고 하고 떠나요. 내가 가면서 설명해줄게."

남편은 마뜩치 않은 얼굴로 시동을 걸었다. 가면서 그때까지도 상황 파악이 덜 된 남편에게 자초지종을 들려주었다. 하지만 말하고 있는 나 또한 믿기 어려워 경고장을 샅샅이 훑었다. 순찰대원의 말대로 그냥 경고였다. 벌금 얘기는 전혀 없고 과속 장소와 날짜 따위가 적혀 있었다. 아마도 미국 면허를 취득하기 전이라 지난번 과속한 기록이 남아 있지 않은 모양이었다. 불행 중 다행이었다. 만약 국제운전면허증 기록과 연동되었다면 보나 마나 꼼짝없이 벌금 고지서를 받았을 테니까.

하지만 의문은 여전히 풀리지 않았다. 왜 매번 우리가 생각한 것보나 빨리 달렸다고 말하는 걸까? 지난번 순찰대원은 시속 83마일을 유지한 우리에게 88마일로 달렸다고 했다. 이번에도 비슷한 상황이었다. 그것도 연이어 일어나는 게 이상했다. 문득 우리 차에 문제가 있을지도 모른다는 생각이 들었다.

고민 끝에 우리는 속도계 성능을 테스트하기로 했다. 운전 중인 남편이 즉석에서 실험을 설계했다. 미국 고속도로에는 1마일마다 푯대가 있다. 크루저를 아까와 동일한 속도로 설정한 다음 푯대 사이의 주행 시간을 측정하는 간단한 실험이었다. 76마일의 속도로 달리면 다음 푯대까지 47초 이상이 걸려야 정상이었다. 실험 결과 1마일 이동하는 데 45초가 걸렸다. 2초나 단축된 것은 여태 우리가 시속 80마일로 달렸음을 의미했다. 순찰대원의 말이 옳았다. 동일한 비율로 계산해 봤다. 6개월 전 덴버에서 만난 그리즐리 씨가 편협한 인종차별주의자나 거짓말쟁이가 아니었음이 밝혀진 순간이었다. 우리는 지금까지 속도계의 속도보다 항상 6퍼센트 가량 빨리 달렸던 셈이었다.

인정하기 싫지만 우리 차는 연료계기판도 이상하고 심지어 속도계까지 이상했다. 시동도 한 번에 걸리는 경우가 거의 없는 말썽꾼이었다. 그렇다고 단번에 내칠 수 있는 형편도 아니었다. 우울했지만 이제라도 알게 된 것을 감사하게 여기는 것 말고는 다른 수가 없었다. 대신 앞으로 과속할 염려가 없어졌으니 세 번째 순찰대원을 만날 확률은 더더욱 희박해졌다. 길게 보면 좋은 일이었다.

몬태나의 경치를 5시간이나 실컷 감상한 우리는 글레이셔에 도착해 백조 호수 캠핑장에 짐을 풀었다. 입구에서 '빈자리 없음' 표지판을 발견했지만 개의치 않았다. 인터넷으로 이미 예약하고 온 터라 우리와는 상관없는 먼 나라 얘기였다. 콧노래를 흥얼거리며 예약해 놓은 자리를 찾아갔다. 빽빽한 텐트 숲을 가로질러 찾아간 잠자리는 이름마저도 사랑스러운 자작나무길 12번이었다. 그런데 무슨 이유에선지 마땅히 빈터이어야 할 자리에 턱 하니 텐트 한 동이 자리를 잡고 있었다. 캠핑을 그렇게 다녔어도 이런 적은 없었는데……. 적잖게 당황한 우리는 잠시 고민에 빠졌지만 일단 우리의 보금자리를 채간 텐트 주인과 대화로 풀어 보기로 했다.

"헬로우?"

아무리 불러도 대답이 없었다. 가택침입죄가 염려되었지만 호기심을 못 참고 출입 지퍼를 내리고 말았다. 큼지막한 돌 두 개가 자리를 지키고 있었다. 갑자기 용기백배해져서 이 괘씸한 텐트를 허물어 풀밭으로 내동댕이칠까 했지만 생각뿐이었다. 우리는 흥분을 가라앉히고 레인저를 찾아갔다.

"우리 자리에 누가 있어요."

"네? 몇 번인데요?"

"자작나무길 12번이요."

"예약했어요?"

"네. 인터넷으로 했어요. 여기 영수증이요."

레인저는 말없이 차에 올랐다. 자신이 해결할 테니 자작나무 12번에서 만나자는 말만 남기고 휙 가버렸다. 실수를 순순히 인정하는 태도가 왠지 미심쩍었다. 먼저 도착한 레인저가 문제의 텐트를 노려보고 있었다. 잠시 후 그는 망설임 없이 텐트를 부수기 시작했다.

"도와드릴까요?"

"네. 고마워요."

"오후 늦도록 안 오길래 예약 부도인 줄 알았어요. 정말 미안해요."

괜찮다고 하면서 멋쩍은 웃음을 지었지만 속마음은 완전히 반대였다.

'웃기고 있네.'

결제까지 끝낸 마당에 예약 부도가 가당키나 한가? 막말로 우리가 늦건 말건, 오건 말건 자기가 무슨 상관이란 말인가? 붐비는 주말 저녁에 좀 더 벌어 보겠다고 꾸민 짓이 확실했다. 구차하게 변명하는 모양도 영 맘에 들지 않았다. 꼴 보기 싫은 레인저가 분해된 텐트를 싣고 사라졌다. 그 자리에 텐트를 치는데 사라진 텐트의 임자들이 어떻게 나올지 걱정이 됐다. 텐트를 치는 내내 뒤통수가 간지러웠다. 뒷일이 걱정되었는지 남편도 주위를 살피기는 마찬가지였다.

텐트가 제 모습을 갖출 때쯤 우리 앞에 낯선 차 한 대가 멈춰 섰다. 차에서 건장한 남자 두 명이 내렸다. 좀 전의 우리처럼 당황해 하는 기색이 역력했다.

"우리 텐트 어떻게 했어요?"

"레인저가 가져갔어요."

"왜요? 돈도 다 냈는데?"

"우리가 먼저 예약했거든요. 아무튼 레인저랑 얘기해 보세요."

남자들은 곧 자리를 떴다. 다행히 얘기가 잘 되었는지 다시는 돌아오지 않았다. 음흉한 레인저가 한두 자리 정도 꼬불쳐 놨을 것이다. 미국에서는 그런 일이 예사라고 하니 필시 어딘가에 텐트를 치긴 쳤을 것이다.

텐트 소동을 겪은 후 늦은 저녁 준비를 시작했다. 평소처럼 나는 쌀을 씻어 안치고 남편은 모닥불 피우는 준비에 여념이 없었다. 평상시와 다른 특별한 모닥불을 준비하는 중이었다. 고장 난 연료계기판 때문에 트렁크에 싣고 다녔던 예비 휘발유를 모조리 쏟아부을 예정이었다. 그동안 휘발유 냄새가 진동하는 차에서 보내는 하루하루가 고역이었다. 우리 차는 실내와 트렁크가 연결된 왜건이다 보니 더욱 심했다. 비닐을 덮어씌우고 냄새가 새는 틈은 휴지로도 막아 봤지만 모두 소용없는 일이었다. 좋건 싫건 기화된 휘발유를 들이마시는 날이 계속되었다. 덜컥 폐암에 걸리는 게 아닌가 싶어 나날이 걱정이 늘어갔다. 미국에까지 와서 폐암을 얻어 갈 순 없었다.

남편이 휘발유를 꺼내 와서 장작더미에 기세 좋게 들이부었다. 그동안 가슴 졸이게 만든 걱정거리가 해결되기 직전이었다. 통쾌하다 못해 십년 묵은 체증이 확 하고 뚫리는 기분이었다.

"우리가 너를 활활 불태워 주리라."

드디어 점화의 순간, 불붙은 성냥을 들고 남편이 성큼 성큼 걸음을 옮기는 모습이 시야에 들어왔다.

"어어······."

설마 휘발유를 뒤집어 쓴 장작 바로 옆에서 불을 붙이려고? 설마가 사람 잡는다더니 그 말이 딱이었다. 남편의 돌발 행동 때문에 마음이 급해졌지만 속수무책이었다. 너무 순간적이어서 미처 말릴 겨를도 없었다. 모든 일은 순식간에 일어났다.

새끼 손가락보다 작은 싱냥불이

모닥불이 없는 캠핑은 상상도 할 수 없다.

닿자마자 펑 하고 힘찬 폭발음이 들렸다. 화염 속 한가운데 정지된 자세로 서 있는 남편이 보였다. 처음에는 달랑 머리통만 보였다. 무섭지만 이상하게 우스운 상황이었다. 나도 모르게 웃음이 나오려고 해서 어금니를 꽉 깨물어야 했다. 물론 많이 다쳤으면 어쩌나 싶어 걱정이 앞섰지만 한편으로는 어쩌자고 저런 바보짓을 했는지 어이가 없었다. 보이스카우트 활동까지는 아니었어도 남들 다 가는 수학여행에 한 번이라도 가봤다면, 거기서 캠프파이어를 한 번이라도 봤다면 그런 터무니 없는 행동을 했을 리가 없다. 멋지게 불화살을 쏘지는 못할지언정 멀찍이서 불을 던져 넣는 상식쯤은 당연히 갖고 있어야 한다.

천만다행으로 휘발유는 순식간에 타버렸다. 성난 모닥불이 내뿜는 화염도 금방 가라앉았다. 남편의 얼굴은 참혹했다. 그슬린 앞머리 덕분에 이마 선이 1센티미터나 올라간 상태였다. 양 눈썹까지 확실하게 타버려 눈 위로는

고요한 숲의 정취를 더욱 환상적으로 만드는 일등공신은 비로 모닥불에서 나오는 하얀 연기이다.

하얀 민둥산이었다. 보기에 애처로울 정도였다. 본디 무성한 편인 눈썹은 금새 또 자랄 테니 크게 걱정할 일이 아니었다. 문제는 머리쪽이었다. 이마의 최전선을 힘겹게 지키고 있던 머리카락들이 장렬히 산화해 가뜩이나 넓은 이마가 한층 더 넓어졌으니 말이다. 그나마 거기서 끝난 게 불행 중 다행이었다. 그런 불길에 두 눈이 멀쩡한 것에 감사했다. 여차하면 각막에 이상이 생길 수도 있는 위험천만한 사고였다. 거기다가 데인 상처 하나 없는 것도 신기할 뿐이었다.

잠깐이었지만 하늘 높이 치솟은 불길을 보고 근처에서 캠핑하던 사람들이 놀라서 달려왔다.

"괜찮아요?"

"휘발유는 그렇게 쓰는 게 아니에요."

"모닥불에 쓰는 연료는 따로 있는데……."

"괜찮아요. 고맙습니다."

어느 틈에 잔뜩 모여든 사람들이 진심으로 걱정해 주었지만 솔직히 그런 관심조차 부끄러웠다.

애써 외면하면서 별일 아닌 척, 밥을 차리고 잔불을 정리했다. 사람들이 돌아가자 그제야 남편은 세수를 하고 오겠다며 자리를 떴다. 식수대에서 세수를 하고 돌아온 남편은 많이 진정된 듯 보였다. 본인도 얼마나 놀랐을까 생각하니 잔소리는 다음으로 미루는 수밖에 없었다. 남편은 언제쯤 진정한 캠핑 고수가 되려는지…….

하루 동안 벌어진 일이 한두 가지가 아니었다. 과속 단속을 당하고, 텐트 자리를 뺏기고, 보여 주기 창피할 정도의 떠들썩한 불쇼까지 벅찰 정도의

신들의 정원이라고 불러도 손색 없는 아름다운 풍경.

숨 가쁜 일정이었다. 저녁을 먹고 나자 피로감이 급속도로 밀려왔다. 8시도 안 된 초저녁이었지만 둘 다 지쳐서 잠자리에 들었다.

비싼 대가를 치르고 피운 모닥불이 활활 타올랐다. 평소 같았으면 남편은 모닥불 옆에서, 나는 텐트 안에서 다음 일정을 계획했겠지만 오늘은 무리였다. 내일 만날 글레이셔 국립공원이 충분히 보상해 주리라 믿었다. 몬태나의 밤하늘은 꿈속에서 보리라 다짐하며 눈을 감았다. 공기 맛 하나는 기가 막히게 좋은 밤이었다.

글레이셔 가는 길, 두 번째

# 사라지는 빙하는 혼자 죽지 않는다

　어젯밤 일찍 잔 덕분인지 새벽에 잠이 깼다. 6시쯤 아침을 해먹고 서쪽 입구에 도착한 때가 오전 8시경이었다. 이른 아침인 것을 감안하더라도 심하게 한적했다. 메모리얼 데이를 기준으로 미국인들의 본격적인 야외활동이 시작된다는 점을 생각하면 더욱 그랬다. 주차 경쟁이나 줄서기도 없고 캠핑장은 텅텅 비어 있었다. 지난 저녁 벌어진 일을 생각하니 새삼 지금의 고요함이 더욱 소중하게 느껴졌다.

　빙하 녹은 물로 채워졌다는 맥도널드 호수에 눈 덮인 봉우리가 비쳤다. 삐죽삐죽 날카로운 모습이 무섭다기보다 애처로워 보였다. 빙하의 왕성한 침식력은 제아무리 고산 준봉이어도 피해갈 재간이 없었나 보다. 생전 처음 보는 것마냥 새롭고 신기했다. 가만히 귀 기울이고 있으면 물 흘러내리는

빙하 녹은 물로 이루어진 호수. 보통의 호수보다 더욱 푸른색을 띤다.

소리가 사방에서 들려왔다. 눈이 녹으면서 흘러내리는 소리였다. 어떤 것은 가느다란 실개울이 되어, 어떤 것은 파워풀한 계곡물이 되어 쉼 없이 호수로 흘러든다.

수량이 넉넉해서인지 글레이셔 공원 곳곳이 풀과 나무들로 무성했다. 촉촉하고 서늘한 미국 북서부의 특성 그대로였다. 메마르고 뜨거운 남서부 국립공원에서는 보기 힘든 광경이다. 고요하되 생명력이 넘치고 아름다움과 장엄함이 공존하는 이곳을, 남편은 '신들의 정원'이라고 이름 지었다.

초반부터 우리는 기품이 넘치는 글레이셔에 매료되었다. 평소처럼 관광지도를 펼쳐 놓고 가장 효율적인 동선을 짜는 대신 그 이름부터 예사롭지 않은 '태양으로 가는 길(글레이셔 공원의 동서를 가로지르는 주도로)'을 따라 천천히 움직였다. 아무 데나 차를 세워도 세상의 어떤 근심도 범접하기 힘든 천상의 공간을 만날 수 있었다.

관광객들의 시선을 유일하게 빼앗는 것이 있다면 공원 매표소나 방문객센터처럼 사람들이 많이 지나는 길목마다 붙어 있는 실종자 전단이었다. 큰 글씨로 적힌 이름이 꼭 한국인 '이진화'를 연상시켰다. 계속 신경이 쓰여서 결국 방문자센터에 들러 전단을 자세히 읽어 보았다. 걱정한 것처럼 한국인은 아니었다. 성이 '화'이고 이름이 '이지엔'인 말레이시안 사람으로 인적이 드문 곳으로 혼자 트레킹을 갔다가 실종된 남성이었다. 실종 당시가 2008년 8월이었다고 하니 어느덧 1년이 다 되어 가는 시점이었다.

청년 이지엔은 180센티미터가 넘는 건장한 체격의 젊은이었다. 켄터키 주에서 공부하던 유학생이었다고 하는데 틈틈이 미국 곳곳을 트레킹으로 누빌 만큼 건강했다고 한다. 그런 사람이 일주일 동안 100마일이 넘는 길을 걷는 것이 그렇게 무모한 계획이었을까? 문제는 트레일은 물론이고 공원에서도 그를 목격한 사람이 아무도 없다는 것이었다. 심지어는 캠핑장에 도착했는지의 여부조차 알 수 없었다고 한다.

글레이셔에서 실종된 사람은 그뿐만이 아니다. 지난 100여 년간 7명의 실종자가 있었다. 1924년 화이트헤드 형제, 1933년 벨 씨, 1934년 룸리 교수, 1963년 윌슨 씨, 2003년 킴블 씨가 실종되었다. 이지엔이 실종되자 사람들은 자연스럽게 과거의 실종자들을 떠올렸다. 공교롭게도 이지엔의 나이는 룸리 교수와 같고, 키(6피트 1인치)와 몸무게는 킴블 씨와 정확히 일치했다. 우연으로만 치부하기에는 석연치 않은 구석이 있다.

어떤 이들은 필시 그들의 조심성 없는 행동을 탓할 것이다. 하지만 알고 보면 실종자들 대부분은 오히려 정반대의 차분한 성격을 가진 사람들이었다. 당시 29세와 22세였던 화이트헤드 형제는 제 또래보다 훨씬 조심성 많은 젊은이들이었다. 형 조셉은 기술자였고 동생 윌리엄은 그 유명한 매사추세츠공과대학교[MIT] 학생이었다. 그들은 매일같이 집으로 편지를 써서 어머니를 안심시켰다.

"저희는 재미있게 지내고 있어요. 다칠 일은 절대로 하지 않아요."

"엄마, 걱정 마세요. 위험한 일은 하지 않을게요."

형제는 자신들의 최종 목적지를 약 16킬로미터 앞두고 마지막으로 목격되었다. 흔적도 없이 사라진 형제를 찾기 위해 국립공원 설립 이래 최대 규모의 수색전이 펼쳐졌다. 공원 레인저들은 물론이고 원주민 가이드까지 총동원되었다. 온 국민의 관심사가 되었고 대통령까지 나서서 그들의 무사귀환을 염원했다. 그러나 그 어디에서도 형제의 흔적을 찾을 수는 없었다.

사색에 잠겨 고요한 호수를
바라보는 맛은 일품이다.

이보다 기이한 사건은 킴블 씨 사례이다. 킴블 씨는 미시간 주 사람이었다. 몇 주간 그와 연락이 되지 않던 가족들이 실종 신고를 냈는데, 그의 픽업트럭이 엉뚱하게도 2천 600킬로미터나 떨어진 이곳에서 발견된 것이다. 게다가 평소 야외활동을 즐기지 않아서 등산이나 캠핑과는 거리가 먼 삶을 살았던 사람이었다. 텐트나 침낭도 전혀 없이 살던 사람이 주변에 말 한마디 안 하고 왜 여기까지 왔을까? 실제로 공원에 오기는 했던 걸까?

도로를 벗어나고 인공 시설물을 떠나온 인간은 이 광활한 자연에서 참으로 미약한 존재이다. 실종자들은 난폭한 회색곰에게 끌려 갔을 수도 있고, 좀처럼 마주치기 힘든 마운틴라이온에게 물려 갔을 수도 있다. 혹은 빙하의 크레바스에 빠지거나 얼음같이 차가운 계곡물에 휩쓸려 갔을 수도 있다. 이 넓디넓은 곳에서 그들이 어디로 사라져갔는지는 오직 신만이 알 것이다.

물론 이곳에서 숨진 230명에 비하면 6명의 실종자 수는 미미하다. 하지만 나는 실종자 가족에게 더 큰 연민을 느낀다. 대개 사망자의 가족보다 더 오랫동안 고통을 겪는다고 한다. 하염없이 기다리는 것보다는 시신이라도 돌아오는 편이 훨씬 나을지도 모른다. 어쨌든 마음의 정리라도 할 수 있기 때문이다. 단서도 없이 막연히 기다리는 일은 고통스럽다 못해 하루하루가 고문일 것이다. 남아 있는 이들의 마음이 서서히 병들어가는 것은 시간문제이다.

실종 9개월째. 이지엔이 살아 있기를 바란다는 말은 차마 나오지 않았다. 모친의 바람대로 부디 시신이라도 찾게 된다면 얼마나 좋을까. 멀리 말레이시아에서 잔인한 희망으로 고통받고 있을 그의 아내와 어머니에게 하루빨리 안식이 찾아오기를 빌었다.

눈 때문에 길은 시더스 트레일 근처에서 막혀 있었다. 할 수 없이 차에서 내려 걸어갔다. 지도상에 휠체어가 표시된 길이다. 그만큼 쉬운 트레일이었다. 성취감은 적지만 조금만 노력해도 아름다운 경치를 볼 수 있다는 장점이 있다. 많은 곳을 다닐 수 없는 장애인들을 위해, 여건이 허락하는 한 가장 아름다운 곳에 휠체어 길을 만든 배려가 느껴졌다.

트레일 중간에서 휠체어를 타고 무릎담요를 덮은 할머니와 마주쳤다. 휠체어에 링거까지 매단 할머니는 언뜻 보기에도 호텔이나 병원 침대에 누워 있어야 할 분 같았다. 마침 할머니는 우연히 등장한 사슴 한 마리를 보며 아이처럼 기뻐하고 있었다. 살면서 수백, 수천 마리는 봤을 텐데―뒷산에서 사슴이 내려와 애써 가꾼 정원을 망쳐 놓는다고 푸념하는 미국인들이 부지기수이다―사슴 한 마리에 저렇게 좋아하다니.

힘든 산길만 골라 걷다 보면 늘 비슷한 사람들만 보게 된다. 건강하고 에너지가 넘치는 젊은 사람들. 휠체어 할머니와의 만남은 또 다른 상념에 나를 밀어 넣었다. 살면서 가장 힘든 순간에 만나는 경치, 어쩌면 사람들이 가장 마지막 순간에 떠올리고 싶은 풍경을 보고 있다는 생각이 들었다.

다시 하룻밤을 보내고 아침 일찍 일어나 공원의 동쪽으로 이동했다. 직역하면 '달리는 독수리 폭포'라는 다소 웃긴 이름의 트레일을 걸었다. 너무 일러서 그런지 우리 말고는 등산객이 거의 보이지 않았다. 대신 트레일 한가운데에 보란 듯이 싸 놓은 사슴 똥 무더기들이 우리를 반겼다. 개중 김이 날 정도로 신선한 똥을 보니 아마도 밤에는 이 길이 동물들의 고속도로로 쓰이는 듯싶었다.

'달리는 독수리'는 이 지역에서 유명한 여자 추장의 이름이다. '늑대와 춤을', '주먹 쥐고 일어서'와 같은 특유의 원주민 이름답다. 몬태나에는 오래전부터 블랙피트Black Feet라는 이름의 원주민들이 터를 잡고 살아왔다. 여전히 후손들이 살고 있다는데 그 때문인지 몬태나의 도로 표지판에는 영어

블랙피트족의 유일한 여자 추장의 이름을 딴 달리는 독수리 폭포.

와 함께 원주민 언어가 병기되어 있다.

　달리는 독수리는 블랙피트족의 유일한 여자 추장이었다. 추장의 운명을 타고난 그녀에게 예쁜 옷이나 여자아이 같은 행동은 금지되었다고 한다. 또래와 인형놀이를 하는 대신 아버지를 따라 사냥을 다녀야만 했다. 그러던 중 다른 부족에게 살해당한 아버지의 원수를 갚기 위해 부족 남자들과 함께 전투에 참여해 복수에 성공한다. 그리고 마침내 스무 살이란 어린 나이에 추장으로 추대되었다. 그녀는 자신의 이름을 딴 이곳에서 명상을 하거나 부족장으로서 큰 결정을 내렸다고 한다. 원주민들이 그녀를 기념하는 성스러운 장소인 셈이다.

　엄청난 양의 물이 수직 낙하하는 폭포는 장관이었으나 보고 있는 내 마음은 그리 편하지 않았다. 최초의 여자 추장이 되는 명예를 얻었지만 그녀의 삶은 분명 녹록치 않았을 것이다. 그 자신이 여자이면서 다른 여자를 아내로 맞아들일 때의 심정이 어땠을까? 추장이란 버거운 짐을 진 채 본래의 성性을 감추고 다른 성으로 살아가자면 항상 고민하고 생각해야 했을 것이다. 이곳은 그가 힘들 때마다 찾아와 평안과 안식을 얻었던 곳이다. 지금은 관광명소가 되어 온 천하에 까발려지고 있다. 저승에 있는 그녀는 물론이고 그녀를 숭배해 온 원주민들을 생각하니 괜히 착잡해졌다. 한시라도 빨리 떠나고 싶어졌다. 삼각대까지 세워 놓고 한창 사진 찍기에 몰입해 있는 남편을 재촉해 서둘러 자리를 떴다.

　점심 장소로 호수가 보이는 곳을 골랐다. 호수와 주차장 사이 길목에 위치한 피크닉 테이블에 자리를 잡았다. 호수가 보이는 전망이 끝내주는 자리였다. 호수에서 한 백인 가족이 낚시 중이었다. 그 모습을 바라보며 컵라면

한 개로 끼니를 때우고 있었다. 컵라면을 다 먹어 갈 때쯤 그 가족의 부인으로 짐작되는 여자가 낚시를 하다 말고 일어나서 내 쪽으로 걸어왔다. 차에 무언가를 가지러 가는 것 같았다. 순간적으로 바짝 긴장했다. 테이블 주위로 컵라면의 영원한 동반자, 신 김치 냄새가 가득했다. 주차장에 가려면 우리 테이블 옆을 꼭 지나야 해서 김치 냄새를 안 맡을래야 안 맡을 수가 없었다. 내게는 한없이 사랑스러운 신 김치였지만 서양 사람에게는 고약한 냄새를 풍기는 외계 음식일 뿐이었다. 이만저만 걱정되는 게 아니었다. 제발 바람이 여자 쪽으로 불지 않기를 바라면서 숨을 죽이고 기다렸다.

그런데 뜻밖에도 여자는 일부러 피해 가지도 않고 성큼성큼 내 쪽으로 다가왔다. 방긋 웃으며 말을 걸었다.

"지금 드시는 거 김치죠?"

무관심을 가장한 채 컵라면만 뚫어져라 보고 있었는데, 그 말 한마디에 긴장감이 눈 녹듯 사라졌다. 마주 웃으며 어떻게 아느냐고 물었다. 그랬더니 자기 할머니가 한국인이란다. 다시 보니 광대뼈나 얼굴형에서 동양인 분위기가 묻어났다. 할머니가 미국에 온 사연을 묻고 싶었지만 더 이상은 실례 같아 접어 두었다.

여행에서 만난 미국인들과 이야기를 나눠 보면, 한국전쟁 이야기를 많이 듣게 된다. 서울올림픽이나 월드컵보다는 한국전쟁을 계기로 우리

*호수 경치를 반찬 삼아 먹는 컵라면 맛은 한마디로 환상이다!*

나라를 알게 된 사람들이 훨씬 많았다. 여행을 다닐 만큼 시간과 경제적 여유가 되는 사람들이 주로 노년층인데다가 특히 그런 노인들의 절반 가까이가 한국에서 군복무를 했기 때문이었다. 서툰 한국말로 "이푼 아가시, 이푼 아가시"라고 말하는 눈치 없는 퇴역 군인 할아버지를 만난 적도 있었다. 어떤 때 썼던 말일지는 뻔하다. 그들 기억 속의 한국과 내가 아는 한국은 많이 다르겠지만 그래도 반가운 것은 사실이었다.

점심을 먹고 찾아간 성모 마리아 폭포 트레일은 꽃으로 수를 놓은 융단이었다. 봄의 온기와 촉촉함을 이기지 못한 야생화가 사방에서 고개를 내밀었다. 그곳에서 어떤 노부부를 만났다. 건강한 아내에 비해 남편의 몸은 많이 불편해 보였다. 부축을 받는 것으로 모자라 등산 스틱 두 개를 목발 삼아 힘겹게 한 발, 한 발 내딛고 있었다. 그 속도로 여기까지 오다니 대단한 집념이었다. 노부부는 폭포를 배경으로 서로의 사진을 차례로 찍더니 잠시 주저하는 기색을 보였다. 잠시 후 그들은 우리가 다음 행선지로 찍어 놓은 버지니아 폭포 쪽으로 발길을 돌렸다.

다시 만난 노부부는 빨강과 파란색의 커플 모자를 눌러 쓴 우리를 기억하고 먼저 인사를 건넸다. 몹시 유쾌한 모습이었다. 어쩜 저리 착하고 순하게 웃을까. 우리에게 길을 비켜 주려면 불편한 몸을 움직여야 했는데 짜증난 기색이 전혀 없었다. 그때 알았다. 저들을 여기까지 데려온 것은 대단한 집념이 아니라 순수한 즐거움이었다는 것을. 튼튼한 두 다리를 갖고도 어서 끝낼 생각밖에 못 한 것이 부끄러웠다.

버지니아 폭포는 먼저 본 성모 마리아 폭포보디 훨씬 장엄했다. 까마득한 높이에서 수직 낙하하는 폭포수는 채 수면에 닿기도 전에 물방울이 되이 사방으로 흩어졌다. 옷이 젖는 줄도 모를 만큼 심취해서 좀처럼 발을 뗄 수가 없었다.

우리가 사진을 찍는 사이 노부부가 도착했다. 흠뻑 젖어서 미끄러운 바위를 조심스럽게 건너는 동안에도 부부의 얼굴에서는 행복한 미소가 떠나질 않았다.

"우리가 당신들을 찍어 줄 테니 우리 둘 좀 찍어 줄래요?"

노신사가 내게 말을 걸었다. 웃음이 났다. 사진 한 장 찍어 주는 게 뭐 어려운 일이라고 기브앤테이크 원칙을 지키려는 걸까. 하지만 곧 아차 싶었다. 불편한 몸으로 둘이서 함께 있는 사진을 찍기는 더욱 어려웠을 것이다. 성모 마리아 폭포에서도 두 분을 찍어드릴걸, 하고 뒤늦게 후회했다.

"우리는 삼각대가 있어서 괜찮아요. 제가 두 분 찍어 드릴게요."

착하게 같이 늙는 부부. 마치 천연기념물을 찍는 기분으로 두 사람을 한 프레임에 담았다. 아내는 몸이 불편한 남편을 원망한 적이 없었을까? 남편은 잘 걷지 못하는 자신이 부끄럽거나 아내에게 미안하지 않았을까? 그들은 그것을 극복한 걸까 아니면 아예 그런 생각을 한 적조차 없을까? 내 속물스러운 생각을 들킬까 봐 얼른 찍고 사진기를 돌려주었다.


당황스럽게도 글레이셔에 와서 정작 글레이셔(빙하)는 구경도 못했다. 5월이란 계절이 무색하게 겨울눈이 녹지 않았기 때문이다. 8~9월이나 되어야 완전히 녹는다고 했다. 우리처럼 일반인의 눈으로는 눈 덮인 빙하를 알아보기도 힘들다.

하지만 그보다 더 절망적인 기분이 든 이유는 따로 있다. 한창 더운 계절에 와도 빙하를 구경할 날이 얼마 남지 않았다는 사실 때문이다. 1850년대까지만 해도 글레이셔 국립공원에는 150개 가량의 빙하가 있었다. 지금은 겨우 25개가 남았다. 그마저도 2020년쯤에는 완전히 없어진다고 한다. 그때가 되면 이름도 바꿔야 할지 모른다. 급속한 기후변화 때문에 예전 같으면 눈이 내렸야 할 시기에 비가 오는 경우가 많아졌다고 한다. 해마다 적설량도 눈에 띄게 줄어들고 있다. 눈이 적게 오면 공원 안의 동물들도 우울한 소식을 맞이해야 한다. 눈은 빙하의 밥이다. 눈이 적게 내릴수록 빙하는 점점 쇠약해진다. 제 살을 깎아먹으면서 매해 연명하고는 있지만 그 끝이 멀지 않았다. 눈은 동물들의 식수원이기도 하다. 덥고 가문 시기에 동식물들은 눈 녹은 물을 마시며 견딘다. 눈이 다 사라져도 빙하 녹은 물로 한동안은 버틸 수가 있다. 최후의 생명수인 것이다. 그런 빙하가 없어지면 단 한 번의 가뭄으로도 많은 수의 동식물들이 죽게 된다.

사라지는 빙하는 혼자 죽지 않는다. 자신에게 의지해 살아가는 수많은 동식물들을 함께 데려간다. 눈 없이는 빙하 없고, 빙하 없이는 생명 또한 없다. 자연은 하나로 얽혀 있다. 그래서 더 섬뜩하다. 우리에게는 시간이 별로 없다.

빙하 녹은 물은 생명을 지키는 최후의 보루이다.

레드우드 가는 길

# 그건 탐험이 아니었다

양보다 질, 풍요의 시대를 사는 우리가 자주 하는 말이다. 하지만 때로는 질보다 양이 많은 것을 말해 주기도 한다. 미 서부 해안가에서만 자라는 코스트 레드우드Coast Redwood는 세계에서 가장 높이 자라는 나무로 알려져 있다. 115미터를 훌쩍 넘겨 자라며 2천 년을 넘게 산다고 한다. 막상 그 앞에 서면 어떤 생각이 들까 궁금했다.

레드우드를 보기 위해 아침 일찍부터 서둘렀는데도 점심 때를 훨씬 넘겨 쿠첼 방문객센터에 도착했다. 너무 늦은 게 아닌가 걱정스러웠다. 매일 선착순 50개 팀에게만 큰 나무 트레일 허가증을 발급하기 때문이었다. 공원 레인저에게 조마조마한 마음으로 물었다.

레드우드 숲의 거목들 앞에 서면 자동차도 한낱 장난감 차가 되어 버린다.

"이미 마감되었겠죠?"

"사실, 뭐 그렇지는 않습니다."

안도의 한숨을 길게 내쉬었다. 레인저가 내미는 장부에 이름과 차 번호를 적고 보니 남은 빈칸이 꽤 많았다. 의외였다. 이곳의 큰 나무 트레일과 보이스카우트 나무 트레일은 '큰 나무를 보고자 하는 결심이 확고한 사람들이 가야 할 곳'으로 통하는 이름난 트레킹 코스였다. 너무 커서 초현실적인 이곳 나무들을 보려면 제 아무리 빌 게이츠라고 해도 직접 찾아오는 수밖에 없다고 들었는데, 생각했던 것보다 레드우드를 보고 싶어 하는 사람들이 많지 않은 모양이었다.

남편과 방문객센터를 나와 근처에 있던 가게 앞을 지나는데 입구에서 놀고 있는 고양이 한 마리가 눈에 들어왔다. 고등어 무늬의 녀석이 하도 깜찍하고 귀여워서 나도 모르게 걸음을 멈췄다. 마침 저녁거리도 필요한 참이었다. 발길이 자연스럽게 안쪽으로 향했다. 문을 열고 안으로 들어선 순간 타임머신을 타고 대공황시대로 돌아간 듯한 착각에 빠졌다. 미국에 아직 이런 가게가 남아 있다니, 직접 보지 않았다면 믿기 힘들 정도였다. 21세기에 전혀 어울리지 않는 그곳은 유일하게 현대화가 비껴간 곳이었다. 놀랄 일은 거기서 그치지 않았다. 가게에서 파는 소시지와 농산물 가격에 놀라 입이 떡 벌어졌다. 터무니없이 비쌌다. 고양이는 단순히 놀기만 한 게 아니었다. 나처럼 순진한 사람들을 낚시질 하는 일종의 호객꾼이었다. 사람이 고양이 덕을 보다니, 누가 주인인지 몰라도 전생에 공덕 깨나 쌓았나 보다 싶었다.

10킬로미터 거리의 큰 나무 트레일 입구까지는 차를 타고 이동했다. 허가증 없이는 들어갈 수도 없는 비포장도로를 달려 드디어 입구에 닿았다.

텐트와 가게에서 산 음식재료들, 그리고
불쏘시개로 준비해 온 두툼한 전화번호
부 한 권만 챙겨서 걷기 시작했다. 길
이 몹시 한산해서 가는 내내 마주치는
사람들이 거의 없었다.

손님을 낚시질 하는 앙큼한 고양이.

큰 나무 숲에 도착하자마자 곧바
로 캠핑 준비에 들어갔다. 레인저가
알려준 대로 레드우드 시내 옆에
자갈밭이 있었다. 공짜 캠핑장답게 화장실이나 식수
대 같은 최소한의 편의시설도 없는, 말 그대로 그냥 자갈밭이었다. 우리는
짐부터 내려놓고 적당한 텐트 자리를 물색했다. 좋은 자리를 고르는 특별한
방법은 없다. 노하우가 있다면 먼저 다녀간 사람들의 자리를 재활용하는 것
이었다. 캠핑을 거듭하는 동안 몸으로 깨우친 결과였다. 두 눈을 부릅뜨고
모닥불 흔적을 찾아다닌 끝에 시냇가에서 멀지 않은 곳에서 돌화로를 발견
했다. 바로 옆에는 화로 주인이 다져 놓은 것으로 추측되는 텐트 자리가 새
로운 주인을 기다리고 있었다.

남편이 조용히 텐트를 치는 동안 나는 저녁을 준비했다. 저녁 반찬은 구
운 감자와 고구마, 그리고 구운 소시지 약간이었다. 활활 타오르는 모닥불
속에 알루미늄 호일 옷을 입은 감자와 고구마를 집어넣었다. 김이 모락모락
나는 갓 구운 감자의 포실포실한 속살이 떠올라 입맛을 다셨다. 하지만 오
래가지는 않았다. 고양이에게 홀려 평소보다 훨씬 비싼 값을 지른 게 기억
나서였다. 치미는 분노를 삭히려고 심호흡을 하는데 진정이 되기는커녕 뱃

속에서 불쾌한 신호를 보내왔다. 불길한 조짐이었다.

　나는 '여행성 변비'라고 명명해야 마땅할 지병을 갖고 있다. 집에서는 규칙적이었던 배변 주기가 여행 때만 되면 급격하게 들쭉날쭉해지는 병이다. 아주 고약한 증상까지 갖고 있어서 시시때때로 주인을 괴롭힌다. 쾌적하고 편안한 화장실을 마다하고 꼭 더러운 화장실이나 오늘처럼 허허벌판에 있을 때 애처로운 신호를 보내는 것이다. 황급히 캠핑 안내문을 찾아 읽었다. 안내문에는 물가와 30미터 이상 떨어진 곳으로 이동해서 15센티미터 깊이 이상으로 땅을 파고 볼일을 보라고 나와 있었다.

　텐트에서 멀지 않고 인적이 드문 곳을 찾았다. 땅을 파고 볼일을 보는데 레드우드 시내가 범람하면 큰일이라는 생각이 들었다. '내 것'이 둥둥 떠다니는 모습이 자꾸 그려졌다. 마음이 편치 않았다. 그렇다고 봉지에 싸서 다시 문명사회로 가져가는 일은 엄두가 나지 않았다. 어쨌든 그런 일이 생기지 않도록 최선을 다해 방지하는 길밖에 없었다. 아무 일도 없던 것처럼 구덩이를 메우고 커다란 돌멩이 하나까지 얹어 놓으니 조금은 안심이 되는 듯했다. 결국 사슴이나 곰도 다 이러고 사는 것 아니겠냐고 하면서 스스로를 위로했다.

　옅게 깔린 저녁 안개로 둘러싸인 숲은 가히 환상적이었다. 이곳의 레드우드 나무들은 지금으로부터 2천만 년 전부터 살아왔다. 하지만 어떤 이들은 이들의 친척뻘 되는 나무들이 1억 6천만 년 전부터 번성해 왔다는 점을 근거로 레드우드가 공룡시대부터 살아왔다고 말한다. 거대한 공룡들의 숨결과 발자취를 간직한 곳에서 역사적인 하룻밤을 보낸다니, 평생 잊지 못할 특별한 밤이었다.

긴 밤을 보내고 설레는 아침을 맞았다. 조바심이 나서 아침도 먹는 둥 마는 둥 하고 길을 나섰다. 잠시 후 큰 나무들을 만날 생각에 살짝 떨리기까지 했다. 날아갈 듯이 걸음이 가벼웠지만, 공기 중의 수분을 먹고 산다는 나무들의 아침 식사를 방해할까 싶어서 조심조심 걸었다.

태평양에서 불어오는 안개에 포근하게 둘러싸인 숲은 더욱 신비로웠다. 뿌연 안개를 뚫고 느닷없이 튀어나온 공룡을 만난다고 해도 전혀 놀라지 않을 자신이 생겼다. 거대한 양치식물 사이를 뛰어가는 공룡 꽁무니를 뒤쫓아 가면서 모험을 즐기는 것도 나쁘지 않겠다는 생각이 들었다. 이곳의 나무들은 보통의 레드우드보다 훨씬 큰 편이라고 했다. 그래서일까? 현실세계에서 이렇게 큰 나무들을 만났다는 것 자체가 믿기지 않았다. 어마어마하게

길게 뻗은 가지들이 당장이라도 움직일 듯 신비로운 숲속 길.

큰 나무들 사이에 존재하는 내가 상대적으로 너무 작다는 느낌을 떨칠 수가 없었다. 호빗 세계에 발을 들여놓은 아주 특별한 인간이 된 기분이다. 지구상에 이런 곳이 또 있을까?

레드우드의 껍질은 불에 타지 않는 성질을 가졌다고 한다. 껍질 밑에 있는 형성층(분열세포층)을 보호하기 위해 스스로 진화한 것이다. 지금 순간 눈앞에 서 있는 저들은 홍수나 가뭄은 물론이고 화마火魔를 이기고 살아남은 경이로운 생명체들이었다. 꺼멓게 그을리고 심까지 홀랑 타버려도 형성층이 남아 있는 한 그들의 생명은 계속될 것이다. 속이 비면 빈 채로 살아가는 게 그들만의 방식이다. 그리고 그런 공간은 다른 동물들에게 안락한 보금자리가 된다. 우리보다 한참 전에 살았던 개척시대의 사람들은 속이 빈 나무를 거위 우리로 썼다고 한다. 싱싱한 나뭇잎을 자랑하는 레드우드의 뻥 뚫린 구멍 속을 뒤뚱거리며 지나가는 거위들을 상상하니 유쾌해진다.

공원관리소에서 나눠 주는 관광지도에 '탐험에서 보존까지' 라는 소제목이 붙어 있었다. 낯짝이 두껍다는 말은 이런 때 써야 한다. 그건 '살육' 이지 절대로 탐험이 아니었다.

이곳의 레드우드 나무들은 19세기 후반부터 고난의 시기를 보냈다. 지난 몇 백 년 동안 어떤 천재지변에도 끄떡이 없었지만 인간의 이기심만은 당해내지 못했다. 그 옛날 서부에 살던 마초들은 곰 가죽이나 사슴머리를 박제해서 전시하는 것으로 자신의 남성성을 과시했다. 19세기는 이들의 관심이 사냥에서 거목으로 옮겨간 때였다. 자기 몸집보다 몇 배는 큰 나무를 반쯤 베어 내고 그 앞에서 의기양양하게 포즈를 취하거나, 나무 등걸 위에 올라가서 톱과 도끼를 든 채 자신 있게 웃고 있는 사진은 남자다움의 상징으로 간주되었다. 비극의 전조였다.

눈으로 보기 전까지는 믿기 힘든 큰 나무 이야기는 동부로까지 퍼져나갔다. 동부인들의 반응은 대체로 '놀랍다' 아니면 '서부 애들은 뻥이 심해'로 나뉘였다. 발끈한 서부인들은 자신들의 이야기를 증명하기 위해 단순 무식한 방법을 생각해 냈다. 나무들을 베어서 실물을 보내는 것이다. 몇 백 년을 살아온 거목들이 줄줄이 베였다. '제너럴 노블'이란 애칭으로 유명한 자이언트세쿼이아 나무가 베인 것도 이때였다. 베일 당시 제너럴 노블은 86.8미터까지 자란 상태였다. 땅 위 15미터 지점까지 올라가서 잰 지름이 5.3미터가 넘었다고 한다. 이런 거목을 아무런 고민 없이 벤 자들은 정작 옮기는 문제를 놓고 뜻밖의 고민에 빠졌다. 너무 커서 통째로 기차에 실을 수가 없었기 때문이다. 결국 제너럴 노블은 14조각으로 해체당하는 수모 끝에 1893년 시카고엑스포 World's Columbian Exposition에 전시되었다. 생전 처음 보는 거대한 나무의 출현은 미국 사회에 큰 반향을 일으켰다. 관람객들의 맘속에는 서부에 대한 호기심과 초현실적인 나무를 향한 경외심이 깃들었다. 기대 이상의 열렬한 반응으로 고무된 사람들은 이듬해 캘리포니아에서 열린 동계국제엑스포 California Midwinter Interarntional Exposition, 1901년 범미세계박람회 Pan American World's Fair를 위해 계속해서 나무를 베었다. 이런 전시회들의 주제가 '나무를 보호합시다'가 아닌 '벌목산업의 밝은 미래'였음은 물론이다.

1850년대부터 시작된 벌목은 200만 에이커의 레드우드 숲을 단숨에 황폐화시켰다. 지금 보는 건 벌목 전 숲의 4퍼센트에 지나지 않는다. 그렇다고 해서 무지한 벌목꾼들만 욕할 수도 없다. 제너럴 노블을 베라고 지시한 것은 다름 아닌 연방 정부였다고 한다. 그들은 마지막 순간까지 용서를 구하기는커녕 은폐하는 만행을 저질렀다. 전시의 약발이 떨어질 때쯤 국방부 건물을 지으면서 땅 속에 묻어 버렸다는 얘기가 있다. 과연 이런 것을 '탐험'이라고 불러야 하나? '탐험Exploration'이 아니라 최소한의 예우도 갖추지 않은 '착취Exploitation'라고 해야 하지 않을까 싶다.

빽빽하게 자라난 양치식물과 거목들 사이를 걷다 보니 현실에서 자꾸 멀어지는 느낌이 났다. 다른 차원의 세계로 안내하는 영화 예고편 속으로 들어온 기분이었다. 슬슬 낯설다 못해 겁이 날 지경이었다. 내가 살던 인간들 세상으로 영영 돌아가지 못하면 어쩌나 하는 불안감이 엄습했다. 남편을 졸라서 슬며시 숲을 빠져나왔다. 멀리서 보이는 차 한 대가 그렇게 반가울 수가 없었다. 문명사회는 여전히 존재하고 있었다.

점심 때가 되어서 사람들이 붐빈다는 해변가를 찾아갔다. 전망 좋은 피크닉 테이블을 차지하기 위해 한바탕 신경전을 벌이고, 떨어진 음식을 호시탐탐 노리는 까마귀들 틈에서 한 시간쯤 부대끼고 나니 서서히 현실감이 돌아왔다. 떠날 때와 똑같이 정신 없는 인간 세계를 확인하고 나자 다시 자신감이 생겼다. 그 기세를 몰아 보이스카우트 나무 트레일로 향했다.

공원 북쪽에 있는 트레일에 가려면 홀란드 언덕길을 올라가야 했다. 흙먼지가 날리는 길을 6킬로미터 정도 걸어가니 왼편에 트레일 입구가 보였다. 초행길인 사람은 찾아가기 쉽지 않은 길이었다. 4킬로미터 지점에서 오른쪽으로 빠지는 샛길은 안내 표지가 따로 없어서 놓치기 쉬운 길이었다. 사람들을 보고 눈치껏 따라가는 수밖에 없는데 이 방법도 인적이 드문 때에 가면 소용없어진다.

남편과 내가 깨나 어리버리해 보였는지 도중에 만난 모녀가 묻지도 않았는데 일러주었다.

"저 앞에 있는 조그만 시내를 건너서 조금만 더 가면 오른쪽에 오르막길이 보일 거예요. 그리고 올라가면 보이스카우트 나무가 있어요."

친절한 그들이 아니었으면 우리는 계속 전진만 할 뻔했다. 그랬다면 폭포에서 길이 막혀 발길을 돌렸을 것이다. 아니면 보이스카우트 나무와 비슷하게 생긴 아무 나무나 껴안고 인증 사진을 찍었을지도 모른다.

꽤 가파른 오르막길이어서 거의 기다시피 했다. 50~60미터 올라가자 보이스카우트 나무가 눈에 들어왔다. 어엿한 이름표까지 달고 있어서 의심의 여지가 없었다. 마음 같아서는 그 이름표를 떼어서 샛길 앞에 걸어두고 오고 싶었지만 막상 실행에 옮길 용기는 없었다.

보이스카우트 나무는 다른 레드우드 나무보다 유달리 뚱뚱한 편이었다. 두 나무의 밑동이 합쳐져서 그런 것이었다. 고개를 들고 올려다보면 중간에 갈라진 지점이 보인다. 사람들이 그 모습을 보고 보이스카우트의 손가락 인사법과 닮았다고 해서 그런 이름을 붙였다고 한다. 만약 저 나무가 우리나라에 있었다면 어땠을까? 필시 우리 정서상 불쌍한 오누이나 애절한 연인들의 이야기를 배경으로 한 이름을 붙였을 것이다. 사소한 이름 하나에도 근본적인 문화의 차이가 배어 있었다. 하지만 선행을 베푸는 일에는 국경이 없다. 돌아오는 길에 착한 모녀의 뒤를 이어 선행 릴레이를 했다. 다소 산만해 보이는 사람들을 만나면 손짓발짓으로 샛길의 존재를 알려 주었나.

큰 나무 트레일이나 보이스카우트 나무 트레일은 대표적인 1세대 숲이

멀리 태평양이 바라보이는 해변가에서 영원히 잠든 레드우드 나무.

다. 그 안의 생태계는 오랜 기간 나무들을 중심으로 유지되어 왔다. 무차별적인 벌목 이후 인간이 조성한 숲은 2세대 숲이다. 레드우드를 벌목하고 난 땅에 다른 종에 비해 빨리 자라는 전나무류를 한꺼번에 심어 만든 것이다. 자라는 족족 베어 팔기 위해서는 반드시 빨리 자라는 나무라야 했다.

너무 빽빽하게 심어진 나무들은 비슷한 키로 자랐다. 풍성하게 매달린 나뭇잎은 햇볕을 막는 장벽이 되었다. 햇볕을 쬐지 못한 땅에는 균형 잡힌 생태계가 만들어질 수 없다. 그보다 훨씬 작은 나무나 풀들은 음지에서 자라야 했다. 인간의 욕심으로 인해 기형적인 숲이 만들어진 것이다. 들리기로는 공원이 다시 2세대 숲에 손을 댄다고 한다. 빽빽한 전나무를 솎아내고 다양한 수종을 심어서 과거의 영화를 되살리겠다는 계획이다. 솔직히 좀 불안하다. 가만 두어도 죽을 놈은 죽고 살 놈은 살아남을 텐데⋯⋯ 하여간 그 조급증이 문제이다.

얼핏 보면 세계 최초로 국립공원을 만든 나라, 미국은 논란의 여지가 없는 자연보호 선진국 같다. 하지만 겉으로 드러나지 않은 사실도 있다. 브라이스 국립공원에서는 1923년 설립 이후로 약 반세기 만에 일곱 종의 포유류가 멸종되었다. 지금은 마흔두 종의 포유류가 미국 전역에서 멸종 위기를 맞고 있다. 어떤 곳에서는 국립공원 밖에 사는 동물들이 더욱 번성하기도 한단다. 아무쪼록 선배들의 잘못을 거울 삼아 레드우드 국립공원이 잘 해내기를 바라는 수밖에 없다.

인간만 훼방 놓지 않으면 레드우드는 앞으로도 계속 불멸의 존재로 살아갈 것이다. 레드우드를 죽음에 이르게 하는 그 어떠한 질병이나 해충도 아직 발견되지 않았다고 한다. 불에 타지 않는 껍질 덕분에 어떤 산불도 피해

갈 것이다. 양분과 햇빛을 두고 경쟁하던 주변 잡목이 사라져서 오히려 우람해질 것이다. 그들은 그렇게 2천 년을 넘게 살아왔다.

  살면서 남에게 피해만 끼쳤던 사람도 나이가 들면 경로우대를 받고 가족의 보살핌을 받는다. 평균수명보다 오래 살았다고 명절이면 신문사에서 취재도 나온다. 그런데 나무는? 2천 년 넘게 수많은 동식물에게 보금자리와 먹을 것을 아낌없이 준 나무는? 아무리 생각해도 정말 지독한 종 차별이다.

**크레이터 레이크 가는 길**

# 모기 왕국

어느 계절, 어떤 곳을 여행하든 여행자가 믿고 의지하는 '상식'이란 게 있다. 벌레에 뜯겨 만신창이가 될지언정 여름이라 춥지는 않겠구나, 혹은 얼어 죽을 수는 있어도 겨울이니까 곰에게 잡아먹힐 일은 없겠구나, 하는 종류의 상식 말이다. 이런 종류의 상식은 종종 여행에서 오는 불편함을 견딜 수 있게 하는 힘이 된다.

6월 중순, 크레이터 레이크 국립공원을 찾았다. 내 기억 속의 6월은 완연한 여름이었지만 이곳의 6월은 사뭇 달랐다. 북서부에 위치한 공원은 고도까지 높아서 겨울에 내린 눈이 많이 남은 상태였다. 초봄이라고 하면 딱 맞을 풍경과 날씨였다. 차창을 내리자 서늘한 바람이 기분좋게 불어왔다. 비

모기 대피소,
크레이터 레이크 국립공원 안 로지.

록 내가 아는 계절 상식과는 정반대였지만 어쨌든 쌀쌀한 날씨 덕분에 벌레 걱정은 애저녁에 접었다. 지금 생각해 봐도 매우 상식적인 판단이었다.

공원 주차장에 차를 세우고 보니 캠핑장 접수대 앞에 사람들이 있었다. 달랑 4명이 전부였다. 너무 붐비지도, 썰렁하지도 않아서 딱 좋겠구나, 생각하며 차에서 내릴 준비를 했다. 그런데 서 있는 사람들의 움직임이 예사롭지 않았다. 춤을 추는 건지, 운동을 하는 건지 분간하기 어려울 정도로 이상하게 움직이고 있었다. 열심히 팔다리를 흐느적거리는 걸로 성이 안 차는지 가끔은 헤드뱅잉까지 선보였다.

이건 뭐지? 뭔가 모르게 섬뜩한 기분이 들었다. 게다가 남편마저 평소답지 않았다. 장시간 운전하고 오느라 온몸이 찌뿌듯할 텐데 굳이 차에 남아 있겠다고 하는 게 불길했다. 아주 드문 일이었다. 어쨌든 두 사람 중 한 명은 오늘 묵을 텐트 자리를 배정받아 와야 했다. 영 의심스러웠지만 선수 친 사람 같지 않게 무표정한 얼굴로 앉아 있는 남편에게 달리 할 말이 없었다.

로지의 테라스는
특급 전망대나 다름 없다.

차에서 내리자 의문은 금방 풀렸다. 벌건 대낮에 배경음악도 없이 사람들이 춤을 추는 이유는 모기 때문이었다. 순식간에 주변을 에워싼 모기떼에게 사방으로 포위당했다. 간절한 눈빛으로 돌아봤지만 냉정한 남편을 차 안으로 잠입한 모기들을 퇴치하느라 정신이 없었다. 사지로 내몰린 아내에게는 신경도 안 쓰는 눈치였다.

사람들은 여전히 흐느적거렸다. 바쁘게 움직이면서도 새로 투입된 전우를 따뜻한 눈길로 맞아 주었다. 비슷한 춤으로 화답하며 맨 뒤에 가서 서는데 무리에서 유일하게 얌전한 사람을 발견했다. 양봉 농가에서나 쓸 법한, 망사가 달린 챙 넓은 모자를 눌러쓰고 있었다. 모자 쓴 젊은이는 단연 우아한 자태를 뽐냈다. 망사로 얼굴을 완전히 가리고 목 주위까지 단단히 조인 상태였다. 모기가 들어올 틈이 전혀 없어 보였다. 청년이 긴팔과 긴바지를 입었음은 물론이다.

사람들의 질문은 당연히 그에게 집중되었다.

"어디서 샀어요?"

"어디서 왔어요?"

"그 모자는 얼마예요?"

표현은 다양했지만 결국은 이 말이었다.

"정말 부럽군요."

청년은 러시아 사람이었다. 모자는 고향에서부터 준비해 온 것이었다. 참으로 대단한 선견지명이었다. 함께 온 일행은 여러 명이었지만 모자를 가진 사람이 자신뿐이라 대표로 서 있다고 했다.

긴급 재난에 준하는 상황이었지만 다른 사람들은 사태의 심각성을 못 느끼는 듯했다. 물어볼 게 뭐가 그리 많은지, 구구절절한 대화를 한참이나 하고 나서야 자리를 배정받고 돌아갔다. 내 차례가 되자 나는 공원 직원을 향해 이글거리는 눈빛을 쏘아 보냈다. 어디서 자고 싶은지 고르라며 내민 지도는 눈에 들어오지도 않았다. 무조건 주차장에서 제일 먼 곳을 손가락으로 찍었다. 그리고 영수증을 빼앗다시피 해서 차로 돌아왔다.

주차장에서 가장 멀리 떨어진 캠핑장은 아예 '공기 반, 모기 반'이었다. 모기들로 이뤄진 지옥도나 다름 없었다. 모기가 주차장 근처에만 많을지도 모른다는 한 가닥 희망은 머릿속에서 지워진 지 오래였다. 방충망이 있는 텐트를 최대한 빨리 치는 방법 말고는 다른 대안이 없었다. 우리가 텐트 안으로 무사히 대피한 지 채 몇 분도 지나지 않아서 새까맣게 몰려든 모기들이 방충망에 달라붙었다. 모기들의 열망과 분노가 단번에 느껴졌다. 살아 있는 인간이 내뿜는 땀 냄새와 숨이 그들을 미치게 하고 있었다. 모기들에게 이빨이 없다는 사실에 새삼 안도했다.

텐트 안에서 겨우 목숨을 부지하고 있는 동안 해가 지면서 어느새 어둠이 찾아왔다. 이런 상황에서도 육신을 먹여 살려야 하는 건 잔인한 일이다. 허기져 보이는 남편에게 물었다.

"밥을 텐트 안에서 할까?"

"당연히 안 되지! 불똥이 튀어서 텐트에 구멍이라도 나면 어쩌려구. 모기들이 우리 피로 잔치를 할 걸."

사실 벌레라면 나보다 남편이 더 진저리를 친다. 남편은 외모만 놓고 말하자면 무난히 소도 때려잡을 것 같은 분위기이지만 의외로 여린 심성의 소유자이다. 어렵게 잡은 벌레를 뒤처리하는 남편을 보면 한숨밖에 나오지 않는다. 우선 두껍게 만 화장지로 벌레를 감싼다. 이렇게 하면 벌레의 존재감이나 꿈틀거림이 잘 느껴지지 않는다는 게 이유였다. 그리고 휴지통에 넣으면 끝이다. 휴지통에 갇힌 벌레들이 며칠 지나면 굶어 죽기 때문에 문제가 전혀 없다고 주장하지만 그건 남편이 벌레들의 끈질긴 생명력을 몰라서 하는 소리였다. 그들은 때때로 부활한다. 분명히 어제 잡혀서 휴지통으로 직행한 녀석이 이튿날 화장실에서 발견되는 일이 왕왕 있었다. 벌레를 눌러서 터뜨리는 느낌을 잘 알기에 남편을 이해 못하는 것은 아니었다. 다만 벌레가 든 휴지뭉치를 변기에 넣고 물을 내리면 간단히 해결될 일을 끝까지 마다하는 이유가 궁금했다. 아무리 얘기해도 소 귀에 경 읽기였다. 남편의 습관을 고치느니 차라리 내가 잡아서 처리하는 게 속 편했다. 결혼 연차가 늘어날수록 벌레 퇴치는 점점 내 차지가 되었다. 결혼만 하면 징그러운 벌레 따위는 용감한 남편이 모조리 잡아 줄 거라는 생각은 섣부른 판단이었다. 하기야 남자도 똑같은 사람인데 벌레를 싫어한다는 생각은 왜 한번도 못해 봤는지, 돌이켜 보면 내가 보고 싶은 대로만 보고 한 결혼이었다는 생각이 든다.

저녁을 지으려면 바깥으로 나가야 했다. 모기가 한 마리라도 들어올까 봐 벌레가 허물을 벗듯이 조심스럽게 기어 나왔다. 오래건 주 와인이 싸고 좋다는 말에 큰맘 먹고 장만한 와인과 폴란드식 소시지는 그림의 떡이었다. 폴란드식 소시지로 모기를 만족시킬 수만 있다면 기꺼이 바치고 싶은 심정이었다. 도리도리, 짤랑짤랑, 으쓱으쓱을 반복하며 빛의 속도로 저녁을 해결했다. 밥을 먹은 게 아니라 밀어 넣었다는 표현이 더 어울리는 상황이었다. 내가 밥을 먹고 있는 건지, 모기가 나를 먹고 있는 건지, 누구를 위한 식사시간인지도 헷갈릴 정도였다.

아침 일찍 일어났지만 미국에서 가장 깊다는 크레이터 호수를 구경하는

시간이 정지된 것처럼 고요한 호수, 보는 이로 하여금 숨조차 쉽게 내쉬지 못하게 만든다.

것보다 훨씬 시급한 일이 있었다. 이곳 모기와 친해질 만큼 친해진 이상 그들의 정체를 밝혀야만 했다. 모기에 대한 호기심이 작렬했다. 어떻게 이런 날씨에 모기가 창궐할 수 있는지 미치도록 알고 싶었다. 호수 구경은 그 다음이었다. 레인저를 찾아가 따져 물으려고 시계를 보니 아직 방문객센터가 문을 열기 전이었다. 기다리면서 커피나 한잔 할까 싶어 로지에 갔는데 출입문에 이런 안내문이 붙어 있었다.

"밖에 날아다니는 모기 떼는 스노모스키토 Snow Mosquito 로서 이 계절에 번성한 종입니다. 문을 꼭 닫아 주십시오."

알고 보니 스노모스키토는 주로 미국 북부에서 발견되는 모기 종이었다. 여느 평범한 모기와 다른 특이한 점은 겨울 활동을 하는 것이다. 그러니까 이곳의 모기들은 계절감을 잊은 게 아니라 무척 자연스럽게 행동한 것이었다. 어쨌거나 생전 처음 보는 모기 창궐이 지구 종말의 징조나 변괴가 아니라니 그제야 안도의 한숨을 내쉴 수 있었다.

크레이터 호수는 화산 분화구에 생긴 호수였다. 호수에 가려면 먼저 분화구 꼭대기까지 차를 타고 올라간 다음 분화구 안쪽까지 걸어 내려가야 했다. 기념 삼아 다녀오기에는 많이 부담스러운 코스였다. 당연히 나는 북미에서 두 번째로 깊은 호수에 손을 담그는 영광 따위는 간단히 포기할 수 있었다. 그러나 남편은 "호수에 갔다 올까?"라고 묻지조차 않았다. 공원에 온 이상 호수에 내려가는 것을 기정사실로 여기고 있었다. 그런 마당에 반대해 봤자 분란만 생길 게 뻔했다. 차라리 줄 건 주고 챙길 건 챙기자고 마음먹었다. 그리고 한편으로는 오늘 이 이상의 트레킹은 절대로 하지 않겠다, 라고 굳게 다짐했다.

크레이터 호수는 북미에서는 두 번째로 깊지만 미국에서는 가장 깊은 호수로 유명했다. 결코 넓은 호수가 아니었음에도 불구하고 가장 깊은 호수라는 타이틀을 차지한 것은, 밑으로 갈수록 아이스크림콘처럼 뾰족해지는 형태 때문이었다. 사실 그런 등수 놀이에는 관심이 없었는데—우리가 호수 밑바닥을 정복할 것도 아니지 않는가—막상 내려가 보니 그 깊이야말로 크레이터 호수를 설명하는 가장 큰 특징임을 알았다.

분화구 꼭대기에서 호수로 이어지는 길은 급경사로였다. 보기에는 아찔했지만 다행히 지그재그 모양으로 나 있는 덕분에 생각보다 수월하게 내려갔다. 호수 주변을 한 바퀴 돌아보고 숨도 돌릴 겸 바위에 걸터앉았다. 발아래 수면에서 서늘한 기운이 올라왔다. 간식을 먹으면서 내려다보는 호수는 상상 이상이었다. 물속으로 한두 걸음만 내딛어도 곧장 빨려들 것만 같았다. 뭣 모르고 스노클링에 덤벼들었을 때의 막막함과 두려움이 되살아나면서 다리가 후들거렸다. 살면서 저렇게 무자비하고 사악해 보이는 파란색은 처음이었다. 대다수의 방문객이 호수의 물빛을 보러 온다는 말은 과연 과언이 아니었다. 사악한 물빛은 말로 설명하기 힘든 마력을 내뿜었다. 계속 보고 있다가는 정말 뛰어들 것만 같았다. 결국 두려움을 느낀 우리는 자리를 털고 일어났다. 근래 보기 드문 완벽한 의견 일치였다. 물빛도 물빛이지만 어두워지기 전에 모기들로부터 최대한 벗어나야 했기 때문이다. 어딘가에서 숨어서 기다리고 있을 초소형 뱀파이어들을 생각만 해도 끔찍했다.

공원을 뒤로 하고 떠나면서 문득 궁금해졌다. 지금처럼 스노모스키토가 활동하지 않는 더운 여름에는 일반 모기들이 번성할까? 그렇다면 크레이터 레이크 국립공원을 모기 왕국으로 불러야 하지 않을까 싶었다. 물론 여름에

파란 호수에 떠 있는 작은 조각배 하나가 없던 시상도 떠오르게 한다.

다시 와서 확인해 보고 싶은 생각은 추호도 없다. 그동안 여러 국립공원을 돌아다니면서 되도록 자연에게 손 대지 않는 편이 옳다고 생각해 왔지만 이번만은 달랐다. 공원을 관리한다는 레인저들이 최소한의 방역도 하지 않고 구경만 하고 있는 게 약 올랐다. 역시 불편한 건 조금도 참지 못하는 나다운 생각이었다. 행여 레인저들이 알게 되면 제 한몸만 챙기는 얄팍한 인간이라고 쓴웃음을 지을지도 모르겠다.

그랜드 캐니언 노스 림 가는 길

# 잠자던 괴짜력, 대자연과 만나다

드디어 올 것이 오고야 말았다. 독립기념일 연휴를 며칠 앞둔 어느 날, 마침내 남편은 콜로라도 강 정복 의지를 공식 발표했다. 새삼 놀랄 일은 아니었다. 미국, 그것도 그랜드 캐니언이 있는 서부에 살게 된다는 사실을 안 순간부터 이미 예상한 바였다. 게다가 차로 가도 6시간밖에 안 걸리는 가까운 거리에 있다 보니 긴 휴가를 쓸 필요도 없었다. 하지만 어떻게든 피하고 싶었던 나는 남편이 그런 의지를 피력할 때마다 "그래요? 그럼 한번 알아보세요."라고 동의하는 척 하면서 적당히 넘겨왔다.

남편은 여행에 대한 소망과 포부가 넘치는 사람이다. 늘상 여기도 가야 하고 저기도 가야 한다고 입버릇처럼 말한다. 하지만 준비 시간 부족으로 실행에 옮기는 일은 쉽지가 않았다. 그 사실을 잘 아는 나는 남편이 희망 여행지들을 발표하면 그중 한두 개를 골라 선심 쓰듯이 여행 계획을 세운다. 그래서 지나고 보면 남편의 '희망 여행'은 열에 아홉은 희망으로 끝나고 만다. 내가 남편에게 '한번 알아보세요.'라고 말하는 이유도 그 때문이었다. 그런데 이번에는 분위기가 사뭇 달랐다. 독립기념일이 다가올수록 퇴근하고 돌아온 남편이 국립공원관리국의 홈페이지에 접속하는 회수도 늘어났다.

콜로라도 강 정복 계획은 나날이 구체화되었다. 문제는 어디를, 어떻게 정복하든 그 계획 속에는 당연히 나까지 포함된다는 사실이다. 그런데 내가 아는 상식만 동원해도 7월의 그랜드 캐니언에 불볕더위가 한창이라는 사실 쯤은 쉽게 파악할 수 있었다. 까딱 하다가는 일사병에 걸려서 영원히 생을 마감할 수도 있는 위험한 여행이었다. 손 놓고 구경만 할 때가 아니었다.

유타에서 20년째 살고 계시다는 교민 한 분에게 긴급 오찬회동을 요청했다. 유타 한인산악회의 전임 회장으로서 근처 안 다녀 본 데가 없다고 할 정도로 활동적인 분이었다. 남편을 말리는 데 그만한 적임자가 없었다. 자리에 앉기가 무섭게 본론부터 꺼냈다.

"제 남편이 7월 이 더위에 콜로라도 강을 내려갔다 오자고 하는데요, 과연 이게 현명한 일일까요?"

나의 공평무사한 물음에 그분은 감사하게도 이런 말씀을 들려주셨다.

"이 한여름에? 나라면 가지 않겠어요. 내려갈수록 얼마나 더워지는데!"

전문가의 의견 역시 예상한 대로였다. 콜로라도 강 트레킹은 보통 등산이랑은 전혀 다르다. 점점 낮은 곳으로 내려가는데 100미터마다 섭씨 0.6도씩 올라간다. 그 숨막히는 열기를 사람이 피할 방법은 전혀 없어 보였다.

그랜드 캐니언 노스 림 가는 길 | 197

그날 저녁 퇴근한 남편에게 의기양양하게 말했다.

"우리보다 훨씬 경험 많은 분도 그렇게 말씀하시더라구요. 시기가 좋지 않대."

그러자 남편은 마치 기다렸다는 듯이 말했다.

"그 분은 오십대고 우리는 삼십대잖아."

고민하는 기색이 전혀 없이 냉큼 말하는 남편을 보자 더 이상 말릴 수가 없었다. 대신 막을 수 없다면 일정이라도 줄이자고 마음먹었다. 그날 밤, 궁지에 몰린 나는 협곡 중간쯤에 있는 폭포까지만 다녀오자는 '평화 협상안'을 급조해 내놨다. 의외로 협상은 순순히 타결되었다. 남편도, 내가 고집을 부려 아예 못 가게 되는 것보단 훨씬 낫다고 생각한 눈치였다.

그렇게 해서 끌려간 곳이 그랜드 캐니언 중에서도 노스 림이라는 지역이었다. 그랜드 캐니언이 콜로라도 강을 사이에 두고 노스 림과 사우스 림으로 나뉜다는 사실을 아는 사람은 많지 않다. 대부분의 사람들이 '그랜드 캐니언= 그랜드 캐니언 사우스 림'으로 알고 있기 때문이다. 사우스 림이 세계적 관광지인 라스베이거스와 더 가까워서일까? 사우스 림은 사시사철 관광객들로 들끓는다고 한다. 그에 비하면 노스 림은 훨씬 한적한 편이었다. 사우스 림 방문객의 10분의 1 수준이라고

로지 안에서 그랜드 캐니언을 감상하는 노부부의 다정한 뒤태.

하지만 골수 팬은 훨씬 많다고 한다. 노스 림 특유의 호젓한 분위기를 좋아하기 때문이다.

노스 림 로지 안으로 처음 들어설 때의 충격과 감동은 지금도 잊을 수가 없다. 거대한 유리창을 통해 보이는 그랜드 캐니언이 마치 한 폭의 그림처럼 장엄하고 경이로웠다. 불과 두 달 전 경험한 사우스 림 때의 감동이 전혀 줄어들지 않은 게 신기했다. 평범한 인간의 눈이 대자연에 익숙해지는 일은 도저히 불가능한 것일까?

로비의 의자들은 마치 무대를 바라보는 관객석처럼 창 쪽을 향해 놓여 있었다. 그렇다고 모든 사람들이 그랜드 캐니언에만 빠져 있는 것은 아니었다. 책 읽는 사람, 카드놀이에 열중한 노인들, 감히 캐니언을 등지고 수다를 떠는 커플 등등…… 저마다 대자연을 즐기는 방식은 달랐지만 그랜드 캐니언이 그런 일상을 호사롭게 만들어 주고 있었다. 나도 할 수만 있다면 꼭 한번쯤 해보고 싶은 것들을 떠올렸다. 그랜드 캐니언 보면서 맥주 마시기, 그랜드 캐니언 감상하다가 꾸벅꾸벅 졸기, 그랜드 캐니언 앞에서 일기나 편지 쓰기 등등. 하지만 역시 그냥 아무것도 안 하고 바라보는 것이 제일 좋지 않을까, 그런 다음 가뿐하게 일어나서 집으로 가면 얼마나 좋을까? 한가로이 경치나 감상하면서 시원한 음료수를 마시는 로지 사람들을 뒤로 하고, 내일이면 펄펄 끓는 협곡 아래로 내려가야 한다는 사실이 머릿속을 떠나지 않았다.

갑자기 뭔가에 홀린 사람처럼 바로 옆 카페테리아로 갔다. 평소 로지 음식은 잘 사먹지 않았지만 오늘만큼은 예외로 하고 싶었다. 내일 딩장 일사병에 걸려서 죽게 될지도 모르는 판에 돈은 아껴서 뭐하나, 하는 생각뿐이었다. 피자 한 조각과 아이스크림 한 개를 주문했다. 원래는 한 판을 시키고 싶었지만 남편이 비협조적으로 나오는 바람에 혼자서만 최후의 만찬을 즐겼다. 피자를 우물거리며 해지는 그랜드 캐니언을 바라보았다. 애증의 감정이 어떤 느낌인지 조금은 알 것 같았다.

한여름의 그랜드 캐니언은 정말 위험하기 짝이 없다. 건강한 사람도 직사광선을 받으며 몇 시간씩 걸으면 탈수나 탈진, 일사병으로 순식간에 목숨을 잃을 수 있기 때문이다. 실제로 이렇게 사망한 사람들 대부분이 건강한 체질이었다고 한다. 오히려 저질 체력의 소유자들은 알아서 조심하는 덕분에 사고 위험이 적다. 평소 운동 좀 했다고 체력을 과신한 사람들이 매번 변을 당하는 것이다. 사고는 이번 여름에도 어김없이 있었다. 방학을 맞아 그랜드 캐니언을 찾은 대학생 둘이 실종된 사건이었다. 청년들은 콜로라도 강을 수영해서 건너다가―단지 다리까지 가기 귀찮다는 이유로―사라졌다고 한다. 또 다른 사고는 협곡을 걸어 내려가던 사람이 '내가 얼마나 내려왔나' 하고 위를 올려다보다가 중심을 잃고 절벽에서 추락사한 것이다. 그냥 웃어 넘길 일만은 아니었다.

사건, 사고가 많은 여름이 아니라도 그랜드 캐니언은 태생적으로 껄끄러운 트레킹 코스이다. 제일 높은 곳에서 시작해 점점 아래로 내려가야 하기 때문이다. 한마디로 갈 때는 쉽지만 올 때는 힘든 길이었다. 당연히 심리적 피로감은 두 배이다. 하지만 그런 간단한 계산도 못하는 사람들이 종종 있어서 공원 관리소는 트레일 입구에 큼지막한 안내문을 세워 놨다.

'내려다볼 때는 쉬워 보입니다. 그러나 내려간 길을 다시 올라와야 한다는 사실을 잊지 마십시오.'

모르긴 몰라도 이 안내문 덕분에 목숨을 보전한 사람이 꽤 여럿이었을 것이다.

영원히 오지 않길 바란 운명의 날이 밝고 말았다. 한낮의 뜨거움을 피하려면 최대한 일찍 시작해야 한다고 공원에서 하도 겁을 준 터라 어스름한 새벽녘에 캠핑장을 나왔다. 트레일 입구에 도착한 시간이 오전 6시 30분이었다. 노새들이 얌전히 목줄을 맨 채 서 있었다. 오전 10시에 시작되는 투어용이었다. 노새들을 보자 일찍 나오기를 잘했다는 생각이 들었다. 그렇잖아도 힘든 길을 노새와 나란히 내려갈 수는 없었다. 노새 꼬리가 똥 묻은 엉덩이와 내 등짝을 교대로 지나는 상상은 생각만 해도 끔찍했다.

노새를 타고 내려가는 관광객

예상처럼 내려가는 길은 쉬웠다. 최종 목적지는 포효하는 샘이라는 이름의 폭포였다. 이 폭포는 우리가 출발한 북쪽 카이바브 트레일 입구(해발 고도 2천 499미터)에서 930미터 아래에 있었다. 서두르지 않고 천천히 걸었다. 그런데 출발한 지 3시간 만에 도착해 버렸다. 조금은 허무할 정도였다.

이른 점심을 먹기 위해 적당한 자리를 찾아다녔다. 폭포가 보이는 명당은 이미 다른 사람들 차지였다. 폭포 바로 앞에 크고 평평한 너럭바위가 탐이 났지만 비키니 차림의 처자들이 몸을 널어 놓은 채 선텐 중이었다. 이런 더위에 과연 그러고 싶을까, 하는 의문이 들었지만 터가 안 좋아서 그렇다

지독하게 뜨거운 태양을 피하는 유일한 방법

고 여기고 폭포에서 조금 멀어졌다. 주변을 꼼꼼히 훑은 끝에 시원한 그늘을 찾아 짐을 풀었다. 주섬주섬 취사도구를 꺼내 라면을 끓이자 익숙한 스프 냄새가 퍼졌다. 살짝 군침이 돌긴 했지만 잠시뿐이었다. 다 먹고 나면 올라갈 일만 남았구나, 라는 생각에 입맛까지 싹 달아났다.

11시 30분경, 왔던 길을 되돌아가는 고난의 여정이 시작되었다. 하필이면 하루 중 가장 더운 때를 골라 올라가는 생고생이었다. 그 시간에 출발한 것이 모든 비극의 시작이었다. 4시까지 나무그늘에서 낮잠이나 자다가 해가 기운을 잃어갈 때쯤 일어섰어야 했다. 무사 귀환을 축하하는 의미에서 먹으려고 사둔 맥주 때문에 순간적으로 판단력을 잃었다고 밖에는 설명할 길이 없다. 아무튼 이날 만난 햇볕은 단연코 내 인생에서 가장 뜨거운 것이었다. 내 한 몸의 고도를 올리는 것으로도 죽을 지경인데 가면 갈수록 햇볕은 더욱 강해지고 뜨거워졌다. 화덕 안에서 온몸이 구워지는 기분이었다.

얼마나 이동했을까. 다리가 아파서가 아니라 올라갈 대로 올라간 체온을 식히기 위해 쉬어 가야만 했다. 해가 가장 높이 뜨는 시간대라 그런지 그늘도 얼마 없었다. 용케 비어 있는 그늘을 발견하면 벽에 바짝 달라붙어서 어떻게든 몸을 밀어 넣어야 했다. 밖으로 삐져나오는 발은 어쩔 수가 없었다.

무시무시한 열기는 땅 위의 수분이란 수분을 모조리 증발시켰다. 그래 봤자 오전에 지나간 노새 무리가 만들어 놓은 오줌 웅덩이가 다였지만, 수분을 빼앗긴 노새 오줌은 말도 못하게 독한 지린내를 풍겼다. 살다 살다 이렇게 독한 냄새는 처음이었다. 숨을 참아도 헛일이었다. 날숨 끝에 걸린 역한 냄새가 들숨에 딸려 왔다. 고약한 냄새는 심지어는 뜨겁기까지 했다.

손바닥만 한 그늘은 유일한 피난처가 되어 주었지만 지린내만은 어쩌지 못했다. 서서히 짜증이 나는 참에 미지근하다 못해 따뜻해진 물 한모금을 마시면서 드디어 폭발하고 말았다. 내가 왜 이런 생고생을 하고 있지? 기를 쓰고 피해 다녀도 시원찮을 뜨거운 태양 아래에서 뭐 볼 게 있으려고 있는 거지? 어제 들른 시원한 로지 안의 모습이 떠올랐다. 차가운 에어컨 바람을 쐬고 있을, 나보다 800미터 높은 곳에 있는 로지 안의 사람들이 부러웠다. 이곳이 평지였더라면 5분 만에 뛰어갔을 텐데. 안타깝지만 지금은 너무 먼 멀리 있었다.

하지만 참기 힘들 정도로 괴로워하고 있는 사람은 나뿐이었다. 태어나 처음 겪어 보는 열기로 정신이 혼미해진 나와 달리, 남편은 쉬는 동안에도 주변 지형을 살피며 여유를 부렸다. 불쾌한 온도의 물을 마시면서도 만족스럽다는 표정을 짓다니, 어처구니가 없었다. 보나 마나 마음에 쏙 드는 사진을 찍은 게 분명했다. 남편은 멋진 사진만 찍을 수 있다면 지옥도 불사할 사람이었다. 여기를 언제 다시 와 보겠어, 라는 말로 나를 꼬드기지만 않으면 다행이지만 현실은 늘 그렇지 않았다.

남편이 모험을 좋아한다는 것도, 보통 사람 같지 않다는 것도 모르진 않았다. 다만 한국에 있을 때는 그다지 실감하지 못했던 것뿐이었다. 하루에 불과 두어 시간 보는 사람을 제대로 알기란 웬만한 통찰력으로는 어렵다. 잠자고 있던 남편의 '괴짜력'이 미국의 대자연과 만나 격렬한 화학반응을 일으켰을 땐 늦었다. 이미 대폭발의 불똥이 내 쪽까지 튄 후였다.

어떤 국립공원에 가도 우리는 남들이 가장 꺼려하는 방식으로 여행해야 했다. 남들처럼 적당히 절경 도로(경치가 좋은 길. 고속도로에도 있고 국립공원 안의 도로에도 있다)나 돌다가 숙소로 가면 좋겠다는 바람이 이루어지는 날은 단 하루도 없었다. 남편은 꼭 먼지를 뒤집어 쓰고 땀을 흘리며 걸어야 보람을 느끼는 것 같았다. 그 고집을 이길 수 없어서 죄다 따라 다녔더니 급기야 전에 없던 증상까지 생기고 말았다.

며칠 전 평생 처음으로 흰머리를 뽑았다. 최초의 발견자는 남편이었다. 책상 앞에 앉아 있는데 남편이 지나가면서 물었다.

"흰 머리 있네? 뽑아 줄까?"

믿기지 않았다. 지금까지 나에게 흰머리란 없었다. 이틀 전 남편을 눕혀 놓고 흰머리 네 가닥을 뽑았는데 괜히 그 일로 시비를 거는 거라고만 생각했다. 남편의 오른쪽 귀 뒤에는 흰머리만 자라는 모공이 있다. 나는 거기서 끊임없이 나오는 서너 가닥의 흰머리를 정기적으로 수확해 왔다. 은밀한 '경작지'에서 흰머리가 얼마나 자랐는지 확인하는 일과 웬만큼 자랐을 때 한꺼번에 뽑는 일은 쏠쏠한 재미를 선사했다. 가뜩이나 부족한 머리카락을

그랜드 캐니언의 멋진 경치를 감상하며 집으로 돌아가는 길은 올 때보다 훨씬 가볍다.

왜 뽑냐고 툴툴대는 남편도 나의 오래된 유희를 막지는 못했다.

'쩨쩨하게, 흰머리 좀 뽑는다고 삐치기는.'

"설마, 농담하는 거죠? 어디, 뽑은 거 좀 보여 줘요."

나는 자신만만하게 맞받아쳤다. 흰머리는 무조건 남편한테서만 나고, 뽑는 사람은 꼭 나여야만 했다. 그 반대란 있을 수 없다. 남편이 진지한 손길로 내 머리카락을 헤치더니 똑, 똑 두 가닥이나 뽑았다. 따끔거리는 통증이 생생하게 전해졌다. 머리카락의 색깔이 무엇이든 내 것인 게 분명했다. 시야에 들어온 머리카락은 정말 하얀색이었다. 내 인생의 첫 번째와 두 번째 흰머리였다. 과연 곱슬머리 유전자의 힘이 흰머리에까지 미치는 것을 확인했지만 그뿐이었다. 나는 고불거리는 흰머리를 손에 들고 걷잡을 수 없이 공황상태에 빠져들었다.

나는 더 이상 '젊은 여자'가 아니었다. 여태 한순간도 '젊은 여자'가 아닌 적은 없었는데…… 감당하기 힘든 상실감이었다. 무엇보다도 무려 일곱 살이나 많은 남편과 똑같이 '흰머리 나는 인간'이 되었다는 사실이 나를 미치게 했다. 고생을 많이 하거나 고민을 너무 하면 머리가 하얗게 샌다고 하더니 틀린 말이 아니었다. 그동안 미국에 와서 힘들었던 일들이 주마등처럼 스쳐 지나갔다. 지난겨울 옐로스톤에서 추위 때문에 얼어 죽을 뻔한 일과 크레이터 레이크에서 모기 떼에게 습격을 받은 일 등을 생각하면 흰머리가 나는 것도 이상한 일은 아니었다. 결국 흰머리는 남편이 주도하는 하드코어 여행을 견디다 못한 내 몸이 보내는 항의 표시였다.

오후 1시가 넘어가는데 머리 위의 해는 여전히 자신의 최대치 능력을 보여 주고 있었다. 앞으로 한 시간 내에 저 위에 도착하지 못할 거라면 차라리 해가 지고 난 뒤에 올라가야겠다고 결심했다.

"얼마나 더 가야 돼요?"

유치원생 꼬마 같은 대사였지만 진심으로 생명의 위협을 느낀 끝에 나온 말이었다. 혼자서라도 그늘에 남아 생존을 도모해야 했다. 남편이 무슨 말로 어르고 달래도 그늘 밖으로는 절대로 한 발자국도 움직이지 않겠다고 다짐했다.

"옆에 있는 지층의 색깔 보이지? 붉은 색이잖아? 그리고 저기 바로 위에 흰색 지층 보여? 이 붉은 지층은 수파이$^{Supai}$라는 지층이고 흰 지층은 카이바브$^{Kaibab}$이라는 지층인데 이 위에 로지가 있어. 이제 수파이가 끝나고 카이바브가 시작되는 걸 보니 조금만 더 가면 림이 나올 거야. 그리고 고도가 100미터씩 높아지면 기온이 0.6도씩 떨어지는 거 알지? 점점 시원해질 거야."

남편의 설명은 기분 나쁠 정도로 설득력이 있었다. 무슨 일이 있어도 이번에는 따르지 않을 생각이었는데…….

"지층 얘기는 확실한 거야? 무슨 근거로 하는 말이야?"

"내려올 때 안내문을 봤어."

더 이상 버틸 재간이 없었다. 땀을 말리려고 벗었던 모자를 다시 썼다. 거의 바닥난 물 덕택에 훨씬 가벼워진 배낭을 메고 비틀비틀 일어났다. 왠지 모르게 아까보다 시원해진 바람이 부는 듯했다. 남편이 말한 대로였다. 하얀색 지층이 눈에 띄기 시작하고 얼마 못 가서 나무들이 보였다. 잠시 후 트레일 입구가 나타나자 인정하지 않을 수가 없었다.

'어쨌든 이 남자만 따라가면 죽지는 않겠구나.'

어떻게 지도나 표지판도 없이 현재의 위치를 알 수 있는지, 아무리 왔던 길을 되짚어 간다고 해도 나에게는 불가능한 일이었다.

무사히 트레킹을 마치긴 했지만 생각지도 못한 울분을 또 한 번 삼켜야 했다. 햇빛 때문에 입술이 하얗게 벗겨지고 만 것이다. 선글라스·모자·긴 팔 옷으로 할 수 있는 한 최대한 온몸을 꽁꽁 싸매면서도 설마 입술이 탈 줄은 꿈에도 몰랐다. 지면에서 반사되는 햇빛만으로도 입술이 벗겨진 것은 머리 털 나고 처음 겪은 일이었다. 서부에서 몇 년만 살면 피부가 망가진다는 얘기가 왜 나왔는지 알 것

평소 근엄했던 레인저들도 이날만큼은 관광객과 어울려 신나게 물장난을 한다.

독립기념일을 축하하며 벌이는 물장난에 잔뜩 신이 난 사람들.

같았다. 직접 겪어 보니 상상 그 이상이었다. 몸도 마음도 만신창이가 된 나와는 달리 남편은 좀처럼 흥분을 가라앉히지 못했다. 그랜드 캐니언의 장엄함 속으로 직접 걸어 들어가 봤다는 사실만으로 모든 고생을 보상받았다고 여기는 사람이었다.

공원 밖으로 나오자 카이바브 숲이 우리를 반겨 주었다. 바로 어젯밤에 캠핑을 한 곳인데도 다시 보니 왈칵 눈물이 나려고 했다. 초록이 주는 마음의 안정감은 말로 표현할 수가 없었다. 인간의 먼 조상이 숲에서 걸어 나왔다는 것을 완전히 믿게 되었다. 내 취향은 역시 이쪽이었다. 어서 숲으로 가야 했다. 그랜드 캐니언의 열기에 바싹 구워진 영혼을 다시 촉촉하게 적셔 줄 푸른 숲이 그리웠다.

올림픽 가는 길

# 축축한 세상

    2009년 여름, 워싱턴 주의 올림픽 국립공원에 갑자기 관광객이 폭증하는 기현상이 일어났다. 공원 안 작은 마을에 불과했던 폭스를 찾는 관광객 수가 6배나 늘난 것이다. 도저히 가망 없어 보이던 낡은 숙박업소와 식당 안은 전국에서 몰려든 사람들로 넘쳐났다.

    올림픽반도는 미국 내 오지 중의 오지인데다가 폭스는 거기서도 아주 깊숙한 곳에 자리 잡고 있다. 고속도로 접근성을 중시하는 미국인들에게 폭스는, 부모님이 살고 있지 않는 한 절대로 갈 리 없는 외진 마을이었다. 20세기 초반에 이 마을이 잠깐 번창했던 것도 벌목산업 붐 덕분이었다. 그러나 벌목산업의 인기가 시들해지면서 폭스는 지도에서 사라지는 날만 하루하루 기다리고 있는 형편이었다.

이곳에 희망의 불씨를 지핀 사람은 엉뚱하게도 저 멀리 태양이 이글거리는 애리조나 주에서 나타났다. 평범한 가정주부였던 스테파니 메이어Stephenie Meyer는 어느 날 뱀파이어 꿈을 꾸고 거기서 발전시킨 이야기를 혼자서 끼적거렸다. 다

〈트와일라잇〉 책 표지와 동명의 영화 포스터

쓴 이야기를 심심할 때 읽어 보라며 자매들에게 던져 주었다. 그때까지만 해도 출판에 대한 의지나 야망은 전혀 없었다고 한다. 그런데 그 이야기에 열광한 자매들이 책을 내라며 성화를 했고 곧이어 메이어는 책을 출판했다.

《트와일라잇》은 전 세계적으로 1억 부가 넘게 팔린 초대형 베스트셀러가 되었다. 2008년, 소설을 원작으로 한 동명의 영화는 그 인기를 더욱 부채질했다. 영화와 책은 '해리포터 이후 최대의 문화현상'으로 평가받을 정도로 대단한 인기를 누렸다. 울트라 섹시 매너남, 뱀파이어 에드워드 컬렌과 그를 너무 사랑해서 뱀파이어가 되고 싶은 여고생, 벨라 스완의 로맨스는 특히 미국 십대들에게 폭발적인 관심을 불러일으켰다. 에드워드는, 흰 목덜미의 여자만 보면 정신을 못 차리는 올백의 아저씨였던 기존의 뱀파이어 이미지를 완벽하게 깨버리고 순식간에 소녀들의 우상으로 떠올랐다. 영화의 배경이 된 폭스까지 〈트와일라잇〉의 팬, 트와일라이터들의 성지가 되었다. 이들을 겨냥한 여행 상품과 식당 메뉴가 우후죽순처럼 생겨났다.《트와일라잇》이 폭스에 가져다 준 경제적 이득이 얼마나 엄청났던지 폭스 마을은 '스테파니 메이어의 날'까지 지정하는 것으로 성의를 표시했다. 폭스

3일 내내 내리는 비때문에 이러지도 못하고, 저러지도 못하고.

사람들에게 메이어는 '마을을 구한 영웅' 이나 다름 없었다.

주로 영화를 보고 이곳을 찾은 사람들과 달리 나는 한국에 돌아와서 한참 후에나 이 영화를 보았다. 뱀파이어나 십대들의 로맨스는 평소 관심사에서 한참 떨어져 있었지만, 이 영화가 얼마 전 다녀온 곳에서 실제로 촬영되었다는 이야기를 듣고 별 고민 없이 DVD를 빌려 왔다. 그렇다고 영화를 보면서 추억에나 젖을 생각은 추호도 없었다. 어째서 그런 우울한 곳에서 영화를 찍었을까 하는 궁금증 때문이었다.

내가 기억하는 올림픽 국립공원은 하루 종일 비가 와서 축축하고 음침한 곳이었다. 그런 데서 영화를 찍으려면 스텝들이나 배우들은 우비를 벗는 날보다 입고 있는 날이 훨씬 많았을 것이다. 그런 불편을 감수하면서까지 그곳을 촬영지로 선택한 로맨스 영화의 내용은 어떨지 궁금했다. 의문은 영화 초반에 쉽게 풀렸다. 주인공인 에드워드와 그의 가족들이 햇빛을 싫어하는 뱀파이어였다. 미국에서 음침하고 축축하기로는 올림픽 국립공원 일대를 따라올 곳이 없다. 햇빛이 쨍쨍하게 비치는 날이 1년에 고작 며칠밖에 되지 않는다니 무슨 설명이 더 필요할까. 이 지역의 일기 예보관만큼 편한 직업을 가진 사람이 없을 것 같다. 아침에 느지막하게 일어나서 둘 중 하나를 찍으면 되지 않을까? '비 옴' 또는 '비 많이 옴.'

우리는 영화 때문에 생긴 십대들의 열병을 전혀 알지 못한 채, 얼떨결에 올림픽반도에 도착했다. 이유라면 딱 하나였다. 우리가 지나는 길목에 국립공원이 있었기 때문이다. 여름 휴가철인 7~8월을 피하고 9월을 기다려서 캐나다 로키산맥과 밴쿠버 아일랜드 공략에 나선 길이었다.

솔트레이크시티를 출발해 북쪽으로 15시간을 달려 캐나다 로키의 심장인 밴프와 재스퍼 국립공원에 닿았다. 이곳에 며칠간 머물면서 만족할 만큼 산의 정기를 흠뻑 빨아들인 우리는 서쪽으로 방향을 돌려 하염없이 달렸다. 캐나다 서부 해안에 도착해서 배를 타고 들어간 밴쿠버 아일랜드는 정말 지리하게 비가 내리는 곳이었다. 동물들이 습진에 걸리지 않을지 걱정될 정도였다. 그곳을 나오면서 우리는 충동적으로 미국행 배를 탔다. 온 길을 되돌아기 싫어서 바다 위의 국경을 넘기로 한 것이었다. 우리를 태운 국제여객선의 기착지가 바로 올림픽반도였다.

밴쿠버 아일랜드의 빅토리아 항을 출발한 배는 1시간여 만에 올림픽반도의 포트 엔젤레스에 도착했다. 포트 앤젤레스는 솔트레이크시티 촌부인 내 눈에도 절망적으로 보일 만큼 낙후된 소도시였다. 제대로 된 대형마트는 한 개뿐이고 주유소도 많지 않았다. 주민 모두가 국경 경비 공무원이 아닌가 싶을 정도로 행인들의 모습은 활력이 없었다. 벨라와 친구들이 졸업파티에 입을 드레스를 쇼핑하기 위해 나오는 시내가 바로 포트 엔젤레스였다. 폭스 사람들에게는 이곳이 '번화한' 시내라는 점은 의심할 여지가 없어 보였다.

배에서 내린 차들은 곧바로 입국 심사대를 통과해야 했다. 우리보다 먼저 내린 차들이 고속도로 톨게이트처럼 생긴 심사대 앞에 줄 서 있었다.

캐나다의 아름다운 항구 도시 빅토리아(위), 바다 위의 국경을 넘어 미국 포트 엔젤레스로 가는 길(아래).

입국 심사가 꽤 엄격해 보였다. 우리 앞에서 심사를 받던 운전자가 경찰과 몇 마디를 나누더니 고개를 잘래잘래 흔들며 길 건너 검역소로 들어갔다. 그 모습이 익숙한 것이, 마치 담배 피운 게 들통 나 교실 밖으로 끌려 나가는 고등학생 같았다. 도대체 무슨 일일까 싶어 잔뜩 긴장한 우리 차례가 되었다. 경찰관이 짐짓 무서운 표정으로 물었다.

"음식을 가지고 왔습니까?"

아, 앞차도 음식이 있어서 그랬구나. 아이스박스 안에 남아 있는 복숭아 두 개, 베이컨 몇 점 그리고 김치가 떠올랐다. 지난 며칠간 얼음을 제때 채워 넣지 못해서 아이스박스는 이미 냉장 기능을 잃어버린 지 오래였다. 어쩐 일인지 복숭아와 베이컨은 상태가 괜찮았지만 김치는 나날이 쉬어서 식용 가능과 불가능의 경계에 서 있는 참이었다. 그 냄새 때문에 복숭아를 깨물어도 김치 맛, 베이컨을 구워도 김치 향이 났다.

차라리 없다고 잡아떼고 싶었다. 미국인에게 이 냄새 나는 '판도라의 상자'를 열게 하고 싶지 않았다. 우리도 겁나서 열지 못하는 걸 생전 처음 보는 사람에게 열게 하다니, 검역관이 무슨 죄인가 싶었다. 아니, 그보다도 한국인의 자존심이 걸린 문제였다. 이 냄새 나는 '물건'을 아이스박스에 넣고 다니는 우리를 이상하게 여기진 않을까, 한국 식문화에 대한 터무니없는 오해가 생기면 어쩌지? 하는 온갖 걱정들이 밀려왔다. 김치가 처음부터 이런 건 아니라고, 김치의 발효과정을 설명하기에는 내 영어가 너무 짧았다.

자존심이냐, 정직함이냐. 끔찍한 김치 냄새가 안겨 줄 치욕은 불을 보듯 뻔했지만 괜한 거짓말을 했다가 "그래도 트렁크 한번 열어 보시죠" 하는 소리를 듣기라도 하면 끝장이었다. 힘없는 이방인에게 자존심 따위는 사치나 마찬가지였다.

"네, 복숭아와 베이컨이 조금 있어요."

자포자기하는 심정으로 순순히 대답했다.

"길 건너 검역소 앞에 차를 대십시오."

검역은 입국 심사와는 별도로 이루어지고 있었다. 검역소는 왕복 2차선의 좁은 도로를 사이에 두고 입국 심사대와 마주보고 있었다. 흰색 페인트 칠을 한 단층 건물은 관공서라기보다는 창고 같아 보였다. 주차장이라고 할 만한 것도 제대로 없어서 검역소의 닫힌 차고 문 앞에 엉거주춤 주차를 했다. 젊은 남자 검역관이 한 손에 장부를 들고 나왔다.

'오늘 운 나쁜 검역관이 바로 너구나.'

무표정한 얼굴의 검역관은 기다리게 해서 미안하다며 트렁크를 열어 달라고 했다.

'미안하긴, 우리가 더 미안하지.'

곧 닥쳐 올 재난을 알 턱이 없는 그는 먼저 캠핑 도구들부터 찬찬히 살폈다. 아이스박스 말고 다른 곳에도 음식물이 있는지 찾는 모양이었다. 백미러로 검역관을 지켜보던 나는 그의 손이 마침내 아이스박스로 향하는 것을 보고 숨을 참았다. 트렁크와 실내가 일체형인 왜건은 냄새가 운전석까지 도달하는 데 그리 오래 걸리지 않는다. 발효된 김치의 뜨뜻하고 축축한 기운이 느껴졌다. 스멀스멀 피어난 김치 냄새가 얼굴을 기어다니는 듯 불쾌한 느낌이었다.

그런데 더 놀라운 것은 검역관의 반응이었다. 그는 진정한 프로였다. 백미러로 훔쳐 본 그의 표정은 장부를 들고 건물에서 나올 때의 예사로운 표정 그대로였다. 코를 감싸쥐고 아이스박스 뚜껑을 황급히 닫을 줄 알았는데 전혀 아니었다. 그는 꿋꿋하게 음식물을 뒤적거렸다. 그리고 나서 태연하게 장부에 기록을 했다. 마지막으로 차분하게 뚜껑까지 닫아 주고 난 뒤 협조해 줘서 고맙다는 말도 잊지 않았다. 어안이 벙벙할 지경이었다. 저런 가공할 냄새를 맡고도 어떻게 눈썹 하나 까딱하지 않을 수 있지? 아무리 전 세계의 음식물을 대하는 검역관이라지만……. 아무튼 발군의 태도였다.

그 초연한 태도가 진심으로 고마웠다. 그의 눈을 똑바로 쳐다보며 진심이 담긴 인사를 건넸다.

"땡큐."

검역소 직원들은 특별한 교육을 받는지도 모르겠다. 다른 문화권의 특이한 음식을 대해도 얼굴을 찌푸리지 말라거나, 아무리 괴이한 냄새를 풍기는 음식 앞에서도 뒷걸음치지 말고 끝까지 검사하라거나……. 그렇지 않고서야 저런 훌륭한 검역관이 나올 리 없다.

검역소에서 올림픽 국립공원의 방문객센터까지는 채 10분도 걸리지 않았다. 시계를 보니 문 닫을 시간이 되어 가는데 여전히 관광객들이 붐비고 있었다. 십대들도 여럿 눈에 띄었다. 분명히 이상 현상이었다.

미국에서 국립공원에 오는 십대들은 공원에 사는 희귀동물만큼이나 적다. 어쩌다 부모 손에 끌려왔어도 뒷좌석에 처박혀서 '어우, 열라 짜증 나' 하는 표정으로 휴대전화 문자질을 하는 경우가 태반이다. 그런데 그런 십대들이 '친히' 차에서 내려 공원 지도를 들여다보거나 자발적으로 전시물을 구경하고 있었다. 그들을 변화시킨 게 〈트와일라잇〉이라는 사실도 모를 때여서 이게 무슨 일인가 싶었다. 흥분한 십대들과는 달리 우리는 거의 공황

짙은 아침 안개에 휩싸인 올림픽 국립공원의 허리케인 능선

상태였다. 매일 쉬지 않고 그것도 종일 비가 내리는 상황은 완전히 예상밖이었다. 밤새 내리는 비에 텐트가 젖는 것쯤은 그래도 참을 수 있었다. 하지만 아침이 되어도 텐트를 말릴 수 없다는 사실은 우리를 좌절시키고도 남았다. 트렁크에 던져 놓은 물 먹은 텐트에 곰팡이가 필 것 같아서 뒤통수가 근질근질했다.

비 때문에 공원 안을 돌아다니는 일도 여의치가 않았다. 비가 어찌나 세차게, 많이 내리는지 도로에 떨어진 낙석이 군데군데 또아리를 틀고 있었다. 이 와중에 아침밥을 먹으러 이리저리 뛰어다니는 사슴들까지 만났다. 낙석과 사슴을 피하면서 겨우겨우 산중턱까지 올라갔지만 비구름 때문에 눈에 뵈는 게 아무 것도 없었다. 차라리 걷는 게 낫겠다 싶어 우산을 들고 나가 봤지만 그마저도 쉽지 않았다. 바람에 홱 뒤집힌 우산을 보고 나는 모든 의지를 빠르게 접었다.

"가고 싶은 곳 다 가고, 보고 싶은 것 다 봐요. 하지만 나는 차 밖으로 한 발자국도 나갈 수 없어요."

라고 선언했다. 남편이 또 무슨 감언이설로 현혹할지 모른다는 생각에 라디오를 켜고 의자를 한껏 뒤로 젖혔다. 아예 누워 버린 날 보고 결국 남편도 걷는 것을 포기했다. 조심스럽게 차를 모는데 산 밑에서 올라오는 안개 때문에 한 치 앞이 안 보였다. 사실은 그게 안개인지 가랑비인지 구름인지도 분간을 못했다. 점심때도 되지 않아 우리는 무차별적인 물 공세에 두 손, 두 발 모두 들고 말았다. 한시라도 빨리 건조한 세상을 만나고 싶었다.

올림픽 국립공원에서의 이틀은 '낭패'라는 두 글자로 압축될 만한 경험이었다. 공원이 볼품없다거나 수준이 낮아서가 아니라 우리가 수중전에 충분히 대비하지 못해서였다.

올림픽반도는 세계에서도 손에 꼽히는 생태계의 보고이다. 엄청난 강수량 덕분에 아마존에만 있는 줄 알았던 우림$^{Rain\ Forest}$이 곳곳에 무성했다. 그것도 원시시대부터 내려오는, 전 세계적으로 얼마 남지 않은 온대우림이었다. 왕성한 생명의 기운을 자랑하는 우림이 곰과 늑대를 비롯한 수많은 동물들을 거둬 먹이고 있었다.

지구상에서 오직 이곳에서만 사는 동식물이 20종이 넘는다. 덕분에 이 일대가 1981년에 유네스코 세계자연유산으로 등재되기도 했다. 햇빛도 제대로 들지 않을 정도로 울창한 숲, 때와 장소를 가리지 않고 무서운 기세로 자라는 초록의 식물들, 그리고 그 뒤를 받쳐 주는 엄청난 양의 강수량. 올림픽 공원은 보기 드물게 원시의 생명력을 가진 곳이다. 못 견디게 춥거나 덥지 않은 곳이지만 인간의 흔적이 드문 것이 이해가 됐다. 숲에서 뭐 좀 빼앗아 갈 것이 없나 싶어 들어온 사람들도 이 축축함과 음침함을 견디기 어려웠을 것이다. 육체적으로나 정신적으로나.

모니터 밝기 조정을 해야 할 정도로 〈트와일라잇〉의 화면은 어두웠다. 제작진이 실제로 올림픽 반도에 가서 촬영을 했다는 것은 의심의 여지가 없었다. 서늘하고 습한 공기가 여기까지 전해지는 것 같았다. 늑대들

비만 안 왔어도 최고의 캠핑지가 됐을 텐데.

이 뛰어다니는 깊은 숲, 벨라와 친구들이 걷는 눅눅한 해변. 고목들이 여기저기 박혀 있는 모래밭이 갑자기 너무나 그리웠다.

〈트와일라잇〉 시리즈의 3편 〈이클립스〉가 개봉되었다는 말을 듣고 극장으로 달려갔다. 멀리서 친구가 놀러 온 것처럼 반가웠다. 그때는 우울해 보이기만 했던 저 숲이 지금은 왜 저렇게 포근하고 아늑해 보이는지 알 수가 없었다. 지겨울 만큼 비가 내리던 숲, 나무에 걸리적대는 우산을 접고 비를 맞으면서 다녔던 그 숲에 다시 한 번 들어갈 수 있다면……. '있을 때 잘해'는 여행자에게도 적용되는 말이었다.

데스 밸리 가는 길

# 휴대전화 아이러니

　남편의 '반납 기한'이 가까워 오고 있었다. 살던 집의 계약 기간도, 남편의 근무 기간도 10월 말까지였다. 얼마 남지 않은 시간 동안 이직자만이 누릴 수 있는 최대한의 특권을 누려야 했다. 서울에서의 근무 시작 일을 3주 후로 잡아 놓고 '굿바이 아메리카' 여행 계획을 세웠다. 눈치 안 보고 떠날 수 있는 마지막 휴가였다.

　살림살이와 가재도구는 상태에 따라 팔기도 하고 기부도 하면서 남은 것만 한국으로 부쳤다. 기부조차 할 수 없는 허름한 물건만 챙겨 차에 실었다. 버릴 옷, 버릴 가방…… 옷은 하나씩 입어서 버리고, 가방은 공항에서 버릴 계획이었다. 여행하면서 빨래하기도 쉽지 않거니와 짐이 점점 줄어드는 희열을 맛보고 싶었다. 그런데 전부 싸 놓고 보니 거지 봇짐이 따로 없었다.

캠핑에 필요한 살림살이도 이전 여행과는 많이 달랐다. 냉장고에 남아 있던 온갖 양념들을 차마 버리지 못하고 죄다 실었다. 비싸다고 아껴먹었던 참기름, 끝내 활용법을 찾지 못한 머스터드소스, 예상과 달리 자주 먹지 않았던 고추장 등등, 초호화판 양념과 함께하는 여행이었다. 하지만 주식인 일본식 된장국과 라면을 끓일 때 말고는 아무 쓸모가 없는 것들이었다.

드디어 10월 30일 아침, 당장 나서면 더 이상 우리 집이 아닐 집을 떠나는 순간이었다. 현관문을 닫기 전 깨끗이 치운 집을 한번 쭉 돌아보았다. 그리 오래 걸릴 것도 없는 집이었다. 방 하나와 화장실 하나 그리고 거실이 전부인 작은 아파트였다. 지난 13개월 동안 이곳에서 정말 많은 일들을 겪었는데, 눈앞의 공간은 작년 9월 설레는 마음으로 처음 문을 열었을 때의 모습 그대로였다. 그동안 우리 부부가 이곳에서 함께한 시간과 많은 이야기들이 한때 꿈이었나 싶었다.

매일 함께 저녁밥을 먹고, 꼼짝도 하기 싫은 주말에는 같이 빈둥거리고, 영어 공부를 한다는 핑계로 서로를 깨워 가며 밤새워 미국 드라마를 보고, 오바마 대통령의 당선 수락 연설을 들으며 감동의 눈물을 흘렸었는데……. 그 시간들을 떠올리게 해줄 물건들은 하나도 남아 있지 않았다. 내 기억 속에만 있을 뿐.

집을 떠나면서 맘이 아픈 진짜 이유는, 추억이 담긴 곳과 이별해야 해서가 아니었다. 이제 그런 시간을 다시 맞이하려면 20년이 또 지나야 한다는 사실을 잘 알기 때문이다. 살던 집을 떠나면서 사람을 떠날 때만큼이나 마음이 아릴 수 있다는 것도 그때 처음 알았다.

차에 올랐다. 이번에는 렌터카였다. 그동안 말썽이 잦았던 우리 차는 배터리와 타이어를 교체해 이틀 전 마음씨 좋은 백인 할아버지에게 팔았다. 대신 솔트레이크시티 공항에 가서 소형 승용차를 빌려 두었다. 주행거리 3천 마일밖에 되지 않은 새 차를 빌리고 나니 지구 한 바퀴도 거뜬히 돌 수 있을 것 같았다. 그렇게 집이자 이동수단이 돼 버린 차에 몸을 싣고 장장 17박 18일에 달하는 '굿바이 아메리카 여행'을 떠났다.

첫 번째 행선지는 네바다 주의 데스 밸리 국립공원이었다. 어릴 때 본 TV 광고가 떠올랐다. 데스 밸리를 배경으로 촬영한 자동차 광고였다. 화면 아래 보이는 '죽음의 계곡'이라는 말은 어린 마음에도 꽤 강렬한 기억으로 남았다. 살인적인 햇볕과 지열을 피하기에는 지금이 적기였다.

데스 밸리에서 맨 처음 우리를 반긴 것은 코요테였다. 남편이 운이 좋다며 카메라를 꺼냈다. 그런데 녀석은 다른 국립공원에서 만난 코요테들과 좀 달랐다. 사람을 피해 달아나지 않았다. 오히려 눈을 맞추고 나란히 걷기까지 하다가 갑자기 덤불 속으로 사라졌다. 그리고 얼마 지나지 않아서 다른 코요테가 나타났는데 낌새가 이상했다. 이 녀석도 첫 번째 녀석처럼 우리와 나란히 걸었다. 걸으면서 간간히 우리를 쳐다보기까지 했다. 그제야 우리는 코요테의 눈빛에서 어떤 '요구'를 읽을 수 있었다. 녀석들은 우리에게 먹이를 구걸하고 있었다. 우리가 코요테를 '발견'한 게 아니라 알고 보니 실은 코요테들이 우리를 '유혹'한 것이었다. 공원 초입이 아무래도 구걸하기에 좋은 장소였던 모양이었다. 우리와 처음 마주친 코요테는 얼마나 답답했을까? 말귀를 못 알아듣는 한심한 인간들이라고 속으로 욕했을지도 모르겠

뭐 잊은 거 없니, 하는 눈길로 애처롭게 쳐다보는 코요테.

다. 하지만 구걸하는 코요테는 난생 처음 봤으니 그럴 만도 했다. 다른 동물에게는 몰라도 코요테들에게는 이곳 데스 밸리가 참으로 먹고살기 팍팍한 곳임에 틀림없었다. 그렇다고 야생동물에게 사람 먹는 음식을 던져 줄 수도 없는 노릇이었다. 마음이 아팠지만 가던 길을 계속 가는 것이 최선이었다.

데스 밸리의 자연환경은 정말 가혹하기 그지없다. 미국에서 가장 건조하고 가장 덥고 가장 낮은 곳이다. 그런 지형 때문에 연평균 강수량이 50밀리미터도 되지 않는다. 여름에는 56.7도까지 올라간 최고 기록을 갖고 있다. 그마저도 그늘에서 쟀다고 하니 이곳의 더위는 설명이 필요 없다. 햇볕이 내리쬐는 곳에서 10분이라도 서 있는 게 가능할지나 모르겠다. 오죽하면 공원 곳곳에 응급 샤워시설이 설치되어 있을까. 체온을 낮추기 위해 '응급 샤워'를 해야 할 정도면 여름에는 일단 데스 밸리를 멀리하는 게 상책이다. 이런 곳이 '위험 구역'이나 '접근 금지 구역'이 아닌 국립공원이라니, 국립공원이 되는 방법도 참 여러 가지이다. 아무튼 데스 밸리만 봐도 알 수 있듯이 미국에서는 비범한 면 한 가지만 있으면 국립공원이 될 수 있다. 굳이 아름답지 않아도 국립공원이 될 수 있다니 이 얼마나 관대한 일인가.

'죽음의 계곡'이란 별명은 그냥 생긴 게 아니다. 데스 밸리는 수없이 많은 사람의 목숨을 앗아간 곳이다. 과거에는 황금을 캐러 가는 사람들이 이 곳을 지나면서 희생되었지만 요즘에는 관광객들이 목숨을 잃는다. 한여름에는 그늘에 앉아서 숨만 쉬어도 하루 7리터 이상의 수분을 뺏긴다고 한다. 활동적으로 움직이는 몸에서는 그 두 배의 수분이 증발된다. 이런 살벌한 곳에서 0.5리터짜리 생수병 하나 달랑 들고 "나, 물 챙겼어."라며 호기롭게 트레킹에 나섰다간 그대로 저승 트레킹을 하게 될 수도 있다.

데스 밸리에서 죽음은 멀리 있지 않다. 운이 없었던 사람들의 안타까운 사연은 생각보다 쉽게 접할 수 있다. 골든 캐니언 트레일 입구에는 어느 부부의 비극적인 이야기가 적혀 있다. 골든 캐니언에서 자브리스키 포인트까지 트레킹을 하려는 남편과 1시간 뒤에 최종 도착지에서 만나기로 한 아내가 골든 캐니언 주차장에서 헤어졌다. 그런데 남편은 약속한 시간에서 3시간이 지나도 나타나지 않았다. 다급해진 아내의 신고를 받은 911 구조대가 헬리콥터를 동원한 수색에 나섰다. 트레일 중간에 쓰러져 있는 남편을 발견하고 병원으로 옮겼지만 남편은 끝내 숨지고 말았다. 이렇게 잠깐 사이에 사람의 목숨이 왔다 갔다 하는 곳이 데스 밸리였다.

시신이라도 돌아온 것은 운이 좋은 경우이다. 2009년 11월에 공원 내 인적이 뜸한 곳에서 사람 뼈가 무더기로 발견되었다. 사건을 담당한 LA 경찰은 13년 전 공원에서 실종된 독일인 가족의 뼈라고 추정했다. 함께 발견된 신분증이 증거였다.

데스 밸리에 폭염이 계속되던 1996년 7월 말이었다. 렌터카를 몰고 공원을 방문한 독일인 가족은 웬만한 사람들은 잘 가지 않는 외진 곳으로 들어갔다. 7월 23일자 공원 방명록에 이들의 필적이 남아 있었다. 이때까지

데스 밸리의 빛나는 아침.

는 생존해 있던 것으로 보인다. 그러나 며칠 후 네 식구가 귀국길에 탔어야 할 독일행 비행기의 좌석은 전부 비어 있었다. 물과 식량을 넉넉하게 챙기지 않고서는 데스 밸리에서 단 3일도 버티지 못한다. 독일인 가족이 탔어야 할 비행기는 7월 29일에 출발했고 독일의 친지들은 8월 1일에 조난 신고를 했다. 3일이나 지난 후의 실종자 수색은 큰 의미가 없었을 것이다. 모든 상황이 끝난 마당에 벌이는 수색이 무슨 의미가 있을까. 데스 밸리는 그런 곳이었다.

혹독한 기후 조건과 고립무원의 환경, 그리고 안이한 자세. 이 세 가지 요소는 비극을 만들어 내는 완벽한 레시피였다. 그중에서 나를 가장 자극한 공포 요소는 '고립무원'이었다. 행여 안이한 자세의 관광객이 조난을 당하더라도 너무 늦지 않게만 구조된다면 살 수 있는 확률은 얼마든지 있다. 그러나 아무도 나를 발견해 줄 수 없는 곳이라면? 휴대전화가 터지지 않아 스스로 조난을 신고할 수도 없다면? 적어도 내가 보기에는 '고립무원'이야말로 가장 불가항력적이고 절망적인 요소이다.

미국 국립공원 안 대부분이 고립무원의 외딴 지역이다. 그게 바로 가장 큰 문제이다. 아무리 입장객이 많은 국립공원이라고 해도 막상 안에 들어가는 사람은 항상 조난의 위험에 노출되어 있다. 조금만 인기 있는 볼거리를 벗어나면 거짓말같이 인적이 드물어지기 때문이다. 휴대전화가 잘 터지지 않는 지역이 태반이지만 공원 안이 너무 넓은 까닭에 기지국이나 안테나를 충분히 세우지 못하는 것이다.

휴대전화가 터지는 곳에는 거의 언제나 유선전화가 설치되어 있다. 휴대전화가 없어도 조난 신고를 하는 데 불편함이 없다. 그러나 유선전화가 없밤 사이 모래언덕을 휘젓고 다닌 누군가의 흔적.

는 외딴 곳. 그래서 조난 신고를 하려면 꼭 휴대전화를 사용해야 하는 곳에서는 신호가 터지지 않는다. 이런 곳에서는 휴대전화도 무용지물이 된다. 너무 늦게 도착한 구조대가 사체의 신원을 확인할 때의 증거물 정도는 될 수 있을지 모르겠다.

아무튼 상황이 이렇다 보니 국립공원을 돌아다닐 때는 휴대전화 배터리가 닳을까 봐 아예 꺼놓는 습관이 생겼다. 한마디로 미국 국립공원에서만 경험할 수 있는 '휴대전화의 아이러니' 이다.

우리는 앞서 운명을 달리한 조난자의 전철을 밟지 않도록 만전을 기했다. 충분한 물과 짭짤한 간식—꼭 짭짤해야 한다—을 챙겨서 최소한의 트레킹만 했다. 주로 차로 움직이면서 단테스 뷰와 아티스트 팔레트를 둘러보았다. 이상하게 많이 걷지도 않았는데 저녁 무렵이 되자 피로가 몰려왔다. 공원 서쪽에 있는 이민자 캠핑장에 자리를 잡았다. 사실 구미가 당기는 건 조금 더 먼 들장미 캠핑장이었지만 허기를 참지 못해 대로변에 접한 이민자 캠핑장에 차를 세웠다.

공짜 캠핑장답게 포장도 안 된 메마른 땅에 단 10개의 텐트 자리만 다져져 있었다. 샤워나 전기시설은 물론이고 수도도 없어서 식수를 구하려면 13킬로미터나 떨어진 주유소에 다녀와야 했다. 이민자 캠핑장이 아니라 불법 이민자 수용 캠핑장으로 고쳐 부르는 게 더 적절한 환경이었다. 하지만 이런 곳도 저 나름의 장점은 있다. 데스 밸리의 광막하고 거친 자연을 몸소 느끼기에는 이런 곳이 더 적격일 수도 있다. 또 오늘처럼 보름을 하루 앞둔 날에는 캠핑카 수백 대가 모인 대형 캠핑장보다는 소박한 이곳이 더 낫다. 여

보기만 해도 건조해지는 데스 밸리.

기서 들리는 소리라고는 사막을 지나는 바람소리와 옆 텐트에서 들리는 말소리가 전부였다. 호젓하게 달구경을 하기에 더할 나위 없이 좋은 환경이다. 이마의 헤드램프만 끄면 언제라도 어둠을 불러들일 수 있다.

달콤한 달빛 아래 와인을 기울일 생각을 하자 손이 금세 바빠졌다. 취사도구와 식재료를 꺼내는데 꺼내기가 무섭게 쥐들이 달려들었다. 눈 깜짝할 사이 번개처럼 나타난 녀석들은 정말 쥐 떼처럼 몰려왔다. 데스 밸리에 많이 사는 캥거루 쥐였다. 긴 뒷다리를 사용해 캥거루처럼 뛰어다닌다고 해서 붙여진 이름이었다. 녀석들은 어두운 지하철 선로를 뛰어다니는 들쥐보다 훨씬 작고 앙증맞았다. 징그러운 회색 털이 아닌 사랑스러운 아이보리색 털을 가지고 있었다. 혐오스럽기는커녕 장난감 쥐들처럼 귀엽기만 했다. 하지만 외모에 안 어울리는 대식가들이었다. 우리가 떨어뜨리는 밥풀, 소시지 부스러기 뭐 하나 가리지 않고 닥치는 대로 먹어치웠다.

쥐들의 야생성을 지켜 주려면 아무것도 흘리지 말아야 했지만 도리가 없었다. 약간의 음식이라도 떨어뜨리지 않았다가는 쥐들이 입에 든 것마저 빼앗아 먹을 기세였다. 겸상의 예로써 쥐들을 대하는 수밖에 없었다. 왕성한

박물관을 겸하고 있는 데스 밸리 방문객센터.

식욕의 쥐 떼를 보면서 데스 밸리에서 처음으로 '자연의 풍요'를 느꼈다. 다행이다 싶었다. 이 정도로 많은 쥐들이 있다면 낮에 만난 코요테들이 절대로 굶어 죽을 일은 없을 테니까.

황량한 대지에 떠오른 달은 다른 때보다 훨씬 커다랗고 맑았다. 순수한 달빛을 느끼고 싶어서 헤드램프 전원도 꺼버렸다. 낮에 주유소 매점에서 사온 싸구려 와인을 잔에 따랐다. 한낮에는 상상도 할 수 없었던 서늘하고 기분 좋은 바람이 불어왔다. '죽음의 계곡'이라는 이름에 걸맞지 않은 평온함이었다. 그동안 우리가 머물렀던 국립공원에서 느꼈던 기분과 크게 다르지 않았다. 그제야 나는 마음속으로 데스 밸리를 국립공원으로 인정할 수 있었다.

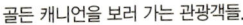
골든 캐니언을 보러 가는 관광객들.

한가로이 달구경을 할 수 있는 국립공원의 밤과도 이제 얼마 후면 이별해야 한다는 생각에 마음이 가라앉았다. 오늘따라 바람소리도 달빛도 더욱 애틋했다. 앞으로 이런 밤이 열여섯 번만 지나면 여행지에서의 하룻밤은 내 기억 속에만 존재하게 된다. 길거리에서 우리말을 듣고 코펠이 아닌 제대로 된 냄비에 음식을 해먹고 시차 걱정 없이 친구들에게 전화를 걸 테지만, 가슴 한구석 어딘가가 뻥 뚫린 허전함은 쉽게 채워지지 않을 것이란 확신이 들었다. 그곳에서 마주치는 바람과 달빛은 지금과는 무척 다를 테니까.

돌아보면 여행이 좋기만 한 것은 아니었다. 솔직히 고단했다. 출발 날짜에 맞춰 냉장고를 깨끗하게 비우려면 일주일 전부터 계획적으로 해먹고 장을 봐야 했다. 부엌살림과 구분이 없어 귀찮아도 부엌 전체를 옮겨 실어야 했다. 일단 집을 나서면 샤워는 평균 3일에 한 번, 제대로 된 음식을 먹는 날은 이틀에 한 번 꼴이었다. 언제부터인가 여행을 앞둔 전날에는 정체 모를 피로감이 몰려왔다.

고단한 건 몸뿐이 아니었다. 길 위에나 국립공원 안에서나 우리는 늘 긴장의 끈을 늦추지 않았다. 만일의 사태에 대비해 항상 여권과 비자 사본을 나눠 들고 다녔다. 능숙하지 못한 영어 때문에 혹시라도 불이익을 받지 않을까 늘 좌불안석이었다. 돈도 시간도, 마음의 여유까지 그 어떤 것도 넉넉하지 않았다. 그렇게 늘 긴장 상태였던 우리에게 잘 왔다고, 쉬었다 가라고 다독여 준 밤이 없었더라면 견디기 힘들었을 것이다. 숲속 혹은 사막에 몸을 뉘이면 이상하게 편안하고 잠이 잘 왔다. 오후 6시부터 이튿날 아침 6시까지 꼬박 열두 시간을 잔 적도 있었다. 모텔에서 뜨거운 물로 샤워하고 바스락거리는 깨끗한 시트를 씌운 침대에서 잤을 때보다 훨씬 개운했다.

캠핑장 안 텐트의 불들이 하나둘씩 꺼져 갔다. 피곤이 몰려왔다. 낮에 만난 코요테가 오늘 밤 사냥에 성공하기를, 캥거루 쥐를 잔뜩 잡아 새끼들을 배불리 먹이고 남은 걸로 제 배도 채울 수 있기를 달님에게 빌었다.

세쿼이아&킹스 캐니언 가는 길

# 아기 곰의 죽음은 누구의 책임일까

　세쿼이아 & 킹스 캐니언 국립공원은 유타 주에 꽤 근접해 있다. 하지만 지도상으로만 그렇게 보일 뿐이다. 유타 주와 가장 가까운 공원 동쪽에는 정작 출입구가 따로 없었다. 서쪽 출입구까지 멀리 돌아가자니 왠지 모르게 손해 보는 느낌이 들어서 지금껏 미뤄 오던 곳이었다. 하지만 귀국하면 언제 다시 오게 될지 몰라 더 이상 미룰 수도 없었다.

　LA에서 점심을 해결하고 5시간을 더 달려서 겨우 세쿼이아 & 킹스 캐니언 국립공원에 닿았다. 차에서 내리자 자이언트세쿼이아를 만난다는 설렘 때문에 가슴이 두방망이질 쳤다. 이곳에는 지구에서 가장 큰 나무인 제너럴 셔먼과 두 번째로 큰 나무인 제너럴그랜트가 산다. 내가 미치도록 보고 싶

제너럴셔먼 나무(오른쪽), 자이언트
숲 박물관(아래 왼쪽), 제너럴그랜트
나무 트레일(아래 오른쪽).

어 한 바로 그 나무들이다.

자이언트세쿼이아는 세상에서 가장 덩치 큰 생명체라는 타이틀을 가지고 있다. 현재 남아 있는 거목들도 한 덩치 하지만 예전의 거목들과 비교하면 한 수 아래이다. 훨씬 큰 덩치를 자랑했던 나무들은 서부 개척시대를 무사히 넘기지 못했기 때문이다. 결과적으로 그들보다 작은 거목들이 살아남았다. 당시의 대단한 거목들은 이제 사진이나 그림으로만 존재한다. 그렇게 보면 미국 남북전쟁 때 활약한 제너럴셔먼 장군과 제너럴그랜트 장군의 이름을 따온 두 나무가 지금까지 살아남은 건 거의 기적에 가깝다.

자이언트세쿼이아 종류의 나무들이 얼마나 크게 자라는지 설명하기 위해 이곳 안내문에는 흰수염고래가 등장한다. 보통의 자이언트세쿼이아 종은 세상에서 가장 큰 동물로 알려진 흰수염고래보다 무려 10배나 크다고 되어 있다. 하지만 이런 설명은 관람객의 이해를 성공적으로 돕지 못한다. 생전 본 적도 없는 흰수염고래는 이제 그만 걸고 넘어지라고 하고 싶다.

커다란 나무 앞에서 왜소해지는 일은 항상 즐겁다.

대체 흰수염고래를 직접 본 지구인이 얼마나 되겠는가.

2006년 1월, 흰수염고래보다 무려 14배나 크다는 제너럴셔먼의 제일 큰 가지가 부러졌다. 지름만 2미터가 넘는 굵은 '가지'였다. 가지가 떨어질 때의 충격으로 땅이 파이고 나무 주변에 쳐 놓은 울타리가 부서졌다고 한다. 자못 심각해 보이는 '전력 손실'에도 불구하고 세계 최대의 나무라는 위상은 변하지 않았다. 오로지 몸통 크기만으로도 세계 최대였기 때문이다. 밖으로 나가 반경 100미터 이내에서 이 가지만 한 크기의 나무가 있는지 찾아보면 제너럴셔먼이 얼마나 무지막지한 크기인지 금방 감이 올 것이다.

제너럴셔먼 나무를 보러 간 것은 오후 2시쯤이었다. 가족 단위의 관광객이 많이 몰리는 때였다.

보통은 오전 10시부터 오후 4시 사이에 제일 붐비기 때문에 그 시간대에는 일부러 인기 없는 곳부터 돌아다녔다. 그리고 유명한 볼거리는 아침 일찍 또는 오후 늦게나 보러 갔었다. 남들이 이틀 동안 볼 것을 하루 만에 섭렵하는 나름의 노하우였다.

그런데 이번만은 그 시간대를 피하지 못하고 정면 돌파하는 상황에 처해 버렸다. 나무 가까이 주차하는 것부터가 쉽지 않았다. 세계 최대라는 타이틀 때문인지 다른 곳에서 보기 힘든 미국인 단체 관광객들까지 있었다. 인파를 뚫고 나무 앞까지 도달했지만 주변은 인증 사진을 찍는 사람들로 인산인해였다. 나무는 잘 보이지도 않았다. 결국 지친 우리는 제너럴셔먼 주위를 도는 트레일로 도망치고 말았다.

중간에 오르막길이 있는 트레일이라 그런지 사람이 거의 없었다. 트레일을 천천히 걷는 동안 서서히 마음의 평화가 찾아왔다. 좀 멀긴 해도 제너럴셔먼도 감상할 수 있었다. 비록 멀찍이 떨어져서 보긴 했지만 다른 나무들 사이에 우뚝 서 있는 제너럴셔먼의 우월함이 고스란히 전해졌다. 오히려 아까처럼 코앞에서 봤다면 잘 느끼지 못했을 감동이었다. 사실 지름이 5미터가 넘어가면 그때부터는 다 엇비슷해 보인다.

한 걸음 물러나 먼 발치에서 바라보는 제너럴셔먼과 다른 나무들과의 차이는 너무도 확연했다. 눈에 띄게 뚱뚱하고 탄탄했다. 붉은 빛이 도는 윤기 나는 갈색 껍질에서 넘치는 생명력이 느껴졌다. 가장 큰 가지를 잃었다지만 여전히 위풍당당하고 무엇보다…… 정말 컸다.

나무를 편애하는 우리 부부의 취향 때문에 킹스 캐니언은 상대적으로 홀대를 받았다. 킹스 캐니언 국립공원과 세쿼이아 국립공원은 샴쌍둥이처럼 붙어 있다. 이 둘은 사실상 하나의 국립공원으로 봐도 무방하다. 입장권 하나와 지도 한 장만 있으면 양쪽을 모두 둘러볼 수 있다.

킹스 캐니언을 따라 나 있는 절경 도로는 대단히 멋졌다. 길 중간 중간 전망대에 내려서 감상하는 경치가 이루 말할 수 없이 아름다웠다. 거대한 계곡을 깎아 낸 빙하의 괴력에 혀를 내두를 지경이었다. 존 뮤어는 요세미티 계곡과 너무도 흡사한 킹스 캐니언을 보고, 두 계곡이 거대한 빙하에 의해 만들어졌다는 자신의 이론을 확신했다고 한다.

절경 도로는 로드 엔드Roads End라는, 상당히 직설적인 이름의 지역에서 끝이 났다. 길 놓기가 얼마나 징글징글했으면 그런 이름을 붙였을까 싶었다. 하기야 이런 험한 계곡에 길을 내는 일이 쉬웠을 리가 없다. 인간이 가진 불굴의 의지가 아니었다면 급커브와 급경사, 낙석처럼 위험한 요소투성이인 산 중턱에 길 놓기가 과연 가능했을까 궁금했다. 또 얼마나 많은 이들의 피땀 어린 노력과 희생으로 만들어졌을까 궁금해졌다. 하지만 로드 엔드라는 이름이 얼마나 길지는 아무도 모르는 일이다. 세상일이 어디 마음먹은

정신없을 정도로 구불구불한 산길을 사고 없이 달리는 게 기적이다.

대로만 되었던가. 막내딸 이름을 말자로 지은 집에 말순이와 끝순이가 줄줄이 태어나는 경우를 너무 많이 봤다. 그뿐인가, 지을 때만 '신관'인 건물이 완공되고 나면 그 이후에도 제2, 제3의 신관은 계속해서 들어선다. 로드 엔드 뒤에 또 어떤 길이 이어질지는 두고 봐야 한다.

찻길은 끝이 났지만 걸어서 가야 하는 수많은 트레일은 이제부터가 시작이었다. 조금만 걸어 들어가면 존 뮤어 트레일에 합류할 수 있었다. 존 뮤어 트레일은 스페인의 산티아고 순례길, 캐나다의 웨스트 코스트 트레일과 함께 세계 3대 트레일—늘 그렇지만 세계 3대니 10대니 하는 것들은 논란의 여지가 많다—로 불리는 트레킹 코스였다. 다행히도 남편은 거기까지 갈 생각이 없었다.

우리는 미스트 폭포까지만 다녀오기로 하고 적막하기 짝이 없는 산길로 들어섰다. 공원에서 가장 깊숙한 곳이었다. 비수기이다 보니 이곳까지 들어오는 사람들은 거의 없었다. 그래도 그 편이 나았다. 한적한 트레일에서는 동물도 사람도 차라리 만나지 않는 게 좋다.

인적이 뜸한 곳에서 만나는 낯선 사람은 두려움의 대상이다. 믿기 싫지만 바깥 세상에서 일어나는 살인사건은 종종 트레일 안에서도 생긴다. 목격자까지 드물어 영영 미해결로 남을 가능성이 훨씬 높다고 한다.

1996년, 미국 동부의 애팔라치안Appalachian 트레일에서 살인사건이 일어났다. 트레킹을 하던 두 명의 여성이 살해되었는데, 당시 체포된 용의자는 증거 불충분으로 풀려나고 범인은 지금까지 잡히지 않고 있다.

무사히 트레킹을 마친 우리는 낮에 흘린 땀을 씻어내기 위해 샤워장으로 직행했다. 데스 밸리에서부터 넣어 온 모래와 킹스 캐니언의 습기가 범벅이 되어 몸 여기저기를 돌아다니고 있었다. 더운 물에 한바탕 샤워를 하고 나니 뱀이 막 탈피한 것처럼 개운하고 상쾌했다. 드라이어만 있다면 더 이상 부러울 게 없었다. 아쉽게도 따뜻한 샤워로만 만족해야 했다. 11월 추운 산 속에서 이만큼 호사를 누리다니, 조금이라도 고맙게 여겨야 했다.

물론 공짜는 아니다. 공원마다 조금씩 가격 차이가 있지만 6개의 쿼터(25센트 동전)를 넣어야 3~4분 동안 물이 나온다. 인간적으로 누구나 만족해 할 수준의 뽀득뽀득 흡족한 샤워를 하려면 적어도 12개의 쿼터는 필요하다. 우리처럼 달랑 두 명이 씻는 경우에도 바지 주머니가 빵빵해질 정도의 동전이 필요하다. 하물며 덩치 큰 미국인들로 구성된 가족이라면 아마도 동전을 구하느라 자판기 한 대를 털어야 할지도 모르겠다. 기특한 남편은 3분이면 충분하다며, 늘 동전 여섯 개만 가지고 샤워실에 들어간다. 3분 안에 뚝딱 해치우는 샤워가 어떤 것일지 몹시 궁금했지만 확인할 길이 없었다. 어쨌든 가계에는 큰 보탬이 되었다.

첫눈이 내리기 전인데 밤이 되니 손끝이 시렸다. 모닥불을 지피고 LA의 한인슈퍼에서 사 온 삼겹살을 구웠다. 구수하게 퍼지는 냄새가 평소보다 훨씬 다정하게 느껴지는 밤이었다. 추위 때문에 막판에 가서 허겁지겁 해치워야 했지만 만족스러운 저녁이었다. 식사를 마치고 헤드램프를 켠 채 열심히 테이블 주변을 검사했다. 흘린 음식물이 있는지 철저히 조사하는 과정이었다.

곰이 사는 지역의 국립공원에 가면 이런 문구가 자주 눈에 띈다.

'먹이를 받아먹은 곰은 죽은 곰이다.'

국립공원을 찾는 관광객들이 무심코 흘린 고기 한 점 때문에 공원에 사는 곰들이 생사를 오간다는 뜻이다. 뭐야, 자연식 하는 웰빙 체질의 곰에게는 인공 조미료와 식품첨가제가 해롭다는 말인가? 배탈이라도 나서 죽기라도 한다는 말인가? 처음에는 대수롭지 않게 여겼다. 사람 먹을 것도 부족한 판국에 곰이랑 나눌 음식이 있을 턱이 없었다. 다른 사람은 몰라도 우리 부부에게는 전혀 해당 없는 이야기라고만 생각했었다. 그런데 자이언트 숲 박물관의 게시판에 붙어 있는 한 장의 호소문을 읽고 나서는 생각이 바뀌었다. 절대로 가볍게 여길 문제가 아니었다.

공원 레인저에게 사살된 아기 곰 이야기가 적혀 있었다. 죽은 아기 곰은 아주 어려서부터 사람들이 먹는 음식에 중독되었다. 레인저들이 새총도 쏘아 보고 곰 스프레이—후추와 고춧가루 성분으로 만들어진, 곰의 눈을 따갑게 하는 액체가 들어 있다—도 뿌려 봤지만 소용이 없었다. 버릇을 고치지 못한 녀석은 계속해서 관광객의 음식을 탐했다. 급기야 백주대낮에 음식을 구걸하려는 목적으로 여자와 어린아이에게 접근하고 말았다. 야생동물이 어린아이에 다가가는 것은 심각한 '공격'으로 간주된다. 하는 수 없이 레인저들은 녀석에게 마취총을 쏘았다. 구덩이에 넣어진 아기 곰은 진짜 총을 맞고 영원히 잠이 들었다. 구덩이가 그대로 녀석의 무덤이 된 셈이었다.

다큐멘터리 방송에 나오는 곰들은 물 반, 고기 반인 강물에 들어가 연어를 건져먹다시피 한다. 심지어 몸통은 버리고 영양가 많은 머리와 껍질만 먹는 장면도 나온다. 연어철이 지나면 새끼 사슴을 무정하게 때려잡는 능숙한 사냥꾼으로 등장한다. 방송만 보면 곰처럼 쉽게 먹고사는 동물은 거의 없어 보인다. 사람들은 곰들이 매일같이 연어 파티, 사슴 잔치를 벌이는 줄 알지만 실제로는 전혀 아니다. 알고 보면 곰 먹이의 85퍼센트는 식물성이다. 조금 과장해 말하면 TV 카메라에 잡히는 순간을 제외한 나머지 시간에는 씁쓸한 풀뿌리나 나무순을 먹으며 버티는 동물이 바로 곰이다.

그런 곰이 캠핑장에 굴러다니는 포테이토칩이나 소시지를 먹게 된다면 그 첫 맛이 얼마나 강렬하겠는가? 달고 짭짤한 인간들의 음식에 길들여지는 건 시간문제일 것이다. 곰처럼 머리 좋은 동물들은 깨달음도 빠르다. 사람들 가까이에 가면 맛있는 음식이 있다는 사실을 아는 녀석들은 캠핑장에 침입해서 음식을 훔쳐 먹거나 심지어 구걸을 하기도 한다.

세쿼이아 공원의 생물학자인 레이첼 마주르$^{Rachel\ Mazur}$는 곰이 인간에게 접근하지 못하게 할 방법을 3년간이나 연구했다. 사람의 음식에 중독된 36마리의 곰을 알게 되었는데, 이중 11마리는 음식 의존도가 특히 심한 곰들이었다. 레이첼과 연구진은 곰들의 버릇을 고치기 위해 여러 가지 방법을 동원했다. 곰을 만나면 귀청이 찢어지도록 불쾌한 소리를 내거나 물건을 던지면서 공격했다. 주된 목적은 곰에게 인간과의 접촉이 정말 '짱 나는' 일이라는 인식을 심어 주는 것이었다.

11마리 중 순수한 야생 곰으로 다시 태어난 건 단 한 마리뿐이었다. 완벽하게는 아니어도 사람의 음식을 거의 끊은 곰들이 4마리였다. 문제는 도저히 구제 불능인 6마리의 곰들이었다. 끝내 버릇을 고치지 못한 이 녀석들은 다른 지역으로 강제 이주―그런다고 문제가 해결되지는 않는다. 곰은 새로운 동네에서도 사람의 음식을 찾는다. 곰은 '응용'을 할 정도로 머리가 좋기 때문이다―되거나 사살되었다. 앞서 말한 아기 곰도 6마리 곰들 중 하나였다.

아기 곰의 죽음은 누구의 책임일까? 처음부터 작정하고 강아지 먹이 주듯 음식을 준 사람은 없었을 것이다. 잠자기 전 캠핑장 테이블을 깨끗이 치우지 않거나 음식을 베어락(곰이 열지 못하게 만들어 놓은 철제 캐비닛)에 넣지 않고 배낭이나 텐트에 넣고 잔 무심한 행동들이 문제였다.

혹여 곰이라는 동물이 원래부터 낯짝 두껍고 사람과 사귀기를 좋아한다고 생각하면 아주 큰 오산이다. 미국에서 가장 많은 개체수를 자랑하는 블랙베어는 원래 수줍음이 많고 번잡한 것을 싫어하는 성격이라고 한다. 옐로스톤 국립공원, 레드우드 국립공원 그리고 캐나다의 밴프 국립공원에서 만난 블랙베어는 정말 그랬다. 아, 쟤들 귀찮게 또 나타났어, 하는 표정으로 사람을 피하거나 아유! 깜짝이야, 하면서 황급히 달아났다. 대다수의 블랙베어는 순박하고 소심하다.

언젠가 본 해외 토픽이 떠올랐다. "담배에 중독된 3세 소년! 하루에 두 갑씩 피워." 자기가 뭘 먹고 있는지도 모르고, 그게 나중에 어떤 결과로 돌아올지도 모르는 어린 생명 얘기에 혀를 끌끌 찼던 기억이 났다. 사람과 동물이란 구분을 떠나서 한 살이라도 더 먹은 쪽이 조심하는 게 맞다.

우리는 무책임한 사람어른이 되지 않으려고 고기 한 점, 밥풀 한 개, 김치 한 조각까지도 말끔하게 치웠다. 캘리포니아 깊은 산속에 사는 곰이 한식 맛에 눈을 뜨면 그땐 진짜 약도 없을 테니까.

킹스 캐니언은 존 뮤어가 인정한 '요세미티의 라이벌'이다.

### 사와로 가는 길

# 사와로 입양하세요

　사와로 국립공원은 사실 기대주가 아니었다. 단지 지나는 길목에 있어서 포함시킨 일정에 지나지 않았다. '굿바이 아메리카' 여행을 준비하기 전까지는 듣도 보도 못한 곳이었다. 게다가 세계에서 가장 키 큰 나무들과 가장 덩치 큰 나무들을 보고 온 터라 앞으로 그 어떤 식물을 봐도 그만한 감흥을 맛보기 어렵다고 생각했기 때문에 더더욱 기대가 없었다.

　사와로의 원산지는 소노란사막이다. 사막에 산다는 점에서는 여느 선인장과 다를 바가 없지만 사와로는 자신만의 고유한 매력으로 보는 이의 마음을 사로잡아 왔다.
　사와로의 첫 번째 매력은 도도함이다. 사와로는 소노란 사막이 속한 위도와 기후, 토양에서만 폭발적으로 자라난다. 건조하고 뜨겁기로는 유타와 네바다도 뒤지지 않지만 유독 애리조나에서만 터를 잡고 산다. 생긴 모습은 다소 둔해 보여도 제 딴에는 까다로운 취향을 고집하고 있는 것이다.

  사와로의 두 번째 매력은 정감 어린 외모이다. 10미터가 넘게 자라는 커다란 덩치로 모자라 무시무시한 가시까지 가졌지만 전반적인 생김새는 귀엽기 그지없다. 사와로의 동글동글하고 순박해 보이는 외모는 애리조나 주민들의 사랑을 이끌어 내는 일등공신이다. 한 예로 애리조나 주의 자동차번호판 대부분에는 사와로 그림이 들어간다. 보통 자동차번호판에는 그 주를 대표하는 상징물을 넣는다고 하니 사와로를 향한 주민들의 사랑이 얼마나 대단한지 짐작이 간다. 이런 사와로의 인기는 다른 주에까지 불어닥쳤다. 텍사스·유타·네바다 등 애리조나 주와 인접한 남서부의 주들이 사와로와의 친분을 사칭하며 기념품을 팔기도 한다. 하지만 저들 지역에서는 야생의 사와로를 거의 볼 수 없으니 엄밀히 말하면 사기나 마찬가지이다. 애리조나 주민들 입장에서는 기가 찰 노릇이지만 주 정부도 거기까지는 제재를 못하는 모양이다.

  마지막 세 번째 매력은 '정직함' 이다. 사와로는 오직 씨앗으로만 번식한다. 가지를 잘라 심는 편법(?)으로는 절대 사와로를 번식시키지 못한다. 성장 속도도 매우 느려서 씨앗이 겨우 한 뼘 높이로 자라는 데 10년이나 걸린다. 이뿐이 아니다. 씨앗을 좀 더 많이 뿌리기 위해서는 가지를 최대한 멀리 내뻗어야 하는데, 가지가 완전하게 자라려면 무려 75년이란 세월이 흘러야 한다. 150년 남짓한 사와로의 수명 중 절반에 해당하는 기간이다. 사와로의 가지는 단순히 옆으로 뻐저니온 살이 아니라 삶의 반을 바쳐서 이루어

애리조나 주민들이 사랑해 마지 않는 사와로 선인장.

낸 역작인 것이다.

애리조나에서 귀하신 몸인 사와로는 법적으로도 보호를 받는다. 어떤 식으로든 사와로에게 해를 끼치는 일은 법으로 금지되어 있다. 개인이 소유한 땅에서도 사와로를 함부로 베어 내지 못한다. 주 정부에 먼저 신고해야 한다. 처음부터 그랬던 것은 아니다. 한때는 재미 삼아 괴롭히는 못된 사람들에게 시달림을 받은 적도 있었다. '선인장 플러깅'이라 부르는 이 못된 장난질은 주로 사와로를 대상으로 한 것이었다. 잔인하고 멍청한 사람들은 사와로의 몸통에 폭약을 채워 놓고 불을 질렀다. 총으로 쏴서 사와로의 팔을 끊거나 몸통을 쓰러뜨리는 무의미한 행위를 즐겼다. 한번은 되레 자기가 쓰러뜨린 사와로에 깔려 죽은 운 나쁜 사람도 있었다고 한다. 미련할 정도로 정직하고 느린 사와로의 성장을 생각한다면 정말 해서는 안 될 짓이었다.

공원에 들어서자 완전히 다른 세상에 온 듯했다. 우리는 갑자기 달라진 창밖 풍경에 눈이 휘둥그레질 정도로 깜짝 놀랐다. 애리조나 주에서 두 번째로 큰 도시인 투손의 모습은 어디에도 없었다. 온 세상이 사와로 천지였다. 사와로에게 점령된 산은 그랜드 캐니언과 세쿼이아 국립공원에서 맛본 것과는 또 다른 차원의 기쁨을 선사했다. 나무가 꼭 크거나 오래되어야만 아름다운 건 아니구나, 라는 생각이 들었다. 산 전체를 녹색으로 뒤덮은 사와로의 '번식력'에 나도 모르게 숙연해지는 느낌이었다.

항상 느끼는 것이지만 대자연이 감동을 빚어 내는 방식은 평범한 인간의 예상을 뛰어넘는 무언가가 있다. 그동안 내가 알고 있던 선인장 이미지— 황량한 사막에 외로이 서 있는—는 금세 사라져 버렸다. 선인장도 '숲'을

선인장들이 숲을 이룬 모습은
사막의 기적, 그 자체이다.

이루고 번성하는, 생명력 넘치는 식물이라는 새로운 시각이 열리는 순간이었다. 밝고 푸르른 선인장, 사와로는 척박한 사막이 아닌 풍요로운 대지의 상징이었다.

우선 방문객센터부터 들렀다. 공원에서 나눠 주는 신문에 재미난 광고가 실려 있었다. '사와로를 입양하세요'라는 제목이 눈에 들어왔다. 사와로 국립공원에 20달러를 기부하는 모든 사람에게는 공원에서 키우는 사와로 한 그루를 '입양' 시켜 준다는 내용이었다. 기념 삼아 사와로 한 조각을 뚝 떼내서 택배로 부쳐 주는 것은 다행히 아니었다. 입양이 결정되면 공원에 있는 사와로들 중에서 '나의 사와로'가 지정되고 공원 측이 사진을 찍어서 보내 주는 방식이었다. 어엿한 '입양 증서'까지 동봉해 준다고 했다. 짧은 순간 사와로의 강렬한 매력에 푹 빠졌기에 광고를 보면서 군침을 흘렸지만 차마 실행에 옮기지는 못했다.

투손의 자연이 만들어 낸 자랑거리가 사와로라면, 투손 사람들이 만들어 낸 자랑거리는 바로 애리조나-소노라 사막 박물관이다. 소노라는 애리조나주와 붙어 있는 멕시코의 주 이름이다. 양국에 걸쳐 있는 소노란 사막을 제대로 알기 위해서는 공동 연구가 필수여서 이런 이름을 붙였다고 한다. 투손 외곽에 위치한 이 놀라운 박물관은 박물관이라는 딱딱한 이름을 가진 게 억울할 정도로 다양한 얼굴을 가지고 있다. 내가 보기에는 식물원과 동물원, 공원이 한데 어우러진 '사막의 놀이동산'이란 이름이 훨씬 잘 어울린다.

박물관은 소노란 사막의 식생과 지질을 철저히 반영하고 있었다. 소노란 사막에서 온 동물들은 본래의 서식지와 최대한 비슷하게 조성된 환경에서 생활하며 보살핌을 받는다. 북극곰과 기린을 한데 모아 놓은 여느 무지막지한 동물원과는 비교조차 할 수 없는 곳이었다.

얼핏 보면 미니어처 멧돼지와 잘 분간이 안 되는 하발리나 $^{Javalina}$의 우리는 야외에 있었다. 자연의 서식지를 본떠 만든 우리는 눈에 안 보이는 철조망을 둘러서 그런지 인공적인 느낌이 거의 나지 않았다.

야행성 동물들이 거주하는 어두컴컴한 전시실에서는 행여 녀석들이 깰까 봐 오히려 관람객들에게 발소리를 죽이라고 주의를 준다. 낮에 충분한 잠을 못 잔 동물들의 컨디션이 나빠질까 봐 그런 것이었다. 동물들에 대한 이런 세심한 배려가 이곳을 세계 10대 동물원에 꾸준히 들게 하는 모양이었다.

박물관 밖을 나가면 소노란 사막의 식물들이 지천으로 널려 있다. 식물원이라면 으레 하나씩 가지고 있는, 지구 반대편에서 납치해 온 식물을 기르고 가꾸기 위해 엄청난 전기와 물을 써대는 거대한 온실은 어디에도 없다. 사람들이 보기 편하게 종류별로 모아 놓은 게 전부였다. 물론 사람만 편하자고 그렇게 모아 놓았

애리조나-소노란 사막 박물관.

소노란 사막의 생태 환경을 그대로 옮겨 온 듯한 우리.

을 리는 없다. 원래 나고 자란 곳에서 생활하는 식물들도 편하기는 마찬가지 아닐까? 아무튼 '동물원이나 식물원은 신기한 동식물을 닥치는 대로 모아 놓은 곳'이라는 선입견을 기분 좋게 깨주는 곳이었다.

 운 좋게 입장하자마자 맹금류의 자유 비행 공연을 보게 되었다. 발에 끈도 묶지 않은 매들이 조련사의 지시에 따라 관광객들의 머리 위를 자유롭게 날아다녔다. 쉭쉭 날갯짓 소리가 예사롭지 않았다. 모자에 닿을 듯 말 듯 날아다니는 새들의 꼬리깃털 모양은 물론이고 색깔까지 또렷하게 보였다. 매를 부르는 조련사들의 손에는 매들이 좋아하는 날고기가 들려 있었다.

 조련사의 손에서 고기를 받아먹는 매의 눈빛이 심상치 않았다. 오랜 기간 훈련을 받아 온 만큼 이들이 야성을 잃었다는 점을 부인할 수 없지만 눈빛만은 여전히 날카롭고 씩씩했다. 이곳의 매들은 소노란 사막에서 나고 자란 녀석들이었다. 그들은 마치 박물관에 임시 취직한 행위 예술가들 같았다. 멋진 공연을 펼치고 당당한 태도로 조련사가 내미는 먹이를 받아먹는 자세가 일반적인 동물들과는 차원이 달랐다. 먹이를 달라고 애걸하는 게 아니라 잘 차려진 밥상을 받는 모양새였다. 전혀 주눅 들지 않은 매들은 이곳이 어떤 취지로 설립되었는지 잘 말해 주고 있었다.

박물관은 1952년에 윌리엄 카William H. Carr와 아더 팩Arthur Pack에 의해 설립되었다. 박물관이 세워지기 전만 해도 이 주변은 길도 제대로 닦여 있지 않을 만큼 낙후된 지역이었다. 정부 지원 없이 재원을 전적으로 민간에만 의지하다 보니 늘 돈이 부족했다. 초기에는 지역 주민들의 반응도 탐탁지 않았다. 자연주의 박물관에 대한 사람들의 인식이 낮았던 탓이다. 그들 눈에 비친 박물관은 '허섭스레기 뱀 농장'일 뿐이었다. 그러나 시대를 앞서 간 그들의 안목은 서서히 사람들에게 인정을 받게 되었다. 지금의 박물관은 애리조나 주 정부와 주민들의 자랑거리이다.

지금까지도 이곳은 민간의 후원만으로 운영된다고 했다. 꽤 충격적인 사실이었다. 한 개인이 사사로운 이익을 위해 벌인 일도 아니었고, 시간이 지날수록 모든 사람이 찾아와 함께 즐길 수 있는 곳으로 성장했는데 처음과 똑같이 운영된다니 감탄사가 절로 나왔다. 보통의 의지로는 해내기 힘든 어려운 일임이 분명하다. 심지어 초기에는 사람들을 무료로 입장시켰다고 하니 필시 순탄치 않은 길을 걸어왔을 게 뻔하다. 정부 지원금을 얼마나 받아내느냐로 행사 주최 측의 능력을 판단하곤 하는 우리야말로 이런 자세를 배워야 하지 않나 싶다. 설립자들의 놀라운 자제심과 고집이 결국 오늘날까지 박물관의 명성을 지켜온 것이었다.

조련사의 손 위에서도 당당함을 잃지 않는 매의 힘찬 날갯짓.

　　박물관이 사와로 국립공원 바로 옆에 있기는 하지만 국립공원과는 아무 관련이 없다. 이곳에서는 국립공원 자유이용권이 쓸모가 없는 것이다. 개관 당시에는 입장료가 없었지만 지금은 입장료를 받는다. 성인 한 명당 무려 13달러이다. 군인이나 경찰이 아니면 할인을 받을 수도 없다. 박하다. 결국 꼼짝없이 26달러를 냈는데 아마도 우리가 미국 여행을 다니면서 낸 입장료 중에 가장 비싸지 않을까 싶었다. 그렇다고 해서 입장료가 아깝다는 생각은 조금도 들지 않았다. "구경 잘했습니다." 와 "많이 배우고 갑니다." 하는 생각이 동시에 들기는 참 오랜만이었다.

빅 벤드 가는 길

# 리오그란데를 사이에 두고

I-10 도로를 따라 동쪽으로 달리던 중에 애리조나와 텍사스의 주 경계를 넘으면서 살짝 고민에 빠졌다. 우리가 빌린 렌터카는 유타 주와 인접한 주에서만 운행하기로 계약된 차였다. 그런데 이번 목적지인 빅 벤드 국립공원은 텍사스에 있었고, 텍사스 주 경계가 유타 주와 손톱만큼도 닿아 있지 않은 것이 문제였다. 고분고분한 이방인 생활에 길들여진 우리 부부는 선뜻 결심을 못하고 있었다.

사실 톡 까놓고 얘기하면 그렇게까지 걱정할 일이 아니었다. GPS가 달린 차가 아니어서 렌터카 회사가 우리를 추적할 방법은 전혀 없었다. 다만 텍사스에서 차가 퍼져 드러눕기라도 하면 그때 가서는 렌터카 회사에 도움을 청하기가 무척 껄끄러울 게 분명했다. 우리는 꼬박 하룻밤을 고민한 끝

에 문제가 생기면 북미 대륙 어디든지 데리러 와준다는 미국자동차협회 회원증만 믿고 경계를 넘었다.

    텍사스 주 엘파소의 호텔에서 하루를 묵었다. 모처럼 말끔한 환경에서 샤워도 하고 근처 레스토랑에서 느긋하게 멕시칸 만찬을 즐겼다. 유서 깊은 멕시코 식당이었는데 이곳의 칠리소스는 소문대로 명불허전이었다. 매운 흉내만 내는, 색깔만 빨간 미국식 칠리소스가 아니었다. 한국에서 먹어 본 그 어떤 고추장보다도 매웠다. 덕분에 그동안 삼킨 음식들로 느끼한 뱃속이 한 번에 정화되는 기분이었다. 전에 없던 식욕까지 샘솟았다. 이번이 마지막 여행인 만큼 최대한 즐기면서 하고 싶었다. 이틀간 캠핑하면 반드시 하루는 호텔에서 자고 레스토랑에 가자고 남편에게 사전 약속을 단단히 받았기 때문에 가능한 일이었다. 덕분에 3일에 한 번은 다음날 제단에 올려질

소처럼 깨끗이 씻고 배불리 먹을 수 있었다. 정말 오랜만에 누리는 호사였다.

빅 벤드는, 미국과 멕시코의 국경이기도 한 리오그란데 강이 이곳에서 '크게 휘어져' 지나간다고 해서 붙여진 이름이다. 리오그란데 강은 두 나라를 가르는 국경 중 무려 1천 600킬로미터의 구간을 감당하고 있다. 그리고 그중 약 400킬로미터 구간이 빅 벤드 국립공원을 지난다.

리오그란데 강이 워낙 유명하니 당연히 그 강이 흐르는 국립공원도 인기가 많을 거라고 생각했지만 나만의 오해였다. 빅 벤드는 미국에서 가장 관광객이 적은 국립공원 중 하나였다. 국경지대라 그런지 순찰 도는 레인저들의 수만큼은 다른 공원들보다 많아 보였다.

11월인데도 차 밖은 숨이 막히게 더웠다. 햇볕이 약해진 게 이 정도라니 과연 남부 날씨다웠다. 일단 평소 습관대로 가장 외진 곳부터 돌기로 했다. 산타 엘레나 캐니언까지 차를 몰았다. 산타 엘레나는 리오그란데 강이 깎아낸 협곡으로 빅 벤드에서 가장 유명한 곳이었다.

그랜드 캐니언이 계단식으로 생긴 흙의 협곡이라면 산타 엘레나는 돌로 만들어진 일자 수직 협곡이고나 할까. 직각의 절벽은 마치 시루떡을 반으로 갈라놓은 듯한 모습이었다. 협곡은 깊이가 썩 깊지 않았지만 꽤 장엄한 분위기를 풍겼다.

협곡 중간을 흐르는 리오그란데 강을 사이에 두고 미국과 멕시코 땅이 나뉜다. 그런데 양쪽 어디에서도 철조망이 쳐져 있거나 국경 경비대가 지키는 모습은 눈에 띄지 않았다. 맑지도 않고 그렇다고 깊지도, 넓지도 않은 적고 보니 미안한 마음이 든다—리오그란데 강물만 조용히 흘러갈 뿐이다.

강변을 따라 천천히 트레킹을 하는데 둥둥 떠내려오는 두 척의 카약이 보였다. 남자들이 한 명씩 타고 있었다. 꽤 오랫동안 강 위에서 생활했는지 한눈에 보기에도 안쓰러운 모습이었다. 덥수룩한 수염으로 뒤덮인 얼굴들이 몹시 과묵해 보였다. 그런데 우리를 보자마자 그들이 먼저 외쳤다.

"문명이다!"

강 위에서 보낸 고즈넉한 시간에 익숙해서일까? 그들의 짧은 외침 속에는 환희가 아닌 약간의 실망감이 묻어났다.

황송하게도 그들은 '타락한' 문명인의 대화 요청에 기꺼이 응해 주었다. 벌써 2주째 리오그란데 강을 떠내려오는 중이라고 했다. 듣고 보니 엄청나게 고단한 여정이었다. 모래밭이라도 만나면 배에서 잠시 내려 캠핑을 할 수 있지만 마땅한 육지를 발견하지 못한 날에는 카약을 탄 채로 물 위에서 선잠을 잔다고 했다.

"오늘은 저 앞에 있는 모래밭에서 캠핑 할 거예요."

좀 더 긴 수염의 남자가 협곡 하구에 드러난 모래밭을 가리키며 기쁘게 말했다.

나는 무심결에 오늘이 그들 여행의 마지막 날이라고 생각했다. 2주간이면 이미 차고 넘칠 만큼 고생했다는 생각이 들어서 그간의 노고를 치하

리오그란데 강 위를 유유히 떠내려가는 의지의 젊은이들.

해 주고 싶었다.

"축하드려요. 정말 대단하세요."

그들이 정색을 하고 말했다.

"아니요, 내일 또 떠납니다. 계속 갈 거예요."

그들의 넘치는 의지가 놀라웠지만 결코 부럽지는 않았다.

리오그란데 강은 강폭이 너무 좁아서 정말 좁은 곳에서는 건너편 사람과 가위바위보도 할 수 있을 정도였다. 또 어떤 곳은 수심이 너무 얕아서 마음만 먹으면 바지를 걷고 첨벙첨벙 걸어서 국경을 건널 수도 있어 보였다. 한마디로 어엿한 국경이긴 했지만 그다지 위엄 있어 보이지 않았다. 이 소박한 강에게 철조망 하나 둘러 주지 않고 국경이라는 어마어마한 중책을 맡기다니 괜히 안됐다는 생각이 들었다.

걷다 보면 종종 강 건너편에 사는 상냥한 멕시칸들을 마주치기도 한다. 말을 타고 지나던 그들은 초면의 우리에게 모자까지 벗어서 인사를 건넸다. 문득 미국 비자가 있는 우리는 저 강을 건너갈 수 있지만 저들은 그럴 수 없다는 사실이 떠올랐다. 그들보다 별로 나을 것도 없는 똑같은 이방인이었지만 그들은 건널 수 없는 강을 우리는 건널 수 있다는 것이 정말 이상했다. 다. 겨우 발목까지 올라오는 수심이 그렇게 깊게 느껴지기는 처음이었다.

리오그란데 강에서 받은 이상하고 어색한 느낌은 엘파소에서 빅 벤드로 가는 내내 나를 불편하게 만들었다. 엘파소에서부터 약 50킬로미터에 이르는 I-10 도로는 두 나라의 국경과 나란히 나 있다. 리오그란데 강과 달리 경계를 나타내는 철조망이 있지만 오른쪽에 보이는 멕시코 마을은 손에 잡힐

듯 가까웠다. 두 개의 나라가 이렇게 가까울 수 있다는 현실을 머리로는 이해해도 심정적으로는 받아들이기 쉽지 않았다. 지금껏 내 머릿속에 있던 국경이란, 항상 비행기라는 어마어마한 교통수단을 타야만 건널 수 있는 개념이어서 더욱 그랬다.

1848년 미국-멕시코 전쟁이 일어나기 전에는 양 국민이 지금보다 훨씬 수월하게 리오그란데 강을 건너다녔다고 한다. 특히 미국의 노예제도에 희생된 수많은 흑인들이 강을 건너 멕시코로 넘어갔다. 미국보다 일찍 1828년에 노예제도를 폐지했기 때문이다. 그러나 지금은 정반대가 되었다. 미국이 노예제도를 철폐하고 급속도로 풍요로운 땅이 된 뒤부터는 거꾸로 멕시코 사람들이 아메리칸 드림을 찾아 리오그란데를 건넌다.

911 테러 이후 빅 벤드도 여느 국경 지역과 마찬가지로 밀입국 단속이 철저해졌다. 그러나 여전히 많은 멕시칸들이 시시때때로 국경을 넘나든다. 그들이 곳곳에 설치한 무인 노점이 명백한 증거(?)였다. 국경 근처의 멕시코 사람들이 위법을 무릅쓰고 강을 건너오는 이유는 단순했다. 이 지역에서만 나는 나무로 만든 지팡이와 팔찌 같은 기념품을 팔기 위해서였다. 하지만 국경 경비대에 잡혀가기 때문에 대놓고 팔지는 못한다. 캄캄한 밤에 몰래 넘어와 관광객들이 많이 지나다닐 만한 곳에 무인 노점을 만들어 놓는다. 이런 노점 옆에는 저마다의 사연이 적힌 종이쪼가리가 붙어 있다.

"가수가 꿈인 호세가 계속 노래할 수 있게 해주세요."
"수익금은 멕시코의 어려운 공동체를 돕는 데 쓰입니다."

모금함을 들여다보면 물건의 질에 비해 꽤 많은 돈이 들어 있다. 생각보다 노점에서 기념품을 사가는 사람이 적지 않았다. 하지만 그런 물건을 사는 행동은 도움을 주기는커녕 되레 그들을 위험에 빠뜨릴 수도 있다. 물건을 사주는 사람이 있는 한 멕시코 사람들은 계속해서 리오그란데를 건너올 것이다. 그러다가 국경 경비대에 발각되면 즉시 체포되어 깨나 지루한 본국 송환 과정을 거쳐야 한다. 결코 가볍지 않은 처벌을 받는데도 불구하고 계속해서 불법 '출퇴근'을 시도하는 이들을 근절할 수는 없을 것 같다. 제한된 인력에 비해 땅이 너무 넓다 보니 도로변 가까운 곳만 벗어나면 단속도 그다지 심하지 않다고 한다.

공원 관리소는 관광객들을 대상으로 불법 노점에서 물건을 사지 말라고 열심히 안내한다. 정말 필요한 사람들이 합법적으로 살 수 있게 하려고 노점 것과 비슷한 장신구와 지팡이를 공원 매점에도 잘 구비해 놨다. 하지만 나만 해도 왠지 관의 손을 거친 토속 기념품을 보면 '원조'라든가 '진짜' 같은 느낌이 들지 않았다. 차라리 지팡이를 안 사고 말지, 공원 매점에서 사고 싶지는 않았다.

저녁밥을 지어 먹기 전 마지막으로 리오그란데 빌리지 근처의 노천온천에 들렀다. 인공적인 색채는 전혀 가미하지 않은 천연 온천이었다. 국립공원 지도에 표시된 온천만 보면 도저히 그냥 지나치지 못하는 성격의 우리는 온천 중독 증세를 갖고 있다. 여행 짐의 필수 항목인 수영복도 럭셔리 호텔 수영장을 위한 것이 아니라 이렇게 만나는 온천용이었다.

'핫 스프링스'라는 간단한 표지판 한 개만 믿고 급커브와 심한 요철이 기다리고 있는 비포장도로로 들어섰다. 찻길이 끝나자 폐허가 된 건물 앞에 주차된 차들이 보였다. 그 옆에 나란히 차를 주차해 놓고 수건을 든 채 터덜터덜 걸어갔다. 처음 가보는 곳인 만큼 약간의 두려움을 안고 리오그란데 강을 따라 5분여를 걸어갔다. 시끌시끌한 사람들 목소리가 들렸다. 와우! 리오그란데 강에서 불과 다섯 발자국도 떨어지지 않은 기가 막힌 위치에서 온천이 뿜어져 나오고 있었다. 천장은 텍사스의 하늘, 바닥은 리오그란데의 모래밭인 환상의 자연온천이다. 물의 양은 그다지 많지 않았지만 가로 세로 약 3미터쯤 되는 소박한 크기의 탕을 채우기에는 부족함이 없었다.

공원이 온천 입장료를 받고 관리하는 게 아니라서 이곳의 운영은 완전히 자율적이었다. 달리 말하면 시설이 보잘것없다는 얘기이다. 탕이라고 해봐야 온천수가 리오그란데 강으로 흘러가지 못하게 얼기설기 벽돌로 막아 놓은 게 다였다. 당연히 탈의실 같은 게 있을 리 만무했다.

음주를 부르는 천혜의 자연 온천.

그 자리에서 훌훌 옷을 벗고 비키니 차림으로 온천에 들어갔다. 절묘하게도 이곳의 물 온도는 식히거나 데울 필요가 없는 40도였다. 허리 뒤편에서 나오는 따뜻한 물살이 다리를 타고 발끝으로 전해질 때의 만족감은 오랜만에 맛보는 것이었다. 더군다나 비키니를 입은 여자 중에서는 내가 제일 날씬하다는, 한국에서는 있을 수 없는 특수한 상황도 아주 마음에 들었다.

'음주 온천을 하지 맙시다' 라는 팻말이 바로 옆에 있었지만 술 없이 이런 운치를 즐기지 못하는 사람들은 어디에나 꼭 있다. 탕의 가장 안쪽에 자리 잡은, 남성 두 명과 여성 한 명으로 이루어진 그룹이 벌건 얼굴로 떠들고 있었다. 이들은 마치 집들이하는 주인이라도 되는 양 새로 입탕하는 사람들을 맞아 주고 있었다.

"어디서 오셨어요?"

"유타에서 왔습니다. 이번 여행이 끝나면 한국으로 돌아가요."

남편이 공손하게 대답했다.

"유우타! 좋은 곳이죠. 저희는 애리조나 투손에서 왔어요."

"아, 바로 어제와 그저께 애리조나에 있었어요. 투손의 사막 박물관이 참 대단하더군요."

"와하핫! 이 사람들 뭘 좀 아는 사람들이구먼. 애리조나-소노란 박물관은 내가 보기에도 세계 최고의 사막 박물관이오."

남편은 다분히 의도적으로 사막 박물관을 언급함으로써 단박에 그들의 환심을 샀다. 이럴 때 보면 교활한 면도 있다. 믿음직스럽다.

같은 남서부 출신—유타와 애리조나 모두 미국 남서부로 분류된다—이라는 점과 애리조나의 자랑인 사막 박물관에 가봤다는 두 가지 사실 덕분에 우리 부부는 그들과 우호적인 대화를 이어갔다. 그들은 대화 도중에도 연신 스테인리스 컵에 담긴 술을 홀짝거렸다. 갑자기 작은 키에 머리가 벗겨진 아저씨가 무언가 결심한 듯 탕 밖으로 나갔다. 잠시 후 아저씨는 약수터에서나 쓸 법한 크기의 와인 한 통을 들고 돌아왔다.

"우리가 와인을 조금 가져왔습니다만……."

가득 담긴 붉은 와인이 족히 5리터는 넘어 보였다. 우리가 흠칫 놀라자 남자는 "그럼 맥주로 하실래요?" 하더니 나시 탕 밖으로 나가서 산양 그림이 그려진 맥주 박스를 들어 보였다. 와인도 맥주도 사람을 질리게 힐 정도의 양이었다.

물론 이곳의 경치가 음주욕을 자극한다는 것에는 동의한다. 게다가 온천에 몸을 담그고 있으면 혈액순환이 잘돼 숙취 해소까지 동시에 할 수 있다. 마음만 먹으면 끝도 없이 마실 수 있는 환경이었다. 하지만 낯선 곳에서 모르는 사람과 어울려 취한다는 게 왠지 겁이 났다. 거기다 캠핑장까지 가려면 다시 비포장도로를 운전해야 했다.

"아뇨, 저희는 정말 괜찮아요."

공손하게 사양을 한 우리는 바로 2급 손님으로 강등되었다.

그제야 주변 풍경이 눈에 들어왔다. 애리조나처럼 텍사스의 노을도 천박하지 않은 핫 핑크색이었다. 누렇거나 시뻘겋지 않고 산뜻하게 발랄한 핫 핑크는 마치 누군가 일부러 형광물질을 풀어 놓은 것처럼 톡톡 튀는 매력적인 색이었다.

우리가 이렇게 노을빛에 집착한 이유는 그랜드 서클을 여행할 때 노을 때문에 마음고생을 한 기억 때문이었다. 석양을 찍으려고 기껏 준비하고 기다렸는데도 노을이 생각만큼 예쁘지 않아 기운이 빠진 날이 많았다. 나중에 알고 보니 고도가 높은 곳일수록 노을이 잘 생기지 않아서였다. 그랜드 서클 대부분의 지역은 콜로라도 고원 위에 있다. 거기서 석양을 찍겠다고 덤빈 것부터가 바보같은 짓이었다.

텍사스는 달랐다. 애타게 보고 싶던 꿈의 노을이 남부의 하늘에 펼쳐져 있었다. 태양은 서산으로 뉘엿뉘엿 지면서도 좀처럼 약해지지 않았다. 노을이 어찌나 기운 센지 주변을 온통 핫 핑크로 물들일 정도였다. 마치 색안경을 끼고 감상하는 느낌이었다. 햇빛을 온몸으로 받고 있는 바위산들은 제

조그만 강 하나를 사이에 두고 나뉘는 두 나라(위),
노천온천 근처에서 발견한 멕시코 분위기의 건물. 예전에는 국립공원 시설이었지만 지금은 폐가가 되었다(아래).

색깔인 회색을 잃어버리고 분홍색으로 물들었다. 바위산에 반사되는 햇빛만으로도 얼굴이 발갛게 달아오르는 느낌이었다. 온천수에 취하고 빛에 취했는지 술은 입에도 대지 않았는데 정신이 몽롱해졌다.

강 건너편에서 말을 타거나 걸어서 지나가는 멕시코 사람들이 간간이 눈에 띄었다. 노점으로 '밤 출근' 하는 사람들인지 멕시코 국경 경비대인지는 확실치 않았지만 웃으며 인사를 건네는 모습은 한결같았다. 곱게 연지를 찍어 바른 듯한 돌산과 아무 야심 없이 흐르고 있는 리오그란데 강에 어울리는 사람들은 바로 그들이었다. 와인에 취해서 해롱해롱하는 하얀 피부의 한량들이 아니라 강 건너 사람들이야말로 가장 잘 어울렸다. 리오그란데를 악착같이 지키지 못한 멕시코 사람들이 야속했다. 하지만 어쩌면 그게 바로 멕시코스러움인지도 모르겠다. 모든 사물이 가장 잘 어울리는 사람의 손에 있는 것은 아니니까.

### 칼스바드 동굴 가는 길

# 순수 라면파와
# 다다익선파의 여행

나는 그동안 큰 착각 속에 빠져 살아왔다. 남편과 단둘이 미국에서 생활하지 않았더라면 아마 여전히 착각 속에 살고 있었을 것이다. 남편은 나와 비슷한 사람이라고…….

비슷한 사람과의 결혼은 내 오랜 신념이었다. 아무래도 비슷하면 싸울 일도 적겠지 싶어서였다. 그리고 진심으로 남편과 내가 비슷하다고 생각해서 결혼했다. TV를 안 보는 것, 자전거 타기를 좋아하고 냉랭한 듯하지만 정이 많은 성격 등등, 남편은 여태껏 만난 남자 중에 가장 나와 비슷해 보였다. 결정적으로 남편은 "난 너의 멘탤러티를 이해할 수 있을 것 같아"라는 말로 프로포즈를 했다. 한 번도 결혼에 대한 나의 철학을 말한 적이 없었는데 남편은 내 마음속을 들여다본 것처럼 말했다. 그 한마디로 이미 게임 끝이었다. 그래, 이제야 나를 이해해 주는 사람을 만났어, 라며 결혼을 결심했다.

그러나 내가 놓친 부분이 있었다. 결혼 전 우리가 함께 보낸 시간이 턱없이 부족했다는 사실. 첫 만남은 2004년 여름이었지만 그 뒤 한동안은 여럿이 어울려 가는 등산에서나 가끔 보는 사이였다. 남편의 첫인상이 나빠서가 아니라 그때의 나는 누구를 만나거나 사귈 상황이 아니었다.

남편을 알기 겨우 한 달 전 나는 엄마와 대판 싸우고 집을 나왔다. 그때부터 혼자 힘으로 의식주를 해결하는 것은 물론이고 자취방 보증금을 마련하느라 진 빚까지 갚아야 했다. 닥치는 대로 아르바이트를 했다. 과외 선생, 학원 강사, 출판사 외주 작가 등등 들어오는 일은 마다하지 않고 모조리 해냈다. 나를 보호해 주는 사람은 '일하는 나' 밖에 없다고 생각했다.

힘든 시기였다. 우울한 날에는 손님이 적은 커피숍이나 극장에 틀어박혔다. 자취방이 안국동 근처라 갈 곳은 많았다. 혼자인 게 편했다. 누군가의 기분을 맞춰 줄 기운도 없었다. 조금이라도 노력이 필요한 관계는 구태여 만들고 싶지 않았다. 사람들을 일부러 피해 다녔다. 차츰 주변이 스산해지면서 이성은 더더욱 희귀해졌다. 피해의식에 절어 어둠의 포스를 내뿜는 여자를 좋다고 할 남자는 없었다.

거의 반년이란 시간을 그렇게 보내고 이듬해 봄을 맞았다. 친구들과 술을 꽤 많이 마신 다음 날 아침, 오른손에 통증을 느껴 깼다. 손등과 손가락 마디에 피가 엉겨 붙어 있었다. 전날 밤 들어오는 길에 창덕궁 돌담을 주먹으로 내리쳤던 기억이 났다. 왜 그런 짓을 했는지는 전혀 기억나지 않았다. 하나 확실한 건 정말 많이 외롭다는 느낌이었다. 그때서야 나는 내가 평생 혼자 살아갈 수 있을 만큼 강하지 못하단 걸 알았다. 연애를, 사랑을 해야겠다고 마음먹었다.

그 즈음 남편에게서 영화 〈말아톤〉을 보자는 연락이 왔다. 산이 아닌 곳에, 그것도 단둘이서 가자는 말은 처음이었다. 그때부터 나는 세상에 인연이 있다는 것을 믿게 되었다. 얼마 뒤 멘탤러티가 어쩌고 하는 말에 넘어가 결혼을 하기까지 실제로 연애다운 연애 기간은 예닐곱 달에 불과했다. 겨우 그 정도 만나 놓고 '정말 나와 비슷한 점이 많은 사람'이라며 죽을 때까지 함께하기로 한 건 분명 만용이었다. 어쩌면 반은 의리였는지도 모르겠다. 내가 최악의 상황에 있을 때 손을 내밀어 준 사람이니까.

결혼을 하고 나서도 나와 비슷한 사람과 살고 있다는 착각은 계속되었다. 같이 지낸 시간이 별로 없었기 때문이다. 한국에서 남편은 12시나 되어야 '컴백홈' 하는 '김데렐라'였고 여름휴가도 3일 이상 가본 적이 없었다. 신혼여행도 주말에 다녀왔으니 이상할 것도 없었다. 미국에 오기 전 나와 남편 사이를 정리하자면 '어영부영 결혼은 했지만 그다지 친하지 않은' 부부였다.

미국에 와서 여러 차례 장거리 여행을 다녀 보고서야 새삼 얼마나 다른 인간 둘이서 부부로 살고 있었나를 절실히 깨달았다. 짧게는 2박 3일, 길게는 2주 동안 우리는 화장실에 가는 때를 제외하고는 항상 같이 있어야 했다. 그동안 모르고 있던, 그게 장점이든 단점이든 완벽하게 드러나는 무지막지한 조건이었다. 아름다운 거리(?)를 유지하며 살아온 우리 부부에게 그 긴 시간은 솔직히 버겁기까지 했다.

남편은 공학도답지 않게 섬세하고 고상한 면이 있었다. 아무 음악이나 듣지 않고 아무 책이나 읽지 않으며 미술에 조예가 있고 동물을 사랑한다. 그에 비해 나는 막귀에 막눈을 가졌다. 나한테 중요한 것은 음악의 멜로디가 아니라 볼륨이고, 내가 그린 그림보다 훌륭한 그림은 다 좋아했다—아직까지 나보다 못 그리는 사람은 거의 보지 못했다. 한마디로 예술적으로는 무취향에 가까웠기에 남편의 취향을 전적으로 존중해 줄 수 있었다. 카오디오에서 항상 남편이 좋아하는 음악만 나오는 것도 그런 이유 때문이다.

단 하나, 이런 나조차도 참기 힘든 건 먹을거리에 대한 관점 차이였다. 이십대에 앓았던 위염 때문인지는 나는 정확한 밥때에 집착한다. 무엇을 먹느냐보다는 언제 먹느냐가 중요했다. 내게 있어 식사란 '배에서 꼬르륵 소리가 안 나게 하는 것', '속 쓰림을 멈추게 하는 것'일 뿐이다. 식도락을 즐기는 것은, 혀로 느끼는 쾌락 말고는 다른 아무런 재미도 찾을 수 없는 노년에 해도 늦지 않는다고 생각한다.

그에 반해 남편은 한 끼, 한 끼에 의미를 부여하는 편이다. 인생에서 2010년 모 월, 모 일의 점심은 오직 이번 한 번뿐이므로 소중한 한 끼를 아무 걸로나 때우는 건 용납할 수 없는 일이란다. 심하게 말하면 남편은 매 끼니마다 심오한 맛의 세계로 여행을 떠나려는 사람이다. 제때 먹을 수만 있다면 편의점 샌드위치라도 상관이 없는 나와 그런 음식을 먹느니 차라리 굶겠다는 남편. 조금만 더 가면 맛집이 나오는데 그새를 못 참느냐고 핀잔 주는 남편과 이따 먹는 산해진미보다 지금 먹는 주먹밥이 낫다는 나. 끼니때만 되면 둘 다 신경이 곤두서는 것은 너무도 당연했다.

'오늘은 남편이 제때 밥을 먹여 줄까?'
'오늘은 얘가 몇 시부터 배고프다고 징징댈까'

음식을 사먹을 때뿐만 아니라 해먹을 때에도 마찬가지였다. 캠핑에서 해먹는 음식이라 봤자 라면, 즉석국, 김치찌개 따위이다. 겨우 그런 걸 해 먹으면서도 남편과 사이좋게 먹을 수 없다는 사실에 매번 좌절했다.

캠핑한 다음 날 아침 식단은 거의 즉석국—북엇국이냐, 미역국이냐의 차이는 있지만—과 밥, 그리고 김으로 정해져 있다. 더 이상 부딪칠 게 없어 보이지만 그렇지 않다. 어제 남은 식은 밥을 데울 것이냐, 말 것이냐의 문제로 날을 세운다. 뜨거운 것을 잘 못 먹는 나는 밥이라도 차가워야 뜨거운 국이랑 먹지, 라는 입장이다. 정반대의 입장인 남편은 차가운 밥을 말면 국이 다 식어 버려 안 된다, 라고 주장한다. 밥을 데우려는 남편과 못하게 하려는 나의 실랑이가 아침마다 반복됐다.

라면은 또 어떤가? 내가 '순수 라면파' 라면 남편은 '다다익선파' 였다. 오로지 스프만 넣고 끓이는 나와 달리 남편은 그때그때 있는 재료를 모두 넣고 푸짐하게 끓이는 라면을 좋아한다. 남편이 남은 김치와 계란을 넣고 라면을 끓이고 있으면 이런 생각이 든다.

'그러려면 왜 라면을 먹지?'

라면의 핵심 미덕은 그 자체의 완결성이다. 번거롭게 뭔가를 계속 첨가하는 건 라면이 존재하는 이유 자체를 무시하는 처사가 아니고 뭐냔 말이다. 내 입에는 비리기만 한 계란이 누군가에게는 고소한 음식일 수 있다는 것 역시 꽤 충격이었다.

캠핑 때마다 이런 저차원적인 갈등이 반복되는 사태를 당해 보지 않고는 그 기분을 모른다. 정말 서글퍼진다. 이렇게 시소한 것도 나한테 못 맞춰 주나 싶다가도 입장을 바꿔 거꾸로 생각하면 나 또한 마찬가지린 생각에 괴로웠다. 이제야 깨달았다. 세상에 자신과 비슷한 사람은 절대로 없다. 이 빤한 사실을 모르고 나와 비슷한 사람을 찾았다고 결혼을 결심하다니!

그나마 다행은 시간이 지날수록 최소한의 타협점을 찾기 시작했다는 것이다. 여행 준비를 위해 장을 보면서 나는 소시지빵이나 비스킷 같은 간식을 넉넉히 샀다. 예상보다 이동 시간이 오래 걸리거나 제때 밥 먹기가 힘들 때 차 안에서 허기를 면하게 해주는 간식이었다. 내가 뭐든 먹고 나면 남편은 좀 더 여유 있게 운전할 수 있고 나 역시 캠핑장에 도착해 기분 좋게 밥을 지었다.

우리가 뉴멕시코 주 칼스바드 동굴 근처에 도착한 때는 점심때였다. 동굴 탐험을 예약해 놨기 때문에 밥해 먹을 시간이 부족했다. 그렇다고 굶은 채로 구경하고 싶은 맘은 전혀 없었다. 동굴을 다 본 다음에 제대로 된 음식을 먹겠다는 남편을 차에 남겨 두고 밖으로 나왔다. 손님이 없어 파리만 날리고 있는 샌드위치 가게에 들어갔다. 패스트푸드점은 아닌데 형편없이 맛없는 샌드위치를 아주 천천히 내놓는 그런 곳이었다. 아마 특별히 맛없게 만드느라 오랜 시간이 걸리는 것 같았다.

공원 입구까지 가는 동안 조수석에 앉아 포장해 온 햄치즈 샌드위치를 먹었다. 살짝 구워져야 할 식빵은 기름에 절어 있고 빵의 열기에 녹은 치즈가 질질 흘러내렸다. 함께 준 감자튀김은 입에 넣자마자 가루가 되어 부서졌다. 그 어떤 감칠맛이나 고소함도 느껴지지 않았다. 한마디로 정리하면 퍽퍽하면서 느끼한 맛이었다. 하지만 상관없었다. 언젠가부터 나는 음악뿐만 아니라 입에 안 맞는 음식으로부터도 나 자신을 분리해 내는 기술을 터득했기 때문이다.

남편도 배가 고플 것 같아 조금 떼어 주었더니 유해물질을 삼킨 듯한 표정을 지었다. 그렇다고 마음이 상한 사람은 아무도 없었다. 배가 든든해진 나는 씩씩하게 동굴을 탐험할 것이고 동굴을 보고 나온 남편은 만족할 만한 수준의 밥을 먹을 것이다.

걸어서 내려가는 사람들을 위한 통로.

칼스바드 동굴 국립공원에는 하나의 동굴만 있는 게 아니었다. 동굴 밑에 동굴이 있고 동굴 옆에 또 동굴이 있었다. 동굴 지대라고 하면 맞을 것 같다. 우리는 고심 끝에 두 개의 동굴을 골랐다. 큰 방 동굴과 아래 동굴이었다. 큰 방 동굴은 가장 화려하고 잘 정비된 공원의 간판스타였다. 아래 동굴은 큰 방 동굴의 반지하에 세 들어 사는 동굴이었다. 너무 험해서 가이드가 필요할 정도였다.

일단 큰 방 동굴로 향했다. 들어가는 방법은 두 가지였다. 엘리베이터를 타거나 지상에서 하염없이 걸어 내려가거나. 우리가—정확히 말하면 남편이—어떤 방식을 택했는지에 대해서는 굳이 말할 필요가 없을 것이다.

내려가는 길 입구에서 레인저들이 사람들의 입속을 검사했다. 껌 때문이었다. 사람들이 뱉은 껌을 떼기 위해 쓰는 인력이 공원 입장에서는 보통 부담이 아니었나 보다. 입구에 들어서는데 박쥐 똥 냄새가 은은했다. 여름이 끝날 때쯤 따뜻한 남쪽 나라로 날아간 박쥐 대신 똥만 남아 있었다. 여름에 왔다면 저녁 사냥을 나서는 박쥐들의 환상적인 군무를 볼 수 있었을 텐데,

섬세한 아름다움과 압도적인 규모로 사람들을 놀라게 하는 큰 방 동굴.

너무 늦게 온 것이 아쉬웠다.

채 한 시간이나 걸었을까, 큰 방 동굴에 도착한 우리는 잠시 할 말을 잊었다. 그 압도적인 공간감을 어떻게 표현해야 할까? 좁고 갑갑한 동굴을 예상했는데 그 기대가 보기 좋게 빗나갔다. 지하 도시에 들어온 느낌이었다. 점보제트기 여러 대가 가뿐하게 들어갈 수 있을 정도의 규모였다. 종유석과 석순들의 크기도 상상을 초월했다. 고드름이 아니라 그리스 신전의 거대한 기둥 같았다.

엄청난 조명으로 한껏 치장한 큰 방 동굴을 구경하는 동안 계속 신경 쓰이는 게 있었다. 아래 있는 동굴이었다. 바위 틈으로 보이는 아래 동굴 풍경이 심상치 않았다. 가이드를 따라다니는 사람들의 장비가 눈에 띄었다. 광부들이나 쓸 법한 헬멧을 쓰고 목장갑까지 끼고 있다. 평범한 관람이 아닌 게 틀림없었다.

큰 방 동굴을 둘러보고 내키지 않는 발걸음으로 내려갔다. 아래 동굴 관람은 말만 관람이었다. 밧줄을 잡고 동굴 벽을 오르내리고 천장이 낮은 곳은 기어서 통과해야 했다. '극기훈련'이 따로 없었다. '사서 고생'은 이제 우리 여행의 핵심적인 컨셉이며, 거부할 수 없는 운명의 굴레가 되었다. 수없이 저항해 봤지만 소용 없었다. 운명을 받아들이니 마음은 편했다. 묵묵히 훈련을 마치고 아래 동굴에서 큰 방 동굴로 올라오기 위해 마지막 밧줄을 탔다. 밧줄을 사뿐히 내려놓는 내 모습을 보더니 가이드가 손놀림이 우아하다며 칭찬해 주었다. 그 말을 듣고, 나도 이제 이쪽 사람이 다 되었구나 싶었다.

남편의 허락을 받아 엘리베이터를 타고 지상으로 올라왔다. 쏟아지는 햇

비교적 최근에 발견되어서 그런지 칼스바드의 동굴들은 보존 상태가 매우 좋다.

빛에 몸을 맡기고 습기로 축축해진 옷을 말렸다. 아무리 생각해도 지금 서 있는 땅 밑에 그런 초현실적인 동굴이 있다는 것이 믿기지 않았다. 동굴의 의 규모와 아름다움은 가히 '동굴계의 그랜드 캐니언'이라고 할만 했다. 지하에 그처럼 거대한 공간이 생길 수 있다는 것도, 그 공간이 기기묘묘한 종유석과 석주로 꽉 차 있다는 것도 모두 상상 밖이었다.

공원을 떠나기 전에 꼭 해야 할 일이 있었다. 국제전화를 거는 일이었다. 여행 중 일주일에 꼭 한 번은 생존 보고를 드리겠다고 양가 부모님과 약속했는데 떠나온 지 벌써 2주째였다. 휴대전화가 불통이어서 방문객센터에 있는 공중전화를 사용해야 했다. 부모님들을 안심시키기 위한 전화였지만 따지고 보면 우리를 위한 것이기도 했다. 조난을 당해 안부 전화를 빼먹게 되면 부모님들이 신고해 주실 테니까.

'양가에 거는 전화'라고 해서 각자의 부모님께 전화하는 '셀프서비스'는 아니었다. 양가에 번갈아 가며 전화하는 '기쁨 2배 서비스'도 아니었다. 전화 통화를 싫어하는 남편을 대신해 항상 나 혼자 전화를 했다. 이런 걸 '원스톱 서비스'라고 해야 하나? 아, 정말 나는 이렇게나 관대한데 남편은 꼭 라면에 계란을 넣어야 하는 걸까? 오늘 저녁 라면을 끓일 때에는 이 점을 꼭 어필해 봐야겠다.

그랜드 캐니언 사우스 림, 두 번째 가는 길

# 자연의 순례자들

그랜드 캐니언에 도착했다. 이번이 벌써 세 번째 방문이다. 본래 계획에는 없는 일정이었지만 남편의 집요함을 당해낼 재간이 없었다. 며칠 전부터 "미국 여행의 피날레인데 적어도 콜로라도 강 왕복 정도는 해야 하지 않을까?"라며 나를 세뇌해 왔다. 지난여름 나의 강력한 저항 탓에 포기했던 게 가슴에 한이 된 모양이었다. 남편은 내가 눈치 채지 못하도록 앞의 일정들을 슬금슬금 조금씩 단축하는 전략을 썼다. 예를 들자면 기상시간을 당기거나 예정된 여행지 한두 개씩을 빼먹는 수법이었다.

정신을 차리고 보니 어느새 그랜드 캐니언 앞이었다. 이번 여행이 끝나려면 아직 3일이나 더 남아 있었다. 여름이면 더위 핑계를 대거나 피부 상할 염려 때문에 싫다고 하면서 둘러댔겠지만, 지금처럼 늦가을에는 마땅한 핑계거리마저 없었다. 추위는 핑계 축에도 못 든다. 콧물이 얼 정도로 추운 한겨울에도 "걸으면 따뜻해져요"라고 말하는 남편에게는 그런 변명은 통하지 않는다.

콜로라도 강 왕복 트레킹은 서부 사람이라면 누구나 한번쯤 꿈꾸는 여행 코스이다. 남편과 나 역시 유타에서 일 년 넘게 산 만큼 준서부인이었다. 동시에 며칠 후면 이 땅을 떠나 언제 다시 돌아올지 모르는 타지 사람이기도 했다. 게다가 백발이 성성한 노인이 되어 돌아왔을 때는 지금보다 몇 배의 용기와 체력이 필요하게 될지도 모를 일이었다. 무엇보다도 내 인생의 반쪽이 저렇게도 간절히 원하는 소원 하나 못 들어주겠나 싶어서 결국 다녀오기로 마음을 먹었다.

인디언가든 캠핑장에서 만난 아이가 그린 캠핑장 경치.

트레킹을 하려면 우선 공원 측의 허가를 받아야 하는데 캠핑장 예약증을 보여 줘야 했다. 하루 만에 다녀오려다가 탈진해서 죽는 사람들이 더러 있어서 미연에 방지하려는 방침이라고 했다. 그러니까 미리 숙소를 예약하지 않은 사람은 아예 내려갈 수조차 없게 하려는 것이었다. 결과적으로 캠핑장 예약증은 콜로라도 강 왕복 허가증이나 마찬가지였다.

그랜드 캐니언 로지에 도착해서 캠핑 예약센터로 달려갔다. 여름 성수기가 한참 지난 때라 그런지 예약이 훨씬 수월했다. 흰색 편지봉투만 한 예약증에 인솔자와 캠핑장 이름, 이용 날짜가 적혀 있었다. 특이하게 윗부분이 철사로 꿰어져 있었다.

"일단 캠핑장에 들어가면 레인저가 쉽게 알아볼 수 있게 배낭에 항상 예약증을 붙여 놓으세요. 아랫동네 사는 다람쥐들은 엄청 사납고 뭐든지 뺏어 먹으니까 음식은 전부 철제 캐비닛에 넣어 놓으시고요."

그제야 예약증에 달린 철사의 용도가 배낭에 매달기 위한 것임을 알았다. 그런데 다람쥐가 사납다는 말은 잘 이해되지 않았다. 세상의 모든 동물을 사나운 동물과 그렇지 않은 동물로 나눈다면 다람쥐는 명백히 후자였다. 호기심이 발동했지만 당장은 확인할 길이 없었으므로 당면한 과제부터 해결하기 위해 발길을 돌렸다.

집을 떠나면 세끼 식사는 늘 한결같았다. 좋든 싫든 아침은 멀건 즉석국, 점심은 라면, 저녁은 김치찌개로 때우는 일상이었다. 문제는 이렇게 먹다 보니 여행하는 기간과 체력이 반비례한다는 것이다. 특히 이번 여행은 가장 긴 여행이었다. 가끔 운이 좋으면 마침 끼니때에 맞춰 도로변의 샌드위치 가게를 발견하고 기다란 샌드위치 하나를 사서 반씩 갈라 먹었다. 며칠간 싱싱한 채소는 구경도 못하다가 한 입 베어 물자마자 아삭하게 씹히는 양파 맛에 감격해서 눈물을 흘릴 지경이었다. 여행하는 동안 신선한 채소를 섭취하지 못한 몸은 섬유질 만성 부족에 시달릴 수밖에 없었다. 이쯤 되면 풀을 향한 갈망은 취향의 문제가 아니라 생존의 문제로 봐야 한다.

폐점 30분 전, 영양 보충에 필요한 식재료를 사기 위해 로지 안 매점을 찾았다. 규모와 상품 다양성이 상상을 초월했다. 대자연의 숨결을 맛보기 위해 먼 길을 달려온 사람들에게 "그래 봤자 문명의 손길을 벗어날 수 없어"라고 말하는 것 같았다. 그 풍요로운 모습에 반한 나머지 '제발 저를 놔주지 마세요.'라고 빌고 싶은 정도였다. 사막 한가운데에서 구입한 신선한 식재료가 솔트레이크시티의 마트 것보다 저렴하다니, 이것이야말로 사막의 기적이 아니고 무엇이겠는가.

사막의 기적에 잔뜩 취한 나는 상추와 버섯, 양파, 아스파라거스 그리고 약간의 소시지를 골라 바구니에 담았다. 와인 구입은 남편 담당이었다. 점원이 리더기로 와인 가격을 확인하는데 모니터에 무려 50달러가 표시되었다. 아니 50달러가 뉘집 애 이름인가, 보통 때보다 넉넉하게 담아 온 재료비도 고작 15달러였는데. 남편도 적잖이 놀란 눈치였다. 그러면서 한다는 소리가 기껏 "가격을 못 봤어요." 였다. 가격도 안 보고 물건을 집다니, 이럴 땐 정말 남편이 어느 별에서 왔는지 궁금해진다. 환불을 요청했지만 냉정한 인상의 점원은 오직 주류에 한해서 환불과 교환이 안 된다고 딱 잘라 얘기했다.

15달러짜리 밥상과 50달러짜리 반주라는 기묘한 조합의 저녁상이 차려졌다. 간만에 먹어 보는 성찬이었다. 밥을 먹으면서 내일 치를 거사의 세부 사항을 의논했다. 몇 시에 일어날지, 트레일 입구까지는 어떻게 이동할지, 물과 식재료는 얼마나 들고 내려갈지 말고도 결정할 것들이 꽤 많았다. 그러는 사이, 간만에 먹어 보는 성찬이 남김없이 뱃속으로 들어갔다.

이튿날 해보다 한 발 앞서 일어났다. 대망의 콜로라도 강 왕복을 앞둬서 그런지 자연스럽게 눈이 떠졌다. 같은 길을 반복하기 싫어하는 남편의 오랜 취향 때문에 사우스 카이바브 트레일로 내려가 골로나도 강에 손을 담그고 브라이트 엔젤 트레일로 올라오는 계획을 세웠다. 야키 포인트에서 시작해

메마른 땅이지만 밑으로 물길이 지나는 곳에는 초목이 무성하다.

브라이트 엔젤 로지에서 끝나는 일정이었다.

굳은 각오로 출발한 우리는 셔틀버스를 타고 야키 포인트에 내렸다. 11월 초의 날씨에도 불구하고 곳곳에 얼음이 보였다. 고도가 워낙 높아서인지 바닥에 고인 노새 오줌에까지 살얼음이 끼어 있었다. 덕택에 냄새가 훨씬 덜 올라왔다. 얇은 얼음 밑에서 '녹기만 해봐, 끔찍한 지린내를 풍겨 주겠어'라는 듯 찰랑거렸다. 행여 얼음이 녹기라도 하면 큰일이었다. 해가 중천에 뜨기 전에 한시라도 빨리 벗어나는 게 상책이었다.

예상한 대로 내려가는 길은 참 쉬웠다. 잘 닦인 트레일은 걷기 편했고 쌀쌀한 날씨 덕분에 적당한 체온을 유지할 수 있었다. 콜로라도 강까지는 3시간밖에 걸리지 않았다. 카이바브 현수교가 보이는 지점에서 조금 더 내려가자 다리 밑을 흐르는 콜로라도 강이 보였다. 드디어 왔다. 서부시대 수많은 탐험가를 자극한 장대한 흙빛 강 콜로라도에…….

부유물이 많아서 그런지 흔히 콜로라도 강을 가리켜 '마시기에는 너무 걸쭉하고 경작을 하기에는 너무 묽다'고 들 말한다. 하지만 가까에서 두 눈으로 확인한 강물은 생각보다는 맑았다. 상류에 글렌 캐니언 댐을 지은 이후로 유속이 느려지면서 흙이 많이 가라앉았기 때문이다. 누런 이무기가 승천하는 모습처럼 그랜드 캐니언을 힘차게 휘감아 도는 진한 흙탕물을 상상했는데, 이만저만 실망스러운 게 아니었다.

비록 기대와는 많이 달랐지만 콜로라도 강이 서부의 얼굴이나 다름없는 그랜드 캐니언을 만든 장본인이란 사실은 변함이 없다. 이 지역 사람들에게는 오랜 세월 동안 대지의 화신이자 젖줄로 사랑받아 왔고 래프팅을 위해 찾아오는 이들에게는 서부 탐험의 정수로 추앙받아 왔다. 비로소 완전한 서부 사람으로 거듭난 기분이 들었다. 겨우 1년 넘게 산 주제에 터무니없는 소리를 한다고 욕해도, 인정해 주지 않아도 괜찮다. 자연의 순례자에게만 허락된 벅찬 감동을 느낄 수 있는 걸로도 충분했다.

우리는 콜로라도 강에 온 기쁨을 다른 순례자들과도 나누고 싶었다. 일부러 식수대 옆에서 라면 물을 끓였다. 식수대는 각양각색 다양한 유형의 사람들을 만날 수 있는 사랑방 같은 곳이었다. 순례자들은 처음 대하는 사람을 보고도 모른 체하지 않았다. 예의상이라도 한마디씩 인사를 건넸다. 콜로라도 강을 27일째 띠내러가고 있는 순례자와 숙소 이름으로 보기에는 어딘가 이상한 '고스트 랜치(콜로라도 강변에 위치한 로지)'에 미무는 순례자

를 차례로 만났다. 가장 깊은 인상을 남긴 순례자는 허리춤에 물병 2개만 달랑 차고 트레킹하는 사람이었다.

그 남자는 피닉스 사람이었다. 아침에 림을 출발해 막 콜로라도 강에 도착했는데 다시 올라간다고 했다. 콜로라도 왕복을 한나절 만에 거뜬히 끝낸 것도 놀라웠지만 더욱 놀라운 것은 엉덩이 한 번 붙이지 않고 물만 떠서 바로 출발한다는 사실이었다. 들어 보니 한두 번 해본 솜씨가 아니었다. 그가 사는 애리조나 주의 피닉스는 그랜드 캐니언과 약 4시간 거리에 있다. 저녁 때쯤 로지에 도착한 남자는 쉬지 않고 운전해도 한밤중에나 귀가할 수 있을 것이다. 트레킹은 어찌어찌 마쳤다고 해도 그런 피곤한 몸으로 야간 운전을 하다니, 웬만한 체력과 의지로도 힘에 부치는 일정이었다. 그런 그에 비하면 우리는 얼마나 '믿음'이 부족한 순례자들인가.

걷는 게 영 버거운 순례자들은 1박을 하기 위해 인디언 가든에 짐을 풀었다. 캠핑장은 브라이트 엔젤 트레일 중간쯤에 있었다. 역시 믿음이 부족한 순례자들은 생각하는 것도 비슷했다. 우리처럼 쉬어 가려는 사람들이 세워 놓은 텐트가 꽤 여러 개였다.

이 캠핑장에는 특이한 점이 있었다. 텐트 자리마다 작은 철제 캐비닛이 두 개씩 놓여 있었다. 어제 예약센터 직원이 말한 다람쥐 방지용 캐비닛이었다. 곰이 음식을 훔쳐 먹는 것을 막기 위한 베어락은 많이 보았지만 다람쥐용은 처음이었다. 굳이 이런 게 필요할까? 하면서 배낭에서 식재료를 꺼내는 순간이었다. 어디선가 나타난 다람쥐들이 떼를 지어 몰려들었다. 막을 새도 없이 사방에서 달려드는데 정신을 못 차릴 지경이었다. 다람쥐들은 비닐봉지를 보면 일단 물어뜯기부터 했다. 쌀이든 신발이든 개의치 않는 녀석

캠핑장에서 새롭게 만난 무서운 포식자, 다람쥐.

들을 보자 그제야 사태의 심각성이 파악되었다. 모든 음식은 철제 캐비닛 안에, 소지품은 배낭에 넣어서 나무에 매달았다. 밥 지을 때 꼭 필요한 냄비는 지상에 남겨 두고 뚜껑 위에는 무거운 돌을 얹어 놓았다. 그나마 다람쥐 덩치가 작아서 천만다행이었다.

저녁을 먹고 캠핑장에서 운영하는 도서관에 들렀다. 지난 며칠간 먹고 자고 걷는 데만 거의 대부분의 시간을 쓴 것이 생각나 살짝이라도 문화의 향기를 맛 보고 싶어서였다. 세 권을 빌려 왔는데 그중 한 권에 그랜드 캐니언 판 〈견우와 직녀〉라고 할 만한 이야기가 실려 있었다. 기억을 다시 더듬어 보면, 여자는 노스 림에서 식물을 연구하는 대학원생이었고, 남자는 로지에서 일하는 공원 레인저였다. 사랑에 빠진 남자는 여자를 만나기 위해 로지를 내려와 콜로라도 강을 건너서 다시 노스 림까지 올라가야 했다. 자동차 도로가 덜 발달된 때라 양쪽 림을 오가려면 그 방법이 유일했다고 한다. 나는 경악할 수밖에 없었다. 애인 얼굴 한번 보겠다고 그랜드 캐니언을 횡단하다니, 그 정성을 어떻게 말로 표현할 수 있을까. 내 경우처럼 평생 딱 한번, 사랑하는 이와 함께 콜로라도 강에 다녀오는 일은 '애정 표현' 축에도 못 들었다. 감동적이긴 했으나 굳이 남편에게 들려줄 필요까지는 없었다. 언젠가 말해 줄 날이 오겠지, 하는 마음으로 조용히 잠을 청했다.

아침 일찍 일어나 다시 무념무상의 상태로 걸음을 옮겼다. 림에 도착한 시간이 오전 10시 30분이었다. 영원히 끝나지 않으면 어쩌나 싶었던 마지막 트레일을 무사히 마치자 예상하지 못한 성취감과 안도감이 밀려왔다. 콜로라도 강 왕복을 기념할 만한 특별한 행사가 필요했다. 브라이트 엔젤 로지 식당에 갔다. 땀을 많이 흘려서 냄새 걱정 때문에 잠시 망설였다. 덩치가 산만 한 배낭도 어디에 둬야 할지 몰라 맘을 졸였는데 다행히 별도의 보관소가 준비되어 있었다.

웨이터는 더없이 친절했다. 이미 아침도 먹은데다가 곧 있으면 점심도 먹을 사람이 그 사이에 먹는 끼니를 무어라 불러야 할지는 모르겠지만, 아무튼 시간상으로 브런치였다. 고생 끝에 낙이 온다고 했던가? 짧게 보면 17박 18일이요, 길게 보면 1년 넘게 이어진 '길 위의 여정'을 우아한 호텔 브런치로 끝내는 게 몹시 마음에 들었다. 계란을 어떻게 해주길 원하냐는 웨이터의 물음에 남편은 서니사이드업(노른자가 터지지 않게 익힌 것), 나는 스크램블에그를 주문했다. 이로써 우리가 해야 할 모든 일은 끝났다.

그날 이후, 지금껏 한 번도 말하지 않은 문장이 있다.

"아, 여행가고 싶다!"

# 결국 서로를 만나러 간 길이었다

우리가 미국으로 떠난다고 했을 때 많은 사람들이—나를 잘 아는 사람일수록 더—걱정을 했다. 영어 때문도 아니고 돈 때문도 아니었다. 아마도 변변한 한인 상점조차 흔하지 않은 시골 동네에 가서 소리 소문 없이 굶어 죽는 게 아닌가 하는 걱정이었을 것이다. 맞다. 내가 생각해도 꽤나 일리 있는 걱정이었다. 꼼짝없이 삼시 세끼를 해먹어야 하는 문제는 가장 큰 걸림돌이 되어 나를 짓눌렀다. 어찌된 일인지 나란 인간에게는 식재료를 사람이 먹을 수 있는 음식으로 변환하는 능력이 결여되어 있다.

떠나기 석 달 전 서울시가 운영하는 여성발전센터 '한식 조리반'에 등록했다. 요리와 부엌일을 기초부터 제대로 배워야겠다는 생각 때문이었다. 정통 한식은 물론이고 전반적인 음식 조리법을 배울 수 있는 과정을 골랐지만 애초부터 그른 선택이었다. 맨 처음 배운 요리가 탕평채였다. 궁중요리의 하나로 미나리와 청포묵 그리고 볶은 소고기를 새콤하게 무친 음식이다. 낭패였다. 아, 물론 탕평채는 아무 잘못이 없다. 탕탕평평, 인재를 가리지 말고 뽑아 쓰자는 취지도 훌륭하고 맛도 있는 요리이다. 단지 계란찜 하나도 제대로 못하는 내가 배울 음식은 아니었다. 주재료부터 취지에 심히 어긋났다. 대체 유타 어디에서 미나리와 청포묵을 구한단 말인가?

 뒤늦게 깨달았다. 내가 들었어야 할 수업은 '한식 조리'가 아닌 '밑반찬 만들기'였다. 반찬가게 예비 창업자들이나 배우는 과정인 줄 알았던 밑반찬 과정이야말로 제격이었다. 반을 옮기려고 했을 땐 이미 수강인원이 꽉 찬 상태였다. 그저 감자볶음이나 시금치나물 정도 배우면 더 바랄 게 없었는데……. 그 뒤로도 섭산적이나 육원전처럼 버거운 한식 만들기가 이어졌다.

 나의 안타까운 사연을 알게 된 요리 선생님은 특별 지도를 베푸셨다. 수업시간 틈틈이 마늘을 쉽게 다지는 법, 생오징어 껍질을 쉽게 벗기는 법, 도마를 위생적으로 관리하는 법 등등 다른 수강생들은 따분해 하는 기초지식을 읊으셨다. 오직 나 하나를 위해 일부러 하신 말씀이었다. 딸뻘인 내가 이역만리 미국 땅에서 굶어 죽기라도 할까 봐 어지간히 걱정이 되셨나 보다. 하여간 선생님의 고마운 배려 때문에라도 수업시간은 결코 빠질 수가 없었다. 질주하는 자전거에 받치는 사고를 당한 날도 뚝뚝 피를 흘리며 나왔다. 선생님은 식재료 보관실에서 구급상자를 꺼내 상처 난 부위를 지혈해 주셨다.

 "너 이렇게 어리벙벙해서 어떻게 남의 나라 가서 살래?"
 라고 말씀하시면서 걱정을 감추지 못했다.
 3개월 과정이 모두 끝나는 마지막 수업 날이었다. 요리 실력이 전보다 많이 늘지는 않았지만 워낙 기본기가 없으니 누구를 탓할 일도 아니었다. 수업이 끝나고 선생님께 감사 인사를 드리려고 기다렸다. 둘만 남게 되자, 선생님은 내가 미처 감사의 말을 꺼내기도 전에 내 손을 꼭 잡고 당부하셨다.

"화서야, 음식이란 건 최악의 경우에도 익히고 간만 맞추면 먹을 수 있다. 너무 걱정하지 말고 집에 굴소스만 떨어지지 않게 해놔. 막막할 땐 아무 재료나 사다가 굴소스에 볶아 버리면 돼."

차마 다른 수강생들 앞에서는 밝히지 못했던 궁극의 비법이었다.

이런 은혜를 입고도 굶는다면 나는 사람도 아니었다. 미국에 가서도 죽이 되건 밥이 되건 밥상을 차렸다. 아침부터 차가운 우유에 소여물 같은 씨리얼을 말아 먹을 수 없다는 남편을 위해 밥상을 차리고 도시락까지 쌌다. 콩 고기를 넣은 햄버거와 속이 부실한 김밥으로 한 달씩 돌려막는 형편이었지만 엄연한 도시락이었다. 저녁은 가장 힘주어 차린 끼니였다. 지친 몸을 이끌고 퇴근한 남편을 위해 선생님의 가르침을 충실하게 실천했다. 굴소스 해물볶음, 굴소스 돼지고기볶음, 굴소스 채소볶음 등을 매일 한 가지씩은 내놨다. 이전의 요리 실력을 돌이켜 보면 어림도 없는 일이었다. 세끼 다 해 먹고 산 게 기적이었다.

귀국하고 이민 가방을 풀자마자 시댁으로 향했다. 원래 계획은 우산과 키친타월 몇 개만 챙겨 오는 것이었다. 미국의 원 달러 숍(1달러로 살 수 있는 물건이 무진장 많은 곳)에서 산 우산은 약한 바람에도 핵핵 뒤집어질 만큼 허술해서 비가 오면 번번이 내 속을 뒤집어 놨다. 주부의 영원한 동반자인 키친타월을 아껴 쓰는 동안 쌓인 스트레스도 만만치 않았다.

어머님의 안내로 집안 구석구석을 훑었다. 우선 신발장 안에 사이좋게 누워 있는 우산 서른 개가 시야에 들어왔다. 부엌 찬장은 키친타월들로 빈틈없이 빼곡하게 차 있었다. 알리바바의 동굴이 따로 없었다. "열려라 참깨" 말고 "어머님, XX 남는 거 없으세요?"라는 주문 한마디면 충분했다. 거저 얻은 물건이나 마찬가지라는 사실도 가슴을 뿌듯하게 했다. 누가 미국을 풍요의 땅이라고 했나? 미국은 우리에게 그 흔한 달력 하나 주지 않았다. '동정 없는 세상'에서 귀환한 나에게 우리나라는 풍요의 천국이었다. 결혼식에 가서 공짜로 우산을 얻어 오고, 은행에 가면 키친타월을 받아 올 수 있다.

시댁표 구호물자를 실어 오려면 차 한 대로는 턱없이 부족했다. 몇 번이나 왕복한 끝에 시댁은 넓어지고 우리 집 살림은 넉넉해졌다. 바람직한 부의 재분배였다. 사은품과 공짜가 넘쳐나는 우리나라야말로 젖과 꿀이 흐르는 땅이다. 인정하기 싫지만 물질적 풍요에 즐거운 비명을 지르는 얄팍한 인간이 바로 나였다.

미국에서 자리를 잡느라고 고생한 것에 비하면 돌아와서 적응하는 건 일도 아니었다. 오랜만에 친구들과 만나 수다를 떨고 남편과 함께 혀에 짝 달라붙는 매콤한 음식을 먹으러 다녔다. 여행의 기억이 나날이 희미해져 갔다. 남편이 아쉬웠는지 야심 찬 여름휴가 계획을 세웠다. 그동안 한식으로 보충한 기력으로 강원도의 국립공원 세 군데를 도는 일정이었다. 첫 목적지인 치악산행에 박 대위 가족을 초대했다. 모처럼 예전의 캠핑 추억을 되살려 보고 싶어서였다.

치악산에서의 첫날 밤, 샤워를 하려고 밤 9시쯤 캠핑장 근처 사워장에

갔다. 아무도 없는 캄캄한 내부로 용기를 내어 들어갔다. 전등을 켜는 순간 불빛에 놀란 수십, 수백 마리의 곤충들이 한꺼번에 퍼덕이면서 사방팔방 날아다녔다. 참새만 한 크기의 나방이 퍼덕이는 날개 소리가 옷 터는 소리만큼 컸다. 머리털이 곤두서는 것 같았다. 소름이 발톱까지 끼쳤다. 얼어붙어서 비명조차 나오지 않았다. 수적으로 너무 불리해서 쫓아낼 생각조차 들지 않았다. 한마디로 온갖 곤충들의 박람회장이었다. 초대 받지 않은 손님이었던 나는 순순히 샤워장을 빠져나왔다. 그리고 샤워를 포기하는 순간 이번 휴가에 대한 의지도 깨끗이 사라졌다. 미국에서 캠핑 생활을 그럭저럭 견딜 수 있었던 건 그나마 깨끗하고 안전한 샤워장이 있기 때문이라는 것을 알았다.

 어쨌든 하룻밤을 보내고 박 대위 가족이 먼저 서울로 돌아갔다. 배웅하고 돌아서는데 이번 여행을 계속할 수 없다는 확신이 들었다. 남편에게 일대일 면담을 요청했다. 미국에서 쌓인 여행 피로감이 아직 풀리지 않아서 힘들다며 눈물로 호소했다. 뜻밖에도 남편은 쉽게 수긍을 했다. 다급한 마음에 즉석에서 만든 '여행 피로감'이 남편을 움직인 것일까? 글쎄, 어쩌면 남편도 조금은 나와 비슷한 마음이었을지도 모른다. 그 뒤로 4박 5일 동안 집에서 쉬지 않고(?) 뒹굴었다. 집 앞 슈퍼에 나가는 게 고작이었다. 전혀 지루하지 않고, 더 이상 바랄 것도 없었다. 이제는 선조들이 자유로운 유목생활을 접고 농경생활을 하며 정착하게 되었는지 이해할 수 있다.

 이런 내가 무슨 기운으로 국립공원을 돌며 캠핑을 하고 트레킹을 할 수 있었는지 신기하다. 시간을 되돌려도 다시는 그렇게 열심히 여행할 수는 없을 것이다. 언제든지 갈 수 있는 곳이었다면 다음, 다음 하다가 영영 못 갔을지도 모른다. 평생 살아야 하는 곳이었다면 매순간이 진한 추억으로 남지도 않았을 것이다.

여행하는 동안 쉼 없이 막막함을 던져 준 미 서부의 자연에 감사한다. 함께 맞서 나갈 수밖에 없는 그 막막함이 마음을 하나로 모아야 할 이유가 되었다. 길 위에서 끓여 먹은 수십 봉지의 라면들은 단순히 배고픔만 채운 게 아니었다. 끈끈한 동지애로 승화되어 우리를 진짜 부부로 만들어 주었다. 내 옆에 있는 사람을 있는 그대로 받아들이고 이해할 수 있게 되었다. 남편을 반납하러 가는 한국행 비행기에 몸을 실으며 깨달았다. 자연을 만나러 간 길은 결국 서로를 만나러 가는 길이었다.

## 진짜 떠나 볼까
America Camping Trip

# 미국의 국립공원

CANADA

- 올림픽
- 노스 캐스케이드
- SEATTLE
- 워싱턴
- 레니어 산
- 글레이셔
- Columbia River
- Missouri River
- 노스 다코타
- 오리건
- 몬태나
- 시어도어 루즈벨트
- 크레이틱 호수
- 아이다호
- Snake River
- 사우스 다코타
- 레드우드
- 옐로스톤
- 그랜드 티턴
- 윈드 동굴
- 배드랜즈
- 라센 화산
- 와이오밍
- 네바다
- 그레이트 베이스
- 유타
- 아치스
- 캐니언 랜즈
- 로키산맥
- 네브래스카
- SAN FRANCISCO
- 요세미티
- 캘리포니아
- 브라이스 캐니언
- 캐피톨 리프
- 블랙 캐니언
- 콜로라도
- Colorado River
- 캔자스
- 세쿼이아 & 킹스캐니언
- 데스 밸리
- 자이언
- 메사버드
- 그레이트 샌드 듄
- LAS VEGAS
- 채널 제도
- LOS ANGELES
- 조슈아 나무
- 그랜드 캐니언
- SAN DIEGO
- 애리조나
- 화석림
- 뉴 멕시코
- Rio Grande River
- 사와로
- 칼스바드 동굴
- 과달루페 산맥
- 텍사스
- 빅 벤드
- MEXICO
- Rio Grande River

## 알래스카

- 코북 밸리
- 게이츠 오브 아크틱
- 데날리
- 알래스카
- 글라크호
- 랭겔세인트 엘리어스
- CANADA
- 키나이 피오르
- 글레이셔만

## 하와이

- 할레아칼라
- 하와이
- 하와이 화산

부록
차례

알아 두면 좋은 캠핑 용어와 캠핑장 이용 정보 · 301

### 추천 코스와 국립공원별 핵심 정보

- 서부의 축소판, 그랜드 서클 2주 코스 · 306
- 미니 그랜드 서클 3박 4일 코스 · 318
- 나무랑 돌이랑 5박 6일 코스 · 324
- 이별을 준비하는 빙하, 디데이를 기다리는 화산 4박 5일 코스 · 332
- 화산의 흔적 그리고 불멸의 나무 4박 5일 코스 · 336
- 비 내리는 숲, 가슴을 적시는 숲 3박 4일 코스 · 342
- 모하비 사막에서 소노란 사막까지 3박 4일 코스 · 346
- 지구 안 외계 4박 5일 코스 · 350

| 일러두기 |
- 트레일의 난이도는 오르막이 심한 정도에 따라 상·중·하로 표시했다. 각각의 공원 안내에 따른 것이지만 10킬로미터 이상의 평탄한 길은 이동 거리와 시간을 고려하여 난이도를 하에서 중으로 조정하였다.
- 부록의 내용은 참고용이며 현지 사정은 언제든지 바뀔 수 있으므로 각자 안전에 유의해야 한다.

알아 두면 좋은
캠핑 용어와 캠핑장 이용 정보

## 1. Fire pits, Fire Rings
모닥불을 피우는 시설(불구덩이). 분위기에 취해 모닥불을 피워 놓고 자는 일이 없도록 주의하자. 소화용 모래나 물이 여의치 않다면 아예 불을 피우지 않는 것이 원칙이다.

## 2. Firewoods
모닥불용 장작. 시내에서 미리 사 가도 되고 공원 레인저에게 구입할 수도 있다. 한 묶음에 약 5달러 정도로 마트에서 사나 캠핑장에서 사나 가격은 비슷하다. 공원마다 파는 게 달라서 다양한 종류의 나무를 써보는 재미가 쏠쏠하다. 장작을 팔지 않는 캠핑장도 있으니 비상용 한 묶음 정도는 차에 싣고 다니는 게 좋다.

## 3. No Gathering
'나뭇가지를 주워서 쓰지 마시오' 라는 뜻이다.

## 4. Fire Starters
불쏘시개. 대체로 톱밥을 단단하게 뭉쳐 놓은 것으로 대형마트나 레저용품점에서 살 수 있다. 연료가 코팅된 것과 아닌 것이 있다. 시판 제품을 써도 되지만 집에 굴러다니는 전화번호부, 바셀린에 흠뻑 절인 화장 솜, 먹다 남은 포테이토칩 등은 훌륭한 불쏘시개가 된다. 'campfire fuel', 'fire paste' 같은 가연성 물질을 사서 장작에 직접 마사지 해주면 다른 불쏘시개가 필요 없다. 하나 더,

불을 붙일 때 라이터 대신 생일 케이크용 초를 써 보자. 촛불을 한 번에 끄기가 왜 그렇게 어려웠는지 단박에 이해될 것이다.

## 5. 모닥불요리

모닥불로 요리를 하는 방법은 크게 두 가지이다. 기다란 포크에 음식을 끼워 굽거나 알루미늄 호일에 싸서 불 속에 던져 넣기. 앞의 방식은 소시지나 마시멜로를 구울 때 쓰고 뒤의 방법은 옥수수나 감자를 구울 때 적절하다. 포크에 꽂은 소시지는 30분~1시간 정도 충분히 태운 모닥불에 구워야 한다. 성급하게 들이댔다는 십중팔구 까맣게 그을린 차가운 소시지를 먹게 된다. 옥수수와 감자는 껍질 채 그대로 호일에 싸서 굽는 게 좋다. 껍질이 수분의 증발을 막아서 촉촉하게 만들기 때문이다.

## 6. Grill

Firepits와는 별도로 음식을 구울 수 있게 만들어 놓은 시설이다. 숯을 잘 쌓아서 불을 붙인 다음 구비된 그릴을 올리자. 그 위에 개인적으로 준비해 온 그릴을 겹쳐 올리고 구우면 된다. 먹고 나서 설거지하기가 귀찮고 숯 위에 떨어진 고기 기름이 발암물질 연기를 만들어 내는 단점이 있다. 귀차니스트나 건강염려증 환자들에게는 비추천.

## 7. Bear Lock

곰이 열지 못하게 만들어 놓은 철제 캐비닛. 1년에 곰 한 마리 나타날까 말까 하는 캠핑장에도 전부 베어락이 있다. 음식뿐만 아니라 로션, 치약 등 냄새나는 모든 것을 넣어 두는 게 좋다. '마누라와 자식 빼고' 전부 넣는다고 생각하면 간단하다. 베어락이 없으면 곰도 없다는 뜻이니까 안심하고 발쭉 뻗고 자자.

## 8. AAA Campbook

전미자동차협회에서 발간한 캠핑장 정보서. 곤경에 빠진 캠핑족에게는 동아줄이나 마찬가지이다. 이 책이 가장 절실한 순간은 '날은 어두워졌는데 목표로 정한 국립공원은 아직 한참 남았을 때' 이다. 그럴 때는 당황하지 말고 이 책과 황금 콤비인 AAA 지도를 펼치자. 현재 위치를 확인하고 가장 가까이 있는 텐트 그림(▲)을 찾는다. 그림이 속한 도시 이름은 캠프북에서 찾자. 알파벳순으로 정리된 도시별로 캠핑장 위치가 잘 설명되어 있다.

## 9. FCFS (First Come, First Served)

선착순을 의미한다. 'Walk Up Only'도 비슷한 뜻. 미국에는 예약을 받지 않고 선착순으로만 운영하는 캠핑장이 많다. 그 이유는 캠핑장이 많은 데 비해 관광객이 별로 없기 때문이다. 성수기인 7~9월 주말이 아니면 캠핑장 자리를 걱정할 필요가 없다.

## 10. Self Registration

'캠핑비는 셀프'라는 뜻이다. 캠핑장을 돌아보고 맘에 드는 자리를 정한 다음 입구로 돌아와서 비치된 봉투(대체로 노란색)의 겉면에 차량 번호와 찜한 자리의 번호를 적는다. 봉투 안에 캠핑비를 넣어서 지정된 투입구에 쏙! 지불 방법은 신용카드, 현금, 개인수표 모두 가능하다. 잔돈은 거슬러 받을 수 없는 낮에는 잔돈을 준비하자. 관리인이 안 보인다고 캠핑비를 안 냈다가는 나중에 큰코다친다. 레인저들이 늦은 밤 또는 아침에 순찰을 돌면서 확인하기 때문이다.

## 11. KOA

미국 전역에 체인으로 운영되는 사설 캠핑장이다. 그런 일은 드물겠지만 공원 안 캠핑장을 잡지 못했다면 가까운 KOA를 찾아 보자. 공공 캠핑장보다 5~10달러 비싸지만 시설은 월등히 좋다. 이따금 문명의 향기가 그리울 땐 일부러 찾아가기도 한다. 연회비 24달러를 내고 회원이 되면 캠핑비를 10퍼센트 깎아 주고 포인트도 적립해 준다. 최소 10번 이상 사용할 계획이 있다면 회원이 되는 것도 나쁘지 않다.

## 12. Coin-operated Shower

동전을 넣으면 작동하는 샤워 시설이다. 공원 안의 캠핑장은 여러 개라도 샤워장이 딸린 곳은 대부분 한 개뿐이다. 꼭 그 캠핑장에 묵어야만 샤워를 할 수 있는 것은 아니지만 가능하면 샤워장이 있는 캠핑장에 묵는 것이 편하다. 샤워장 가까이에 공원 매점이나 세탁기 등의 편의시설이 몰려 있기 때문이다. 동전 투입구에는 쿼터(25센트짜리 동전)만 들어간다. 동전은 공원 매점이나 방문객센터에서 미리 바꿔 놓자. 1인당 3달러 정도면 샤워하는 데 큰 무리가 없다.

## 13. 캠핑 예약

사설 캠핑장은 자리가 넉넉해서 예약할 필요가 없다. 연방 정부와 주 정부 등에서 운영하는 공용 캠핑장은 http://www.recreation.gov에서 예약할 수 있다. 'Available'은 예약 가능, 'Walk Up Only'는 예약이 불가능한 것으로 보면 된다. 이용비 외에 예약비가 따로 붙으므로 비수기에는 굳이 예약하지 않는 것이 좋다. 미국 내에서는 (877) 444~6777번으로 걸어서 예약한다. 한국에서는 (518) 885~3639번으로 걸면 된다.

## 14. 대도시 캠핑

대도시에서는 호텔이나 호스텔을 이용하는 편이 훨씬 낫다. 차 소리와 사람 소리가 너무 시끄럽고 탁한 공기 때문에 애먼 후흡기만 고생한다. 중심지를 벗어니면 캠핑장과 가격 차이도 별로 없는 50달러 내외의 모텔들이 많다. 도시에서는 문명의 혜택을 슬쩍 누려 보자.

## 15. 렌터카

짐을 넣고 꺼내기 쉬운 해치백을 추천한다. 꼭 해치백이 아니더라도 이왕이면 트렁크가 넉넉한 차를 고르는 게 좋다. 여름에는 상관없지만 겨울에는 이륜구동보다 사륜구동이 여러 가지로 훨씬 낫다. 세단과 SUV는 취향에 따라 결정하면 된다.

우리는 주로 엔터프라이즈사의 차를 애용했다. 팍스렌터카는 좀 더 저렴한 편이다. 인터넷으로 예약하고 일주일 이상 빌리면 저렴하게 이용할 수 있다. 예약할 때는 '무제한 마일리지'로 하고, 따로 자동차보험에 들지 않았다면 보험은 빠짐없이 들어야 한다. 물론 결제할 때 보험료가 반이지만 그래도 만약을 대비해서 꼭 들어 놓자.

차를 받을 때는 꼼꼼히 확인하고 작은 흠집이라도 발견하면 직원을 불러서 이야기하고 문서로도 남겨야 한다. 차를 반납할 때도 직원이 와서 직접 살펴보기 때문에 조심하는 편이 좋다. 흠집에 대한 기준은 회사마다 다른데 엔터프라이즈사의 경우 동전 크기보다 작은 흠집은 문제 삼지 않는다고 한다. 물론 아주 이상한 직원을 만나면 말도 안 되는 트집을 잡아 수리비를 요구하기도 한다. 그럴 때는 순순히 인정하지 말고, 할 수 있는 모든 항변을 적어서 본사로 팩스를 보내는 게 가장 현명한 해결책이다.

좀 더 자세한 이용 정보는 홈페이지에서 찾아보자.
- 엔터프라이즈 http://www.enterprise.com/
- 팍스렌터카 https://www.foxrentacar.com/

## 16. 캠핑카

캠핑카의 장단점은 뚜렷하다. 샤워를 제때 못하거나 빨래가 밀리면 캠핑카 생각이 간절해진다. 하지만 일반 차량에 비하면 기동성이 떨어진다. 국립공원 안에 캠핑카 통행을 금지한 길이 꽤 있는데 덩치 큰 차들일수록 굽은 산길이 위험하기 때문이다.

캠핑카 대여 정보는 http://www.cruiseamerica.com/ 또는 http://www.usarvrentals.com/ 에서 얻을 수 있다. 참고로 한 달 이상 빌리면 요금이 많이 내려간다.

## 17. 지도 구하기

미국에서는 주 정부가 발행하는 주 지도를 쉽게 구할 수 있다. 관광수입을 올리기 위해 심혈을 기울여 만든 지도는 주 접경지대에 위치한 환영센터(일종의 관광안내소)나 고속도로 휴게소에서 공짜로 얻을 수 있다. 이 지도만 있으면 국립공원을 찾아가는 길이 훨씬 수월해진다.

각 국립공원 지도는 공원 매표소나 방문객센터에서 얻을 수 있다. 방문객센터를 찾느라 헤맬 수도 있으니 아예 매표소에서부터 챙기는 습관을 들이자. 레인저가 먼저 주지 않으면 달라고 말해야 한다.

# 추천 코스와
# 국립공원별 핵심 정보

서부의 축소판, 그랜드 서클

미니 그랜드 서클

나무랑 돌이랑

이별을 준비하는 빙하, 디데이를 기다리는 화산

화산의 흔적 그리고 불멸의 나무

비 내리는 숲, 가슴을 적시는 숲

모하비 사막에서 소노란 사막까지

지구 안 외계

# 01

## 서부의 축소판, 그랜드 서클 ▶ 2주 코스

### course

A 라스베이거스 <sub>2시간 30분</sub> ➡ B 데스 밸리 국립공원 <sub>2시간 30분</sub> ➡ C 라스베이거스 <sub>2시간 50분</sub> ➡ D 자이언 국립공원 <sub>2시간</sub> ➡ E 브라이스 캐니언 국립공원 <sub>3시간</sub> ➡ F 캐피톨 리프 국립공원 <sub>3시간</sub> ➡ G 모압 <sub>30분</sub> ➡ H 아치스 국립공원 <sub>1시간</sub> ➡ I 캐니언랜즈 국립공원 <sub>30분</sub> ➡ J 데드 호스 포인트 주립공원 <sub>3시간 50분</sub> ➡ K 모뉴먼트 밸리 <sub>3시간 50분</sub> ➡ L 그랜드 캐니언 사우스 림 <sub>2시간 30분</sub> ➡ M 하바수 폭포 <sub>3시간 30분</sub> ➡ N 라스베이거스

## 데스 밸리 국립공원

◎ 223p 참조

**Address.** Death Valley National Park, California 92328
**Tel.** (760) 786~3200
http://www.nps.gov/deva/

### 기본 정보

★ 관광하기 좋은 때 봄
★ 공원 개방 연중
★ 방문객센터 운영 시간 매일 오전 8:00~오후 5:00
★ 찾아가는 길 라스베이거스 시내에서 I-15 도로를 따라 남쪽으로 주행하다가 160번 도로를 갈아타고 서쪽으로 주행(2시간 30분)

### 관광 명소

#### 예술가의 팔레트 Artists Palette
추천 사막의 색의 향연이 펼쳐지는 곳이다. 형형색색 다채로운 땅과 돌의 빛깔들이 신기하다. 꼭 챙겨 보자.

#### 단테스 뷰 Dante's View
맑은 날에는 미국 내 최고봉인 휘트니 산이 보인다. 밤에 가게 되면 망원경은 꼭 가져가자. 별 구경 하기에 최고.

#### 배드워터 Badwater
해수면보다 86미터나 낮다. 북미에서 가장 낮은 곳으로 유명한 곳. 주차장 맞은편 절벽에 해수면의 높이가 표시되어 있다. 눈이 부실 정도의 하얀 소금밭이 절경이다. 아주 가끔 비가 오면 소금이 녹았다가 증발하면서 결정 모양을 드러낸다.

### 걷기좋은길

#### 메스퀴트 모래언덕 Mesquite Flat Sand Dunes
▶ 거리 왕복 6킬로미터(2시간) | 난이도 중

추천 아침이나 휘영청 밝은 달밤에 가야 제대로 즐길 수 있다. 너무 더운 낮에 가면 고생만 한다. 아침에 가면 밤새 모래언덕을 돌아다닌 도마뱀의 흔적을 볼 수 있다. 눈이 시릴 정도로 파란 하늘과 누런 모래 빛의 대비가 너무 아름다운 곳.

#### 골든 캐니언 Golden Canyon
▶ 거리 왕복 4킬로미터(1시간 30분) | 난이도 하

다양한 지형을 볼 수 있는 트레일이다. 입구에 비치된 안내서는 꼭 챙겨 가자. 지형 안내와 설명이 잘 나와 있다. 끝까지 가면 붉은 성당 Red Cathedral 이라는 이름의 거대한 암석이 반겨 준다.

자브리스키 포인트

배드워터

## 캠핑

### 퍼니스 크릭 캠핑장 Furnace Creek Campground
- 개장 시기 연중
- 위치 공원 중앙 퍼니스 크릭 방문객센터 근처
- 편의시설 화장실·식수·모닥불
- 텐트 자리 136개
- 식료품 구입처 공원 내 퍼니스 크릭 목장 매점, 파나민트 스프링스 리조트와 스토브파이프 웰스의 편의점
- 캠핑비 18달러(여름에는 12달러)

### 메스퀴트 스프링 캠핑장 Mesquite Spring Campground
- 개장 시기 연중
- 위치 공원 북쪽 스코티의 성 근처
- 편의시설 화장실·식수·모닥불
- 텐트 자리 30개
- 식료품 구입처 위와 동일
- 캠핑비 12달러

### 이민자 캠핑장 Emigrant Campground
- 개장 시기 연중
- 위치 공원 서쪽 190번 도로 옆
- 편의시설 화장실·식수
- 텐트 자리 10개
- 식료품 구입처 위와 동일
- 캠핑비 무료

### 파나민트 스프링스 캠핑장 Panamint Springs Campground
- 개장 시기 연중
- 위치 공원 서쪽 190번 도로 옆
- 편의시설 화장실·식수·모닥불·샤워장
- 텐트 자리 26개
- 식료품 구입처 위와 동일
- 캠핑비 15달러

# 자이언 국립공원

Address. Zion National Park Springdale, Utah 84767
Tel. (435) 772-3256
http://www.nps.gov/zion

## 기본 정보

★관광하기 좋은 때 봄~가을
★공원 개방 연중
★방문객센터 운영 시간 매일(크리스마스 제외) 오전 8:00~오후 5:00(겨울·봄), ~오후 6:00(가을), ~오후 8:00(여름)
★찾아가는 길 라스베이거스에서 I-15 도로와 9번 도로를 차례로 따라가면서 북동쪽으로 주행(2시간 50분)

## 관광 명소

### 자이언 로지 Zion Lodge
자이언 로지는 1920년대에 지어진 역사 깊은 건물이다. 앞뒤로 위엄 넘치는 절벽이 든든하게 버티고 있다. 잘 관리된 앞뜰 잔디에는 아침마다 야생 칠면조가 놀러와서 무언가를 열심히 쪼아 먹는다.

### 울보 바위 Weeping Rock
바위를 타고 물이 쉼 없이 떨어진다. 바위 밑에 서 있으면 건조한 사막 풍경은 간 데 없고 갑자기 봄비 내리는 산사山寺에 와 있는 느낌이 든다. 분위기가 참 좋다.

## 걷기 좋은 길

### 천사 강림 트레일 Angels Landing Trail
▶ 거리 왕복 8.6킬로미터(4시간) | 난이도 상

**추천** 이 길은 정말 천사가 아니면 걸을 수 없을 것처럼 아찔한 높이에 있다. 트레일 양쪽이 절벽 구간이어서 바람이 많이 부는 날에는 피하고 싶어진다(실제로 2007년에 실족사가 있었다). 그렇다고 쉽게 포기하지는 말자. 누가 뭐래도 자이언 최고의 트레일이다. 여러 군데 다닐 만큼 시간이 없고 모험을 즐기는 사람이라면 꼭 도전해 볼 만한 길.

### 에메랄드 호수 트레일 Emerald Pools Trail
▶ **거리** 왕복 5킬로미터(2시간) | **난이도** 중

**추천** 아기자기한 아름다움을 좋아하는 사람이라면 꼭 걸어야 한다. 특히 수량이 많아지는 봄철에 더욱 아름답다.

### 강변 걷기 Riverside Walk
▶ **거리** 왕복 3.3킬로미터(1~1.5시간) | **난이도** 하

자이언 캐니언을 만들어 낸 버진 강을 따라 걷는 길. 트레일의 끝에서 만나는 자이언 캐니언의 모습이 장관이다.

## 캠핑

### 사우스 캠핑장 South Campground
- 개장 시기 3~10월
- 위치 공원 남쪽 입구 근처
- 편의시설 화장실·식수·모닥불
- 텐트 자리 127개
- 식료품 구입처 공원 입구 밖 스프링데일
- 캠핑비 16달러

### 왓치맨 캠핑장 Watchman Campground
- 개장 시기 연중
- 위치 공원 남쪽 입구 근처
- 편의시설 화장실·식수·모닥불
- 텐트 자리 162개
- 식료품 구입처 위와 동일
- 캠핑비 16달러

# 브라이스 캐니언 국립공원
◐ 110p 참조

**Address.** Bryce Canyon National Park, Utah 84764
**Tel.** (435) 834-5322
http://www.nps.gov/brca/

## 기본 정보

★ 관광하기 좋은 때 봄~가을
★ 공원 개방 연중
★ 방문객센터 운영 시간 매일(추수감사절·크리스마스 제외) 오전 8:00~오후6:00(봄·가을), ~오후 8:00(여름), ~오후 4:30(겨울)
★ 찾아가는 길 자이언 국립공원을 관통하는 9번 도로

버진 강

를 따라가다 89번 도로로 갈아타고 북동쪽으로 주행 (2시간).

## 관광 명소

### 브라이스 포인트 Bryce Point

추천 브라이스 캐니언의 정수를 볼 수 있는 곳이다. 라스베이거스에서 게임하다가 잠깐 머리를 식히러 나온 사람들 대부분이 여기만 보고 돌아간다. 일출을 찍으려면 적어도 해 뜨기 30분 전에 와서 촬영 준비를 마쳐야 한다. 전망대 공간이 무척 좁아서 늦게 가면 삼각대를 세워 보지도 못하고 내려오게 될 확률이 높다. 시시각각 변하면서 빛나는 후두의 자태가 가히 환상적이다.

브라이스 포인트

## 걷기 좋은 길

### 여왕의 정원 Queens Garden

▶거리 왕복 3킬로미터(1시간 30분) | 난이도 하

추천 아기자기하고 이국적인 풍경이 멋진 곳이다. 전체적으로 평탄하지만 마지막 오르막길이 조금 힘들 수 있다. 그늘이 거의 없어서 되도록 오전에 다녀오는 편이 좋다.

### 림 트레일 Rim Trail

▶거리 왕복 17킬로미터(5시간) | 난이도 중

브라이스 캐니언을 내려다보면서 협곡의 가장자리를 걷는 길이다. 17킬로미터 전체를 걷는 게 부담스럽다면 일출 포인트와 일몰 포인트 사이를 걸어 보자.

## 캠핑

### 노스 캠핑장 North Campground

- 개장 시기 연중
- 위치 방문객센터 근처
- 편의시설 화장실 · 식수 · 모닥불 · 샤워장(여름에만) · 세탁기(여름에만)
- 텐트 자리 99개
- 식료품 구입처 브라이스 로지 근처 매점
- 캠핑비 15달러

# 캐피톨 리프 국립공원

Address. Capitol Reef National Park, Utah 84775
Tel. (435) 425-3791
http://www.nps.gov/care/

## 기본 정보

★관광하기 좋은 때 봄~가을

★공원 개방 연중

★방문객센터 개방 시간 매일 오전 8:00~오후 4:30 (주요 공휴일 제외)

★찾아가는 길 브라이스 캐니언을 나와 12번 도로(나무와 계곡이 어우러져 멋지다)를 따라 북동쪽으로 주행(3시간)

# 아치스 국립공원

◯ 98p 참조

캐피톨 리프

**Address.** Arches National Park, Utah 84532
**Tel.** (435) 719-2299
http://www.nps.gov/arch/

## 관광 명소

**절경 도로** Scenic Road
방문객센터에서 시작해 남동쪽으로 약 16킬로미터 뻗어 있는 길. 양쪽 길가로 꽤 장엄한 풍경이 펼쳐진다. 길이 넓지 않으니 맞은편에서 오는 차를 주의하자.

## 걷기좋은길

**캐피톨 고지** Capitol Gorge
▶거리 왕복 4킬로미터(1시간 30분) | 난이도 하
절경 도로가 끝나는 곳에서 트레일이 시작된다. 나무그늘이 거의 없으니 되도록 시원한 시간대에 걷고 물은 충분히 가져가는 것이 좋다.

## 캠핑

**프루타 캠핑장** Fruita Campground
• 개장 시기 연중
• 위치 방문객센터 근처
• 편의시설 화장실·식수·모닥불
• 텐트 자리 71개
• 식료품 구입처 브라이스캐니언에서 준비해서 출발하거나 12번 도로를 타고 가다가 에스칼란테Escalante 시내에서 구입
• 캠핑비 10달러

## 기본 정보

★관광하기 좋은 때 봄~가을
★공원 개방 연중
★방문객센터 운영 시간 오전 7:30~오후 6:30(봄~가을), 오전 8시~오후 4:30(겨울)
★찾아가는 길 캐피톨 리프를 나와서 24번, I-70, 191번 도로를 차례로 타고 주행(3시간 30분)

## 관광 명소

**터렛 아치**Turret Arch**와 윈도우 아치** The Windows Arch
멋진 아치가 세 개나 모여 있어 '수지맞은' 기분이 든다. 북쪽 윈도우, 남쪽 윈도우 그리고 터렛 아치를 볼 수 있다.

## 걷기좋은길

**델리컷 아치**Delicate Arch
▶거리 왕복 5킬로미터(2~3시간) | 난이도 중
추천 꽤 걸어야 하지만 반드시 그 이상의 감동으로 보답 받는다. 완만한 오르막이어서 숨이 차거나 다리가 아프지는 않다. 다만 바람이 많이 부는 날에는 더 쉽게 피로해진다. 더울 땐 1인당 2리터 정도의 물을 들고 가야 한다. 석양의 아치를 찍고 돌아올 때는 날이 어두워져서 손전등이나 헤드램프가 필요하다.

델리컷 아치

### 랜드스케이프 아치 Landscape Arch
▶ 거리 왕복 3.2킬로미터(30분~1시간) | 난이도 하
추천 보는 순간 '우오오오' 괴성을 지르게 만드는 아치.

### 더블 오 아치 Double O Arch
▶ 거리 왕복 6.4킬로미터(2~3시간) | 난이도 중
추천 랜드스케이프 아치에서 온 만큼만 더 들어가면 독특한 매력을 가진 더블 오 아치가 나온다. 바위 위를 걷는 구간을 조심하자. 허허벌판의 바람을 그대로 맞아야 하기 때문에 까딱하다간 몸이 날아갈지도 모른다. 최대한 무게중심을 최대한 낮추고 걸어야 한다(토끼걸음으로 겨우 지나갈 정도). 더블 오 아치의 뒤쪽 절벽 위에서 보이는 아치의 뒷모습을 놓치면 후회한다. 긴 설명이 필요 없는 절경이다.

## 캠핑

**악마의 정원 캠핑장** Devils Garden Campground
- 개장 시기 연중
- 위치 공원 입구에서 안으로 30킬로미터 들어간 지점
- 편의시설 화장실·식수·모닥불
- 텐트 자리 55개
- 식료품 구입처 모압 상점가
- 캠핑비 20달러

## 캐니언랜즈 국립공원

Address. Canyonlands National Park, Utah 84532
Tel. (435) 719-2313
http://www.nps.gov/cany/

## 기본 정보

★ 관광하기 좋은 때 봄~가을
★ 공원 개방 연중
★ 방문객센터 운영 시간 오전 9:00~오후 4:30(11월~2월), ~오후 6:00(3월~10월)
★ 찾아가는 길 아치스 국립공원이나 모압에서 191번 도로와 313번 도로를 차례로 타고 남서쪽으로 주행 (1~1.5 시간)

캐니언랜즈

거위 목

메사 아치

### 캠핑

**버드나무 평지 캠핑장** Willow Flat Campground
- 개장 시기 연중
- 위치 그린 강 전망대 근처
- 편의시설 화장실·모닥불
- 텐트 자리 12개
- 식료품 구입처 모압 시내
- 캠핑비 10달러

캐니언랜즈 국립공원은 크게 더 니들즈The Needles와 더 메이즈The Maze, 아일랜드 인 더 스카이Island In the Sky 세 개의 구역으로 나뉜다. 그중 아일랜드 인 더 스카이 구역에 가장 관광객이 많다.

## 데드 호스 포인트 주립공원

**Address.** Dead Horse Point State Park, Utah 84532
**Tel.** (435) 259~2614
http://stateparks.utah.gov/parks/dead-horse

### 관광 명소

**거위 목 전망대** Gooseneck Overlook
샤퍼 트레일 로드Shafer Trail Road라는 비포장도로를 운전해 가면 볼 수 있다. 콜로라도 강이 구불구불 흘러가는 모양이 꼭 '거위 목' 같다고 해서 붙은 이름. 급커브가 많은 위험한 길이므로 운전에 주의해야 한다.

**그린 강 전망대** Green River Overlook
일몰 찍는 장소로 유명하다.

### 기본 정보

★ 관광하기 좋은 때 봄~가을
★ 공원 개방 매일 오전 6:00~오후 10:00
★ 방문객센터 운영 시간 매일(추수감사절·크리스마스·새해 첫날 제외) 오전 8:00~오후 6:00(봄~가을), ~오후 5:00(겨울)
★ 찾아가는 길 모압에서 191번 도로와 313번 도로를 차례로 타고 남서쪽으로 주행(1.5~2시간)

### 걷기 좋은 길

**메사 아치** Mesa Arch
▶ 거리 왕복 0.8킬로미터(30분) | 난이도 하
[추천] 메사는 스페인어로 탁자라는 뜻이다. 일출 찍는 곳으로 아주 유명하다. 아치 뒤편은 깎아지른 절벽이므로 아치 위에는 올라가지 않는 것이 좋다.

### 관광 명소

**데드 호스 포인트** Dead Horse Point
강이 굽이쳐 흐르는 모습이 장관이다. 이곳 일몰이 캐니언랜즈 국립공원의 일몰보다 더 낫다는 말도 있다.

313

데드 호스 포인트에서 바라본 그린 강

더 미튼즈

### 캠핑

**카옌타 캠핑장** Kayenta Campground
- 개장 시기 연중
- 위치 방문객센터 근처
- 편의시설 화장실·식수·모닥불
- 텐트 자리 21개
- 식료품 구입처 모압 시내
- 캠핑비 20달러

## 모뉴먼트 밸리

**Address.** Monument Valley Navajo Tribal Park, Utah 84536
**Tel.** (435)727-5874/5879/5870
http://www.navajonationparks.org/htm/monumentvalley.htm

### 기본정보

★관광하기 좋은 때 봄~가을
★공원 개방 매일 오전 6:00~오후 8:30(5월~9월), 오전 8:00~오후 4:30(10월~4월)
★방문객센터 운영 시간 매일(크리스마스 제외) 오전 6:00~오후 8:00(5월~9월), 오전 8:00~오후 5:00 (10월~4월)
★찾아가는 길 유타 주와 애리조나 주를 관통하는 163번 도로를 타고 가다 보면 주 접경지대에서 모뉴먼트 밸리 표지판이 보인다(3시간 50분).

### 관광 명소

누구나 한 번쯤은 모뉴먼트 밸리를 본 기억이 있을지도 모른다. 존 웨인이 등장하는 서부영화는 말할 것도 없고 〈포레스트 검프〉의 주인공 톰 행크스가 갑자기 달리기를 멈춘 곳도 이곳 앞이었다. 또 다른 영화 〈미션 임파서블2〉의 시작 부분에는 모뉴먼트 밸리를 열심히 기어오르는 톰 크루즈가 나온다. 드럼 연주자인 닐 퍼트 Neil Peart는 〈고스트 라이더 Ghost Rider〉라는 책을 통해 아내와 딸을 잃고 치유 여행을 떠난 이야기를 썼는데, 그 책 표지에 오토바이를 타고 모뉴먼트 밸리를 달리는 그의 뒷모습이 실려 있다. 이 한 장의 사진에 서부의 척박함과 외로움 그리고 한편으로는 무한정의 자유로움이 담겨 있다. 최근에는 플레이스테이션3의 게임 〈모터스톰 Motorstorm〉 배경으로 등장했다. 가히 서부를 대표하는 아이콘이라고 해도 틀린 말이 아니다. 국립공원은 아니지만 그 상징성만큼은 어디에 내놔도 뒤지지 않는다.

### 더 뷰 호텔 The View Hotel
이곳 2층 기념품 가게에서 보는 모뉴먼트 밸리는 대단하다. 일단 전체적으로 조망해 보고 시작하는 게 좋다.

### 밸리 드라이브 Valley Drive
추천 모뉴먼트 밸리를 구석구석 돌아볼 수 있는 비포장도로이다. 자가용을 이용하거나 가이드가 설명해 주는 투어를 이용할 수도 있다.

## 그랜드 캐니언 사우스 림
◎ 86, 280p 참조

**Address.** Grand Canyon National Park, Arizona 86023
**Tel.** (928) 638-7888
http://www.nps.gov/grca/

### 캠핑

**미튼 뷰 캠핑장** Mitten View Campground
- 개장 시기 연중
- 위치 방문객센터 근처
- 편의시설 화장실(여름에만) · 모닥불 · 샤워장(여름에만)
- 텐트 자리 99개
- 식료품 구입처 공원 밖 굴딩스 로지 Goulding`s Lodge 매점
- 캠핑비 10달러(겨울에는 5달러)

### 기본정보

★관광하기 좋은 때 봄~가을
★공원 개방 연중
★방문객센터 운영 시간 매일 오전 8:00~오후 6:00, ~오후 5:00(겨울)
★찾아가는 길 모뉴먼트 밸리를 나와서 160번 도로를 달리다가 89번 도로로 갈아타고 다시 64번 도로를 타고 남서쪽으로 주행(3시간 50분)

### 관광 명소

**사막 전망 드라이브** Desert View Drive
그랜드 캐니언의 모습을 다양한 각도에서 바라볼 수 있는 도로. 관광객이 붐비는 오전 10시~오후 4시를 피해서 돌아보는 게 좋다. 모란 포인트 Moran Point는 일출 찍기에 좋은 장소. 위치에 따라 색이 아주 극적으로 변하므로 위치 선정이 중요하다.

**허미트 로드** Hermit Road
사진 촬영을 목표로 한다면 허미트 로드에 꼭 가봐야 한다. 자가용은 통행금지이므로 도보·지전거·셔틀버스로 이동 가능하다. 일단 걸어가면서 사진을 찍다가 피곤해지면 버스를 타고 움직이는 것이 좋다. 일출·일몰 때 찍어 보자. 멋진 고사목들이 많다.

밸리 드라이브에서 바라본 모뉴먼트 밸리 전경

### 걷기 좋은 길

#### 콜로라도 강 트레킹
▶ **거리** 왕복 26킬로미터(1박 2일) | **난이도** 상

**추천** 대부분의 사람들이 림에만 있다 가지만 될 수 있으면 콜로라도 강까지 가보는 것이 좋다. 당일 일정으로는 무리이고, 콜로라도 강 근처에서 하루 자고 올라오는 것이 안전하다. 야키 포인트에서 출발해 인디언 가든 캠핑장에서 1박 하고(허가증 필요) 브라이트 엔젤 로지로 올라오는 코스를 추천한다.

겨울철 림은 몹시 춥지만 강 근처는 온화한 편이고, 여름철 림은 선선하지만 계곡 아래는 어지러울 정도로 덥다. 봄·가을 림이 약간 추울 때 시작하는 것이 제일 좋다. 계곡을 오르내리면서 멋진 풍경뿐만 아니라 큰뿔양 Big Horn Sheep, 벌새, 다람쥐 등의 야생동물을 찍을 수 있다.

림에서 본 콜로라도 강

#### 고원 전망대 Plateau Point
▶ **거리** 왕복 20킬로미터(8시간) | **난이도** 상

**추천** 무박으로 다녀올 수 있는 최고의 명소. 트레일의 끝에서 보는 그랜드 캐니언이 말로 표현할 수 없이 멋지다.

- 편의시설 화장실·식수
- 텐트 자리 20개
- 식료품 구입처 그랜드 캐니언 빌리지 매점
- 캠핑비 18달러

### 캠핑

#### 매서 캠핑장 Mather Campground
- 개장 시기 연중
- 위치 그랜드 캐니언 빌리지
- 편의시설 화장실·식수·모닥불·샤워장
- 텐트 자리 317개
- 식료품 구입처 그랜드캐니언 빌리지 매점
- 캠핑비 18달러

#### 인디언 가든 캠핑장 Indian Garden Campground
- 개장 시기 연중
- 위치 그랜드 캐니언 남쪽 림에서 콜로라도 강 쪽으로 7.2킬로미터 내려간 지점

## 하바수 폭포

**Address.** Havasupai Tourist Enterprise, Arizona 86435
**Tel.** (928) 448~2180, 2121 (캠핑)
http://www.havasupai.net/

### 기본 정보
★ 관광하기 좋은 때 봄~가을

★ 공원 개방 연중
★ 방문객센터 운영 시간 오전 7:00~오후 7:00(4월 ~10월), 오전 8:00~오후 5:00(11월~3월)
★ 찾아가는 길 하바수 폭포는 그랜드 캐니언 국립공원의 한쪽 구석에 있는, 미국 남서부 비경 중 하나이다. 교통은 조금 불편한 편이다. 나바호 원주민 지역이라서 구글 지도에도 제대로 나와 있지 않기 때문이다. 일단 그랜드 캐니언 국립공원을 나와 66번 도로를 타고 애리조나 주의 피치 스프링스Peach Springs까지 간다. 그곳에서 가장 큰 호텔인 후알라파이Hualapai 로지 근처의 수파이Supai 마을 표지판을 찾는다. 만약 못 찾겠으면 후알라파이 힐탑 고속도로Hualapai Hilltop Hwy를 물어본다. 아무나 잡고 "힐탑!"이라고 외치기만 해도 어렵지 않게 알 수 있다. 힐탑 고속도로가 끝나는 곳에 차를 세우고 약 16킬로미터 되는 계곡 길을 걸어가거나 말을 빌려 타고 가야 한다. 지갑이 두둑하다면 헬기를 탈 수도 있는데 행여 원주민들이 무임승차하더라도 아량을 베풀어 눈감아 주자. 늙고 힘없는 원주민들이 무슨 수로 32킬로미터를 걸어서 오가겠는가? 그들에게는 관광 헬기가 마을버스인 셈이다.

### 관광 명소

**하바수 폭포** Havasu Falls

이곳의 원주민은 하바수파이Havasupai족이다. '청록색 물의 사람들'이란 뜻이다. 이름 그대로 마을의 도랑물부터 신비한 푸른색을 띠고 있다. 물속 석회석 성분이 빛을 강하게 반사하기 때문이다. 실제로 보면 '이런 색깔이 가능한가?' 싶을 정도로 신비롭다.

폭포를 구경하는 것으로 부족하다면 들어가서 수영을 해도 된다. 물 위에 에어매트를 띄워 놓고 낮잠을 청하는 사람들도 있다. 다만 물속으로 들어갈 때는 신발을 꼭 신어야 한다. 바닥의 돌이 무척 날카로워서 베일 염려가 있다.

### 걷기 좋은 길

**무니 폭포** Mooney Falls
▶ 거리 왕복 0.5킬로미터(20분) | 난이도 하
추천 하바수 폭포보다 더 웅장하고 멋있다. 폭포의 높이가 무려 60미터나 되고 물 색깔 역시 하바수 폭포처럼 신비한 푸른색을 띤다.

### 캠핑

**하바수파이 캠핑장** Havasupai Campground
- 개장 시기 연중
- 위치 하바수 폭포 근처
- 편의시설 화장실·식수
- 텐트 자리 다수
- 식료품 구입처 수파이 마을 매점
- 캠핑비 1인당 17달러

하바수 폭포

## 02 미니 그랜드 서클 ▶ 3박 4일 코스

**course**

A 카나브 → B 그랜드 캐니언 노스 림 → C 어퍼 앤털로프 캐니언 →
1시간 50분           3시간 10분                        40분
D 글렌 캐니언 보트 유람 → E 더 웨이브 → F 카나브
40분                     50분

# 그랜드 캐니언 노스 림

🔗 196p 참조

**Address.** Grand Canyon National Park, Arizona 86052
**Tel.** (928) 638-7888
http://www.nps.gov/grca/

### 위드포스 트레일 Widforss Trail
▶ **거리** 왕복 16킬로미터(5시간) | **난이도** 중

추천 오르막이 거의 없고 고요한 숲속을 걷는 평탄한 길이다. 나무와 사슴이 많고 사람은 적다. 푹신하게 깔린 풀 위를 걷는 동안 그랜드 캐니언의 또 다른 모습을 볼 수 있다.

## 기본 정보

★ 관광하기 좋은 때 봄~가을
★ 공원 개방 연중(겨울에는 도로 폐쇄, 도보나 스키로 접근 가능)
★ 방문객센터 운영 시간 오전 8:00~오후 6:00
★ 찾아가는 길 카나브에서 89번 도로를 타고 가다가 67번 도로를 갈아타고 남쪽으로 주행(1시간 50분)

노스 림 로지에서 본 그랜드 캐니언

## 관광 명소

### 브라이트 엔젤 포인트
추천 노스 림의 가장 멋있는 부분을 호두과자 속 호두 빼먹듯이 볼 수 있는 곳이다. 혹시 비가 오더라도 우산은 쓰지 말자. 이곳은 벼락이 잘 떨어지는 지형이다.

노스 카이바브 트레일

## 걷기좋은길

### 노스 카이바브 트레일 North Kaibab Trail
추천 체력과 시간 여유를 생각해서 목적지를 정하자. 콜로라도 강까지는 왕복 45킬로미터(1박 2일, 난이도 상), 로어링 스프링스까지는 왕복 15킬로미터(6시간, 난이도 상), 수파이 터널까지는 왕복 6.5 킬로미터(2시간, 난이도 중)이다. 올라올 때에는 내려갈 때보다 두 배의 시간이 걸린다는 점을 감안해야 한다.

## 캠핑

### 노스 림 캠핑장
• 개장 시기 연중
• 위치 노스 림 입구와 방문객센터 사이
• 편의시설 화장실·식수(여름)·모닥불·샤워장(여름)
• 텐트 자리 90개
• 식료품 구입처 노스 림 캠핑장 매점

- 캠핑비 18달러

**디모테 캠핑장** DeMotte Campground
- 개장 시기 여름
- 위치 공원 밖 28킬로미터 지점
- 편의시설 화장실·식수(여름)·모닥불
- 텐트 자리 다수
- 식료품 구입처 노스 림 캠핑장 매점
- 캠핑비 17달러

## 어퍼 앤털로프 캐니언

○ 121p 참조

Address. Upper Antelope Road, LeChee, Arizona 86040
Tel. (928) 698~2808
http://www.navajonationparks.org/htm/antelopecanyon.htm

### 기본 정보

★ 관광하기 좋은 때 하지(夏至) 즈음
★ 공원 개방 연중
★ 매표소 운영 시간 오전 8:00~오후 5:00
★ 찾아가는 길 그랜드 캐니언을 나와서 89번 도로를 따라 페이지 시 방향으로 가다가 98번 도로로 진입(3시간 10분)

### 관광 명소

**앤털로프 캐니언**
[추천] 앤털로프 캐니언은 어퍼 앤털로프 캐니언 Upper Antelope Canyon과 로어 앤털로프 캐니언 Lower Antelope Canyon으로 나뉜다. 길이 평탄한 어퍼 쪽에 관광객이 많

이 몰린다. 한적함을 좋아한다면 로어로 가는 것이 낫다. 나바호 원주민의 가이드를 동반하지 않으면 앤털로프 캐니언 내부를 볼 수 없다는 점에 유의하자.

가이드가 설명을 하면서 캐니언의 끝까지 데려다 주고 자유 시간을 준다. 가이드가 정한 시간까지 캐니언 입구로 돌아오기만 하면 된다. 캐니언의 길이가 짧고 모양도 일직선이라 길을 잃을 염려는 없다. 가는 길에는 사진 찍고 싶은 위치를 점찍어 두고 돌아오는 길에 여유 있게 찍자.

자세한 투어 정보는 www.navajoantelopecanyon.com/ 에서 볼 수 있다.

앤털로프 캐니언 내부

## 글렌 캐니언 보트 유람

**Address.** Colorado River Discovery/130 6th Avenue/Page, Arizona 86040
**Tel.** (888) 522~6644
http://www.raftthecanyon.com/

### 기본 정보

★ 관광하기 좋은 때 봄~가을
★ 래프팅 사무소 운영 시간 오전 8:30~오후 5:00(3~4월, 10~11월), 오전 7:00~오후 7:00(5~9월)
★ 찾아가는 길 98번 도로를 따라가다가 페이지를 둘러싸고 있는 레이크 포웰 대로Lake Powell Blvd로 진입하여 사우스 나바호 길S Navajo Dr에서 좌회전, 6번 가에서 우회전한다.

### 관광 명소

#### 글렌 캐니언

사막의 열기와 갈증을 달래 줄 관광명소로 글렌 캐니언 래프팅을 추천한다. 말이 래프팅이지 실은 뱃놀이에 가깝다. 페이지시에 위치한 래프팅 업체 사무실에는 사막의 오후를 보람 있게 보내려는 사람들이 항상 우글거린다. 종일 코스와 반일 코스 중 선택하면 된다. 반일 코스는 약 4시간 걸리는데 콜로라도 강의 글렌 캐니언 댐에서 리스 페리Lee's Ferry까지의 구간을 떠내려간다. 가는 동안 가이드가 설명해 주는데 알아들어도 그만 못 알아들어도 그만이다. 보트 밖으로 뻗은 발을 강에 담그고 협곡을 구경하는 재미가 쏠쏠하다. 물이 튀는 일은 거의 없어서 카메라와 렌즈를 바리바리 싸가도 괜찮다. 글렌 캐니언이 어마어마하게 큰데다 신기한 것이 많아 극단적 광각과 망원렌즈가 필요한 곳이다.

#### 말발굽 벤드 Horseshoe Bend

[추천] 입이 떡 벌어질 정도로 멋진 광경이다. 보트를 타고 봐도 되지만 협곡 위에서 내려다보는 경치가 몇 배는 더 멋있다. 페이지시 근처 89번 도로와 98번 도로 분기점에서 89번 도로를 따라 남쪽으로 2.5킬로미터 지점에 있다.

글렌 캐니언

# 더 웨이브

◐ 10화 참조

Address. 318 North 100 East Kanab, Utah 84741
Tel. (435) 644-4600
http://www.blm.gov/az/st/en/arolrsmain/paria/coyote_buttes.html

## 기본 정보

★ 관광하기 좋은 때 봄~가을
★ 공원 개방 연중
★ 방문객센터 운영 시간
파리아 레인저 스테이션(여름) 오전 8:30~오후 4:15
카나브 필드 오피스(겨울) 오전 8:00~오후 4:30
★ 찾아가는 길 페이지시에서 89번 도로를 따라 서쪽으로 진행하다가 약 55킬로미터 지점 왼편을 보면 하우스 락 계곡 도로House Rock Valley Road 표지판이 보인다. 이 길로 진입해서 13.4킬로미터를 더 가면 와이어 패스 트레일Wire Pass Trail 주차장과 화장실이 보인다. 더 웨이브는 이 트레일 끝에 위치한 지형이다. 꼭 잊지 말아야 할 점은 트레일에 가기 전 반드시 추첨을 통해 허가증을 받는 것이다.

파리아 레인저 스테이션(여름 추첨 장소)은 페이지시에서 89번 도로를 따라 서쪽으로 약 48킬로미터 간 지점의 왼편에 위치해 있고, 카나브 필드 오피스(겨울 추첨 장소)는 카나브 시내에 위치해 있다.

## 관광 명소

### 더 웨이브

추천 더 웨이브는 유타 주와 애리조나 주 접경인 파리아 캐니언Paria Canyon 지역 중에서도 코요테 언덕이라고 불리는 곳에 있다. 이곳은 일출보다 일몰 때 촬영하는 것이 더 좋다. 계곡이 서쪽으로 열려 있어서 일몰에 석양이 들기 때문이다. 전형적인 사막 날씨지만 겨울에 눈이 쌓이는 경우가 있으니 한겨울은 피하는 것이 좋다. 초봄 눈이 녹아 고이면 사진 찍기 제일 좋다고 한다.

현장 추첨과 온라인 추첨이 있는데 온라인 추첨으로 당첨이 되었더라도 파리아 레인저 스테이션에서 허가증을 받아야 한다.

초행이거나 어두울 때를 대비해 GPS와 헤드램프를 가져가길 권한다. 트레일은 왕복 10킬로미터 정도인데, 길이 분명하게 나 있는 게 아니라서 주의를 기울여야 한다. 전갈이 있어서 가급적 발을 노출하는 신발을 피하고 물은 개인당 2리터 이상 챙겨가야 한다(트레일 입구에 화장실이 있지만 물이 없어서 파리아 레인저 스테이션에서 미리 떠가야 한다). 바람 실린 모래를 맞으면 얼굴이 아프고 렌즈에 상처가 날 정도이다. 특히 아주 작은 모래알이 카메라 내부로 들어갈 수도 있으니 유의하자.

## 캠핑

### 화이트 하우스 캠핑장 White House Campground
- 개장 시기 연중
- 위치 파리아 레인저 스테이션 근처
- 편의시설 화장실·모닥불
- 텐트 자리 5개
- 식료품 구입처 카나브 또는 페이지 시내
- 캠핑비 5달러

더 웨이브

## 03 나무랑 돌이랑  ⇨ 5박 6일 코스

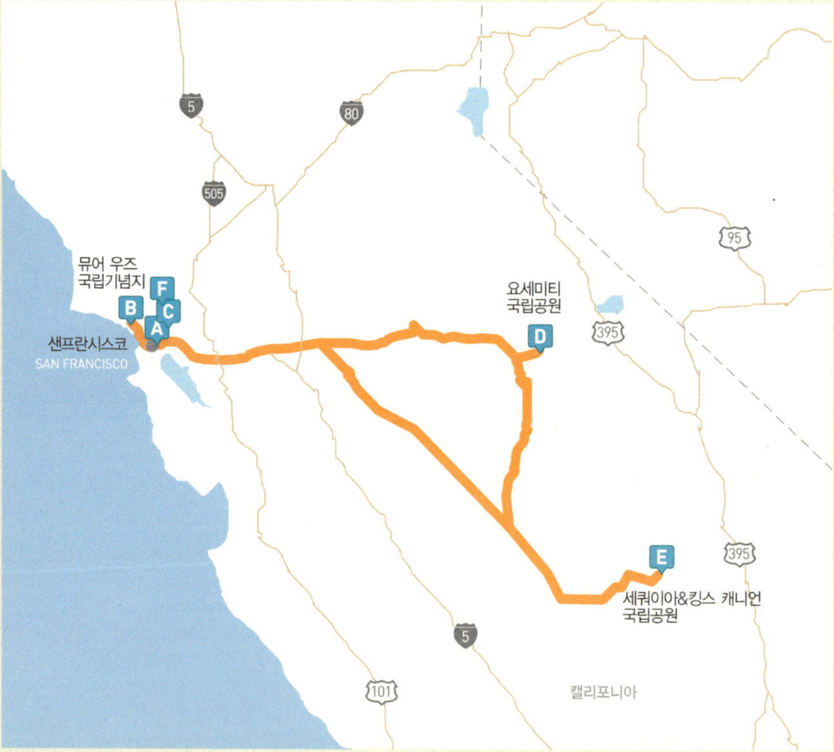

### 지도

- 뮤어 우즈 국립기념지 **F C A B**
- 샌프란시스코 SAN FRANCISCO
- 요세미티 국립공원 **D**
- 세쿼이아&킹스 캐니언 국립공원 **E**
- 캘리포니아

### course

**A** 샌프란시스코 —40분→ **B** 뮤어 우즈 국립기념지 —60분→ **C** 샌프란시스코 —4시간 20분→ **D** 요세미티 국립공원 —3시간 30분→ **E** 세쿼이아&킹스캐니언 국립공원 —4시간 30분→ **F** 샌프란시스코

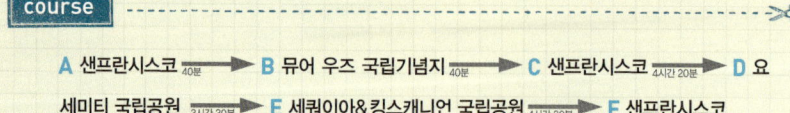

# 뮤어 우즈 국립기념지

Address. Muir Woods National Monument, Mill Valley, California 94941
Tel. (415)388-2595
http://www.nps.gov/muwo/

## 기본 정보

★관광하기 좋은 때 연중
★공원 개방 연중
★방문객센터 운영 시간 오전 8:00~오후 7:30
★찾아가는 길 샌프란시스코에서 101번 도로와 1번 도로를 차례로 따라 북서쪽으로 주행(40분)

존 뮤어(1838~1914)를 빼놓고 미국의 국립공원과 자연보호를 말하기란 불가능하다. 스코틀랜드에서 태어나 미국 중부에서 자란 그는 자신의 인생에서 가장 중요한 시기를 미 서부의 자연을 보호하는 데에 바쳤다. 그 전환점이 된 것이 바로 1868년 요세미티 여행이다.
일주일 남짓 요세미티를 구경한 뮤어는 시쳇말로 '꽃혀' 버렸다. 그 후 아예 요세미티에 양치기 자리를 얻어서 돌아왔다. 오두막을 짓고 3년여를 살면서 그는 쉼 없이 요세미티를 탐험했다. 1871년에는 유명한 시인이자 사상가인 랄프 왈도 에머슨Ralph Waldo Emerson이 뮤어를 방문했다. 뮤어의 자연 친화적 삶에 감명 받은 에머슨은 그에게 하버드대학교의 강사 자리를 제의하지만 거절당한다. 뮤어는 나중에 이 일을 두고 이렇게 썼다. "교수 나부랭이가 되자고 하나님의 거대한 쇼를 놓치고 싶은 생각은 조금도 없었다."
그는 자신이 발견한 자연의 아름다움을 혼자 슬기는 길로 만족하지 않고 유력인사들을 만나 보호 가치가 있는 지역을 국립공원이나 국립기념지로 지정하자고 적극적으로 설득했다. 틈틈이 책까지 써서 대중들에게 서부의 매력을 알리기도 했다. 20세기 미국인들에게 있어서 뮤어는 대자연과 만나는 창 같은 존재였다. 뮤어 우즈 국립기념지는 바로 이 존 뮤어를 기리는 숲이다.
이 숲은 코스트레드우드Coast Redwood(세계에서 가장 키가 큰 나무)로 이루어져 있다. 샌프란시스코라는 대도시 옆에 이런 곳이 남아 있게 된 것은 산 깊숙한 계곡에 숲이 있었기 때문이다. 이곳만은 지켜야겠다고 생각한 윌리엄 켄트William Kent와 엘리자베스 태처 켄트Elizabeth Thacher Kent 부부가 숲을 사들였다. 부부는 댐을 짓고 숲을 수몰시키려는 시도에 맞서서 연방 정부에 숲을 기부해 버린다. 그런 센스 있는 판단 덕분에 이듬해인 1908년 국립기념지로 지정되었다.
켄트 소유의 숲이었는데 왜 숲 이름이 뮤어일까? 세상에 다시없을 대인이었던 켄트는 자신이 기증한 숲에 평생을 자연보호에 몸 바친 존 뮤어의 이름을 붙여 달라고 청했다. 켄트라는 이름은 그가 유달리 아낀 나무 한 그루에 남았을 뿐이다.
1억 5천만 년 전부터 살아온 숲이 불러일으키는 감정은 한마디로 경외 그 자체이다. 나무들이 어찌나 크고 좋은지 한낮에도 저녁같이 컴컴하고 기분 좋은 냉기가 감돈다. 아름다운 사람들의 이야기가 있어서 더 머무르고 싶은 곳, 그곳이 바로 뮤어 우즈이다.

레드우드 나무

터널 뷰에서 보이는 요세미티 계곡

# 요세미티 국립공원

○ 33p 참조

Address. Yosemite National Park, California 95389
Tel. (209) 372-0200
http://www.nps.gov/yose

가 좋으면 하프 돔Half Dome까지 보인다. 왼쪽으로는 900미터가 넘는 높이와 엄청난 크기를 자랑하는 화강암 수직 벽이 있다. 암벽 등반의 성지인 엘 캐피탄El Capitan이다. 단독 등반할 경우 약 9~10일 정도가 걸린다. 오른쪽 면사포 폭포Bridal Veil Fall는 폭포수가 마치 신부의 면사포처럼 떨어진다고 해서 그런 이름이 붙었다고 한다. 요세미티 계곡에서는 이런 폭포를 여러 개 볼 수 있다.

## 기본 정보

★ 관광하기 좋은 때 연중
★ 공원 개방 연중
★ 방문객센터 운영 시간 오전 9:00~오후 6:00
★ 찾아가는 길 샌프란시스코에서 120번 도로를 따라 동쪽으로 주행(4시간 20분)

## 걷기 좋은 길

### 요세미티 폭포 Yosemite Falls
추천 총 700미터가 넘는 엄청난 높이를 자랑하는 폭포. 5월에 수량이 가장 많다.

### 글레이셔 포인트 Glacier Point
추천 전망이 아주 좋은 곳이다. 길이 좁고 여름에만 열린다. 교통체증을 피하려면 오전 10시~오후 4시는 피하는 편이 좋다.

## 관광 명소

### 타이오가 고개 Tioga Pass
추천 여름에만 열리는 타이오가 고개는 사람들이 반드시 여름에 요세미티에 가야 하는 이유이다. 타이오가 고개는 요세미티의 동서를 연결하는 주요 관통도로인데 길이 험하고 눈이 많이 와서 일년에 단 몇 달간만 다닐 수 있다. 이름만으로 많은 이들의 가슴을 울렁거리게 하는 시에라 네바다Sierra Nevada와 존 뮤어가 사랑해 마지않은 투올럼 초원Tuolumne Meadows이 이곳에 있다. 요세미티의 상징인 거대한 화강암 봉우리들 사이로 꼬불꼬불 지나다 보면 제일 큰 고민은 어디에 차를 세워야 하는가, 이다. 그만큼 어디를 보아도 절경이다. 산과 암석들을 배경으로 둔 빙하의 푸른빛을 머금은 호수들이 아름답기 그지없다. 더할 것도 뺄 것도 없는 풍경이란 바로 이런 것.

### 터널 뷰 Tunnel View
추천 요세미티 계곡이 한눈에 들어오는 곳이다. 날씨

면사포 폭포

### 마리포사 그로브 Mariposa Grove
▶거리 왕복 2.5킬로미터(1시간) | 난이도 하

추천 너무 좋아 두 번이나 갔던 곳이다. 튼실하고 당당한 자이언트 세쿼이아 나무들이 모여 산다. 특히 그리즐리 자이언트Grizzly Giant라는 애칭을 가진 나무가 기억에 남는다. 레드우드 국립공원이나 세쿼이아 국립공원에 못 가봤다면 여기라도 꼭 빠트리지 마시길.

### 네바다 폭포 Nevada Fall
▶거리 왕복 8.6킬로미터(5시간) | 난이도 상

그 많은 관광객이 다 어디로 갔을까 싶을 정도로 호젓한 산길이다. 요세미티와 차분히 만나고 싶은 분들에게 딱 좋은 코스.

### 캠핑

#### 어퍼 파인즈 캠핑장 Upper Pines Campground
- 개장 시기 연중
- 위치 요세미티 밸리

- 편의시설 화장실·식수·모닥불·샤워장(큐리 빌리지 Curry Village)
- 텐트 자리 238개
- 식료품 구입처 방문객센터 근처 매점
- 캠핑비 20달러

## 세쿼이아 & 킹스 캐니언 국립공원

◐ 237p 참조

**Address.** Sequoia & Kings Canyon National Parks, California 93271
**Tel.** (559) 565~3341
http://www.nps.gov/seki/index.htm

### 기본 정보
★ 관광하기 좋은 때 여름~가을
★ 공원 개방 연중
★ 방문객센터 운영 시간 오전 9:00~오후 6:00
★ 찾아가는 길 요세미티에서 41번, 99번, 198번 도로를 차례로 갈아타고 남쪽으로 주행(3시간 30분)

마리포사 그로브의 캘리포니아 터널 나무

자이언트세쿼이아

시에라 네바다 산맥

안개 폭포

## 관광 명소

**제너럴셔먼 나무** General Sherman Tree
세계에서 가장 큰 생명체라고 알려져 있다. 나무 주변을 걸어 보면 크기가 더욱 실감난다.

## 걷기좋은길

**모로 바위** Moro Rock
▶ 거리 왕복 1킬로미터(1시간) | 난이도 상
거리는 짧지만 전부 계단이라는 섬만 명심하지. 꿋꿋이 올라가면 기가 막힌 전망이 기다리고 있다.

**안개 폭포** Mist Falls
▶ 거리 왕복 13킬로미터(4시간) | 난이도 중

비단을 한 폭 풀어놓은 듯한 폭포. 공원의 가장 깊숙한 곳에 있어서 인적이 드물다. 안전사고에 특별히 유의해야 한다. 이곳에서 조금만 더 가면 세계 3대 트레일로 손꼽히는 존 뮤어 트레일에 합류할 수 있다.

## 캠핑

**아잘리아 캠핑장** Azalea Campground
- 개장 시기 연중
- 위치 그랜트 그로브 빌리지 Grand Grove Village 근처
- 편의시설 화장실·식수·모닥불·샤워장
- 텐트 자리 110개
- 식료품 구입처 그랜트 그로브 빌리지
- 캠핑비 18달러

# 04

## 이별을 준비하는 빙하, 디데이를 기다리는 화산

○ 4박 5일 코스

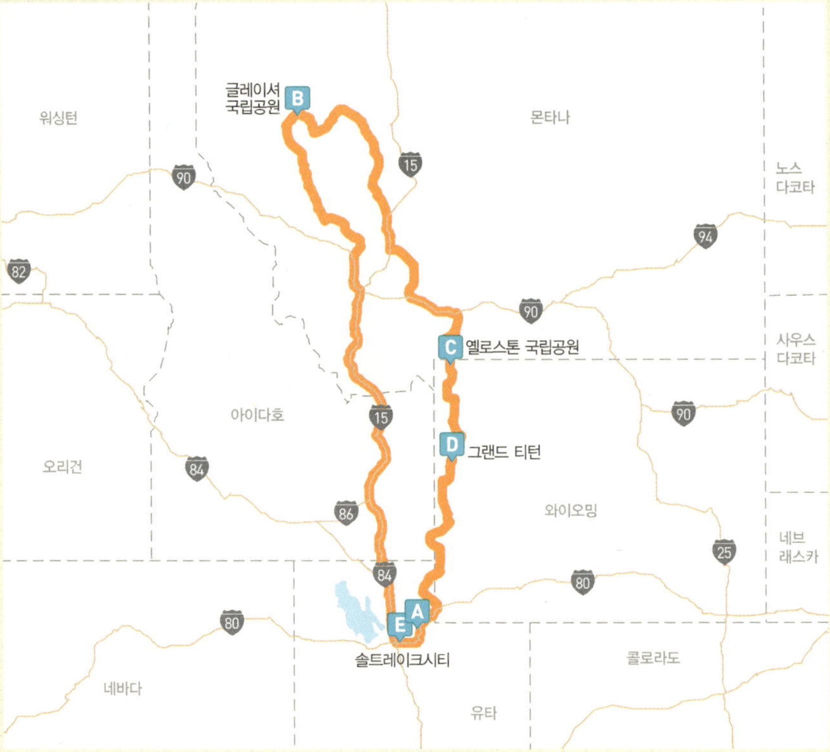

### course

A 솔트레이크시티  11시간  → B 글레이셔 국립공원  7시간 40분  → C 옐로스톤 국립공원  2시간 30분  →
D 그랜드티턴 국립공원  5시간  → E 솔트레이크시티

# 글레이셔 국립공원

🔗 147, 160p 참조

Address. Glacier National Park, Montana 59936
Tel. (406) 888-7800
http://www.nps.gov/glac/

맥도널드 호수

야생 거위 섬

### 기본 정보

★ 관광하기 좋은 때 여름
★ 공원 개방 연중
★ 방문객센터 운영 시간
  ① 공원 동쪽 성모마리아St. Mary 방문객센터
     오전 8:00~오후 9:00(성수기), ~오후 5:00(비수기)
  ② 공원 서쪽 아프가Apgar 방문객센터
     오전 8:00~오후 6:00(성수기), 오전 9:00~오후 5:00(비수기)
★ 찾아가는 길 솔트레이크시티에서 I-15 도로를 타고 북진하면 몬태나 주의 뷰트Butte 근처에서 I-90 도로와 만나게 된다. 공원의 서쪽부터 보고 싶으면 I-90 도로를, 공원의 동쪽부터 보고 싶으면 I-15 도로를 택한다.

글레이셔 볼거리의 대부분은 '태양으로 가는 길Going To The Sun Road(줄여서 Sun Road라고도 함)' 위에 있다. 이 길을 따라가다 보면 빙하가 보이는 곳이나 트레일 입구, 호수 들을 만날 수 있다. 글레이셔에 있는 트레일의 길이를 전부 합치면 1천 킬로미터가 넘는다고 한다. 트레킹을 하는 동안 꼭 기억해야 할 것은 이곳이 곰의 세상이라는 점이다. 곰이 주인인 땅에 놀러 온 손님이라는 생각으로 각오를 단단히 해야 한다.

글레이셔는 남북으로 쭉 뻗은 산맥을 중심으로 조성된 공원이다. 따라서 동쪽을 탐방할 때와 서쪽을 탐방할 때는 일출과 일몰을 잘 고려하는 것이 좋다. 해가 뜨고 지는 시간에 맞춰 가까운 호수로 달려가 보자. 깨끗한 빙하물이 고인 맑은 호수에 비친 고봉이 마치 한 폭의 그림 같다. 야생동물을 근접해서 찍어 볼 수도 있다. 절벽 옆을 지날 땐 큰뿔양이나 산양Mountain Goat등을 찾아보고 초저녁, 이른 아침 호수에서는 물을 먹으러 오는 동물을 기다려보자. 쌍안경이나 필드스코프가 있으면 좋다. 길가에 차가 여러 대 주차되어 있으면 야생동물이 나타났다는 신호이니까 일단 주차를 하고 남들을 따라 동물을 찾아보자.

### 관광 명소

**야생 거위 섬**Wild Gouse Island
[추천] 공원 시도에는 제대로 나와 있지 않지만 전망이 어마어마하게 멋있는 곳이다. 공원 동쪽 라이징 선Rising Sun과 선 포인트Sun Point 사이에 위치.

### 선 포인트 Sun Point
이름 그대로의 전망을 볼 수 있는 곳. 주변 지형을 설명한 안내 동판을 유심히 살펴보자. 주위를 둘러싼 산봉우리 이름들이 표시되어 있다. 실제 봉우리와 동판의 그림들을 하나씩 맞춰가며 보는 재미가 있다.

### 선리프트 고지 Sunrift Gorge
**추천** 정말 희한하게 생긴 계곡이다. 으스스하고 신비로운 분위기가 아주 독특하니 가능하면 꼭 챙겨 보자.

### 잭슨 빙하 전망대 Jackson Glacier Overlook
손톱만한 빙하가 보인다. 걸을 필요가 없어서 힘들이지 않고 빙하 구경을 하는 데 의미를 둔다면 그럭저럭 만족스러운 곳이다.

## 걷기 좋은 길

### 시더 트레일 Trail of the Cedars
▶**거리** 왕복 1킬로미터(30분) | **난이도** 하
걷기 쉽고 아름다운 트레일이다.

### 성모 마리아 폭포와 버지니아 폭포 St. Mary Falls & Virginia Falls
**추천** 성모 마리아 폭포에서 멈추지 말고 무조건 버지니아 폭포까지 가봐야 한다. 나중에 후회하지 않으려면 꼭 가보자!

### 달리는 독수리 폭포 Running Eagle Falls
▶**거리** 왕복 1킬로미터(30분) | **난이도** 하
원주민들의 성지였던 곳이다. 작은 규모와 상관없이 왠지 모를 신성함이 느껴진다.

## 캠핑

### 성모 마리아 캠핑장 St. Mary Campground
- **개장 시기** 연중
- **위치** 공원 동쪽 입구 근처
- **편의시설** 화장실·식수·모닥불
- **텐트자리** 148개
- **식료품 구입처** 공원 서쪽 입구 앞 상점가
- **캠핑비** 23달러

### 아프가 캠핑장 Apgar Campground
- **개장 시기** 연중
- **위치** 공원 서쪽 입구 근처
- **편의시설** 화장실·식수·모닥불
- **텐트 자리** 194개
- **식료품 구입처** 방문객센터 근처 아프가 빌리지
- **캠핑비** 20달러

# 옐로스톤 국립공원

⊙ 48, 60p 참조

**Address.** Yellowstone National Park, Wyoming 82190
**Tel.** (307) 344-7381
http://www.nps.gov/yell/

### 기본 정보

★ **관광하기 좋은 때** 연중
★ **공원 개방** 연중
★ **방문객센터** 매일(추수감사절 제외) 오전 8:00~오후 7:00(봄~9월), 오전 9:00~오후 5:00(10월~겨울)
★ **찾아가는 길** 글레이셔에서 I-90 도로 또는 I-15 도로를 따라 남쪽으로 주행(7시간 40분)

### 관광 명소

**올드 페이스풀** Old Faithful
추천 안 보고 가면 평생 후회한다.

**그랜드 프리스마틱 온천** Grand Prismatic Spring
추천 옐로스톤에서 가장 큰 온천. 온천의 어머니라고 불러도 손색이 없다.

**옐로스톤 그랜드 캐니언** Grand Canyon of the Yellowstone
규모 면에서는 원조 그랜드 캐니언에 비할 바가 아니지만 옐로스톤 그랜드 캐니언에는 폭포가 있다. 폭포와 계곡이 어우러진 웅장한 아름다움을 느껴 보자.

### 걷기좋은길

**맘모스 온천** Mommoth Hot Springs
▶ **거리** 왕복 2.5킬로미터(1시간) | **난이도** 하

맘모스 온천

그랜드 프리스마틱 온천

올드 페이스풀

그랜드 프리스마틱 온천

- **위치** 공원의 북쪽 입구 근처
- **편의시설** 화장실·식수·모닥불
- **텐트 자리** 85개
- **식료품 구입처** 맘모스 호텔 옆 매점
- **캠핑비** 14달러

### 베이 브릿지 캠핑장 Bay Bridge Campground
- **개장 시기** 5월 중순~9월 중순
- **위치** 옐로스톤 호수 근처
- **편의시설** 화장실·식수·모닥불·샤워장·세탁기(샤워장과 세탁기는 동쪽으로 6킬로미터 떨어진 피싱 브릿지 Fishing Bridge에서 이용 가능)
- **텐트 자리** 425개
- **식료품 구입처** 레이크 빌리지Lake Village 공원 매점
- **캠핑비** 19.5달러

## 그랜드 티턴 국립공원

> 75p 참조

**Address.** Grand Teton National Park, Wyoming 83012
**Tel.** (307) 739-3300
http://www.nps.gov/grte/index.htm

특이하게 계단식으로 만들어진 온천이다. 이미 식어버린 지대와 왕성하게 활동 중인 지대가 공존한다. 땅 속의 열원Heat Source이 움직이기 때문이다.

### 노리스 간헐천 지대 Norris Geyser Basin
▶**거리** 왕복 4킬로미터(1시간 30분) | **난이도** 하
추천 군데군데 흩어진 온천과 간헐천을 찾아다닐 시간이 없다면 이곳으로 직행하자. 한마디로 종합선물세트 같은 곳이다.

### 기본 정보
★ **관광하기 좋은 때** 봄~가을
★ **공원 개방** 연중
★ **방문객센터** 매일(크리스마스 제외) 오전 9:00~오후 5:00(11월~4월), 오전 8:00~오후 5:00(5월, 10월), ~오후 7:00(6월~9월)
★ **찾아가는 길** 옐로스톤 공원에서 89번 도로를 따라 남쪽으로 주행(2시간 30분)

### 캠핑

**맘모스 캠핑장** Mammoth Campground
- **개장 시기** 연중

## 관광 명소

**티턴 빙하** Teton Glacier
빙하를 보려면 여름에 가야 한다.

## 걷기 좋은 길

**타가트 호수** Taggart Lake
▶ 거리 왕복 5킬로미터(2시간) | 난이도 하
추천 그랜드 티턴의 멋진 봉우리를 감상하며 걷는 길이다. 시간만 괜찮다면 브래들리 호수 Bradley Lake까지 꼭 다녀오자.

**제니 호수** Jenny Lake
▶ 거리 왕복 10킬로미터(3~4시간) | 난이도 하
공원에서 가장 인기 있는 호수인 제니 호수 주변을 걷는 트레일이다.

## 캠핑

**제니 호수 캠핑장** Jenny Lake Campground
- 개장 시기 5월 중순~9월
- 위치 방문객센터에서 북쪽으로 약 13킬로미터 지점
- 편의시설 화장실·식수·모닥불
- 텐트 자리 49개
- 식료품 구입처 공원 남쪽 입구 잭슨 시내
- 캠핑비 20달러

타가트 호수 가는 길

잭슨 호수

## 05
# 화산의 흔적 그리고 불멸의 나무
▶ 4박 5일 코스

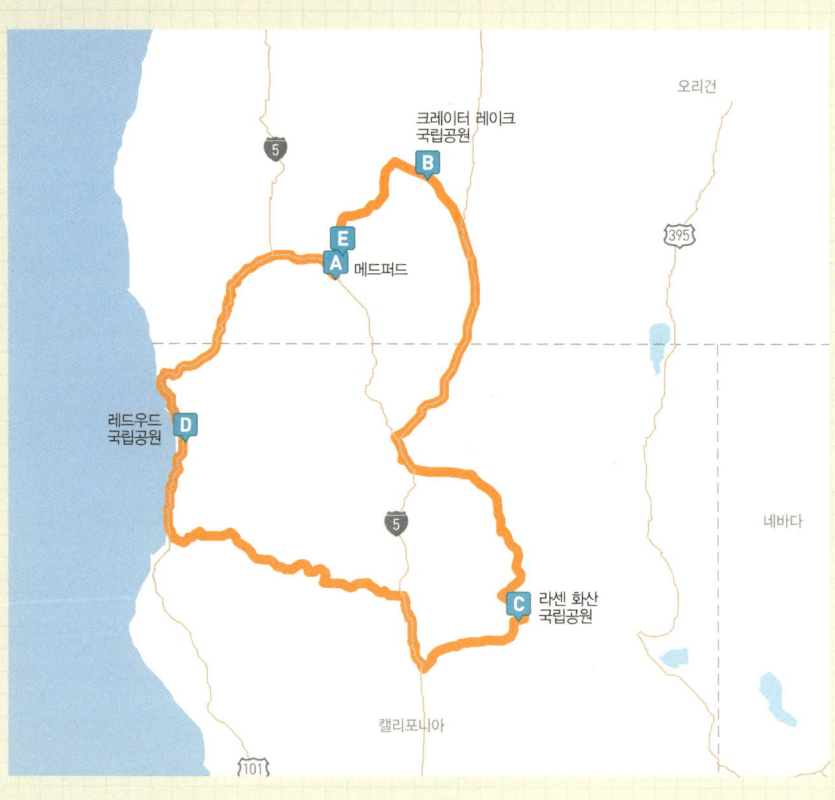

**course**

**A** 메드퍼드 —1시간 40분→ **B** 크레이터 레이크 국립공원 —4시간 30분→ **C** 라센 화산 국립공원 —4시간 40분→ **D** 레드우드 국립공원 —1시간 10분→ **E** 메드퍼드

# 크레이터 레이크 국립공원

◎ 183p 참조

**Address.** Crater Lake National Park, Oregon 97604
**Tel.** (541) 594-3000
http://www.nps.gov/crla

## 기본 정보

★ 관광하기 좋은 때 여름~가을
★ 공원 개방 연중
★ 방문객센터 운영 시간 매일(크리스마스 제외) 오전 10:00~오후 4:00(11월 초~5월 초), 오전 9:00~오후 5:00(5월 초~11월 초)
★ 찾아가는 길 메드퍼드시에서 62번 도로를 따라 북동쪽으로 주행(1시간 40분)

크레이터 호수는 약 7천 700년 전 마자마Mazama 산이 폭발하면서 생긴 칼데라 호수이다. 미국 원주민들은 이곳을 신성하게 여겨 백인들에게는 비밀로 했다고 한다. 덕분에 1852년에야 이곳의 존재가 세상에 알려졌다. 미국에서 가장 깊은 호수(592미터)인 크레이터 호수의 수량은 특이하게도 오로지 눈과 비만으로 유지된다. 들고 나가는 물길이 전혀 없어서 부유물이 적고 깨끗하다. 이곳이 사랑받는 큰 이유이기도 하다.

## 관광 명소

### 림 절경 도로 Rim Drive
림을 따라 도는 길이 아주 멋있다. 중간 중간 마음에 드는 곳에 내려서 구경해도 좋지만 차 안에서도 충분히 근사한 경치를 감상할 수 있다. 단, 눈이 오면 폐쇄된다는 점만 기억하자.

## 걷기 좋은 길

### 클리트우드 코브 Cleetwood Cove
▶ 거리 왕복 3.5킬로미터(1시간 30분) | 난이도 상

추천 글레이셔의 대표적인 관광 코스이다. 호숫가까지 걸어 내려가서 유람선을 타고 호수 안의 작은 섬, 엘리스Ellis에 다녀오는 길이다. 단 유람선은 7월~9월 중순 사이에만 운영한다. 트레킹 시작 전에 주차장 옆 매표소에서 배표를 사야 한다. 선착장에서는 표를 팔지 않는다. 배를 타고 둘러보면 호수의 물빛이 가장 기억에 남는다. 일출이나 일몰 사진이 지겹다면 이 물빛을 제대로 카메라에 담아 보자.

### 가필드 피크 Garfield Peak
▶ 거리 왕복 5.5킬로미터(2시간 30분) | 난이도 상

크레이터 호수의 경치가 파노라마로 펼쳐진다. 로지 옆에 있어서 접근하기도 편하다. 아침에 일어나 로지 카페에서 산 커피 한 잔을 들고 슬슬 올라갔다 와보자. 모닝커피 한잔이 길에서 만난 사람들의 부러움을 유발한다.

클리트우드 코브

엘리스 섬

름, 가을
★**찾아가는 길** 크레이터 레이크 국립공원에서 97번, I-5, 89번, 44번 도로를 차례로 타면서 남쪽으로 주행 (4시간 30분)

라센 화산 국립공원에 있는 라센 피크Lassen Peak는 1915년에 폭발했다. 아직 채 백 살을 못 넘긴 어린 화산인 셈이다. 과학자들이 이 화산에 주목하는 이유는 화산이 터진 뒤 자연이 어떻게 제 모습을 찾아가는지를 관찰할 수 있는 곳이기 때문이다. 라센 피크는 솟아오른 용암이 흘러내리지 않고 굳으면서 생겼다. 이런 종류의 봉우리를 용암 원정구圓頂丘라고 하는데 라센 피크는 세계에서 몇 손가락 안에 꼽히는 크기라고 한다.

### 캠핑

**마자마 캠핑장** Mazama Campground
- 개장 시기 6월 중순~9월 말
- 위치 공원의 남쪽 62번 도로 주변
- 편의시설 화장실·식수·모닥불·샤워장·세탁기
- 텐트 자리 212개
- 식료품 구입처 캠핑장 매점
- 캠핑비 21달러

### 관광 명소

**만자니타** Manzanita **호수**

추천 동화 속 호수가 연상되는 곳이다. 일년 중 수량이 가장 많은 때의 호숫가는 식물이 뿜어 내는 푸른 기운이 넘쳐난다. 조용히 반짝이는 수면 위로 귀여운 새끼 오리들이 헤엄쳐 다닌다. 봄에 태어난 새끼들이 어미를 따라 수영 연습을 하는 모습이 정겹다. 자고 있는 새들을 깨울까 봐 사뿐사뿐 호숫가를 걷는 사람들과 시원하게 물살을 가르며 카약을 타는 할아버지까지 모두 한 폭의 그림 같은 광경이다. 그 모습에 반할 확률은 120퍼센트.

## 라센 화산 국립공원

Address. Lassen Volcanic National Park, California 96063
Tel. (530) 595-4480
http://www.nps.gov/lavo/

### 기본 정보

★관광하기 좋은 때 여름~가을
★공원 개방 연중
★방문객센터 운영 시간 매일(크리스마스 제외) 오전 9:00~오후 5:00(겨울, 봄), 오전 9:00~오후 6:00(여

### 걷기 좋은 길

**라센 피크** Lassen Peak
▶**거리** 왕복 8킬로미터(3시간) | **난이도** 상

정상이 해발 1천 600미터 정도의 높이지만 걱정할 게 없다. 트레일이 해발 1천 미터 높이에서 시작하기 때문이다. 600미터만 올라가면 되는데 6월 말까지 쌓여 있는 눈과 매섭게 부는 바람이 복병이다. 화산 폭발 때문에 민둥산이 되었지만 대신 시야를 가리는 것 없이 탁

트인 공원을 한눈에 볼 수 있어서 좋다.

## 범파스 지옥 Bumpass Hell
▶거리 왕복 5킬로미터(2시간) · 난이도 중

라센 피크가 무리라면 범파스 지옥에 가보는 것도 괜찮다. 온천과 간헐천이 가장 많이 모여 있는 곳이기도 하고 오가면서 감상하는 경치가 훌륭하다. 옛날에 범파스라는 남자가 이곳에서 펄펄 끓는 온천에 빠져서 한쪽 다리에 심한 화상을 입었다고 한다. 어쩔 수 없이 다리를 절단한 범파스는 뜨내기 관광객이 아니라 이곳 지리에 익숙한 가이드였다고 한다. 그 때문인지 "몇몇 온천은 매년 더 뜨거워지고 산성이 강해지고 있습니다."라는 공원 안내문이 더욱 섬뜩하다.

- 식료품 구입처 캠핑장 매점
- 캠핑비 18달러

## 크레이그 캠핑장 Crags Campground
- 개장 시기 6월 중순~9월 중순
- 위치 만자니타 호수에서 남쪽으로 8킬로미터 지점
- 편의시설 화장실·식수·모닥불
- 텐트 자리 45개
- 식료품 구입처 만자니타 캠핑장 매점
- 캠핑비 12달러

### 캠핑

## 만자니타 호수 캠핑장 Manzanita Lake Campground
- 개장 시기 5월 마지막 주말~첫눈이 올 때까지
- 위치 공원의 북쪽
- 편의시설 화장실·식수·모닥불·샤워장·세탁기
- 텐트 자리 179개

헬렌 호수

라센 피크 트레일

339

레드우드 숲

# 레드우드 국립공원

○ 172p 참조

**Address.** Redwood National and State Parks, California 95531
**Tel.** (707) 465~7335
http://www.nps.gov/redw

### 기본 정보

★ 관광하기 좋은 때 봄~가을
★ 공원 개방 연중
★ 방문객센터 운영 시간 오전 9:00~오후 6:00(여름), 오전 9:00~오후 4:00(겨울)

★ **찾아가는 길** I-5 도로를 타고 가다가 레딩Redding시에서 289번 도로로 합류하여 북서쪽으로 주행

### 관광 명소

**토마스 쿠첼 방문객센터** Thoms H. Kuchel Visitor Center
공원 남쪽 관문 역할을 하는 곳이다. 건물 뒤편이 바로 태평양이어서 운치가 끝내준다. 모래밭에 박혀 있는 레드우드 고목을 보면서 한가롭게 산책해 보자.

**높은 절벽 전망대** High Bluff Overlook
태평양을 내려다보기 좋은 곳이다. 백만 불짜리 전망을 즐기면서 간식을 우물거리는 호사를 누려 보자.

**길가의 큰 나무** Big Tree Wayside
시간은 없고, 큰 나무는 꼭 봐야하는 절박한 처지의 관

길가의 큰 나무

광객을 위한 곳.

### 엘크 초원 Elk Prairie
아침 일찍 또는 해질녘에 가면 엘크를 많이 볼 수 있다. 키 큰 풀이 먹이와 은신처까지 되어 주기 때문에 엘크들 사이에 인기 있는 곳이다. 단 엘크를 발견해도 절대 가까이 가지 말자.

## 걷기좋은길

### 큰 나무 트레일 Tall Trees Trail
▶거리 왕복 5.5 킬로미터(3시간) | 난이도 상

추천 큰 나무 트레일을 내려가면 엄청난 크기의 레드우드나무들이 모여 사는 큰 나무 숲Tall Tree Grove이 나온다. 이름에 걸맞은 어마어마한 크기의 나무들이 고요히 쉬고 있는 곳이다. 아침이나 저녁에 더욱 분위기가 좋다. 단, 허가증을 받아야만 갈 수 있다는 점을 꼭 기억하자.

### 보이스카우트 나무 트레일 Boyscout Tree Trail
▶거리 왕복 9킬로미터(2~3시간) | 난이도 하

추천 정말 멋있는 레드우드나무 숲길이다. 이곳은 숲의 공간감이나 숲길이 펼쳐지는 모습이 장관이다. 트레일의 끝은 양치류 폭포Fern Falls이지만 보이스카우트나무까지만 가도 좋다.

### 버드 존슨 부인 숲 트레일 Lady Bird Johnson Grove Trail
▶거리 왕복 1.6킬로미터(30분) | 난이도 하

깊고 어두운 다른 숲과는 달리 밝고 탁 트인 느낌을 주는 길이다. 태평양이 보이는 전망과 레드우드 숲이 어우러진다.

## 캠핑

### 제데디아 스미스 캠핑장 Jedediah Smith Campground
- 개장 시기 연중
- 위치 공원 북쪽
- 편의시설 화장실·식수·모닥불·샤워장
- 텐트 자리 86개
- 식료품 구입처 캠핑장 동쪽에 있는 히오우치Hiouchi 상점가
- 캠핑비 35달러

### 엘크 초원 캠핑장 Elk Prairie Campground
- 개장 시기 연중
- 위치 공원 남쪽
- 편의시설 화장실·식수·모닥불·샤워장
- 텐트 자리 75개
- 식료품 구입처 남쪽으로 10킬로미터 떨어진 오릭Orick 상점가
- 캠핑비 35달러

# 06

## 비 내리는 숲, 가슴을 적시는 숲
➡ 3박 4일 코스

**course**

A 시애틀 →2시간 20분→ B 올림픽 국립공원(방문객센터) →1시간 40분→ C 올림픽 국립공원(호·우림) →4시간→ D 시애틀 →2시간→ E 레이니어 국립공원 →2시간→ F 시애틀

# 올림픽 국립공원

⊙ 210p 참조

**Address.** Olympic National Park, Washington 98362
**Tel.** (360) 565-3130
http://www.nps.gov/olym

## 기본 정보

★ 관광하기 좋은 때 봄~가을
★ 공원 개방 연중
★ 방문객센터 운영 시간 매일(추수감사절, 크리스마스 제외). 단, 시간은 계절별 상이
★ 찾아가는 길 I-5 도로를 따라 에드먼즈 Edmonds까지 가서 페리를 타고 올림픽반도에 내린 다음, 104번 도로와 101번 도로를 차례로 타고 북서쪽으로 주행

## 관광 명소

### 크레센트 Crescent 호수
호숫가를 따라 난 도로는 드라이브하기 좋은 코스.

### 허리케인 능선 Hurricane Ridge
영화 〈이클립스〉에서 에드워드와 벨라, 제이콥이 함께 야영했던 산과 비슷한 풍경이다. 눈 아래 펼쳐진 숲이 멋지지만 날씨가 좋을 때나 볼 수 있다.

## 걷기 좋은 길

### 매리미어 폭포 Marymere Falls
▶ 거리 왕복 3킬로미터(1시간) | 난이도 중
추천 가파른 마지막 구간을 제외하고는 대체로 평탄하다. 폭포에서 떨어지는 물줄기가 명주실을 늘어뜨린 듯

아름답다.

### 초원 트레일 Meadow Loop Trails
허리케인 능선 주차장에서 출발하는 짧은 트레일들이 많이 있다.

### 호 우림 Hoh Rain Forest
추천 호 우림 방문객센터에서 출발하는 짧은 트레일들이 많이 있다. 시간이 되는 대로 꼭 걸어 보자.

## 캠핑

### 하트 오 더 힐즈 캠핑장 Heart O' the Hills Campground
• 개장 시기 연중
• 위치 방문객센터 근처
• 편의시설 화장실·식수·모닥불
• 텐트 자리 105개
• 식료품 구입처 공원 밖 포트 앤젤레스 시내
• 캠핑비 12달러

### 호 캠핑장 Hoh Campground
• 개장 시기 연중
• 위치 호 우림 방문객센터 근처
• 편의시설 화장실·식수·모닥불
• 텐트 자리 88개
• 식료품 구입처 폭스 시내
• 캠핑비 12달러

매리미어 폭포 가는 길

# 레니어 산 국립공원

Address. Mount Rainier National Park, Washington 98304
Tel. (360) 569~2211
http://www.nps.gov/mora/

### 기본 정보

★ 관광하기 좋은 때 봄~가을
★ 공원 개방 연중
★ 방문객센터(롱미어 박물관 Longmire Museum) 운영 시간 오전 10:00~오후 5:00
★ 찾아가는 길 시애틀에서 I-5 도로와 161번 도로를 차례로 타고 남쪽으로 주행(2시간)

레니어 산은 알래스카를 제외한 미국에서 가장 큰 빙하가 있는 곳이다. 주변에 잡다한 봉우리 하나 없이 저 혼자 우뚝 솟은 모습이 참 잘생겼다. 맑은 날은 캐나다에서도 보일 정도로 훤칠하다.
레니어라는 이름은 이곳을 처음으로 본 어느 영국인이 자신의 친구 이름을 붙인 데서 유래했다고 하는데 정작 이름을 빌려 준 당사자는 단 한 번도 와본 적이 없다고 한다. 이런 석연치 않은 작명 과정 때문인지 몰라도 산 이름을 둘러싼 분쟁이 계속되고 있다. 근처 타코마 Tacoma 시 사람들은 레니어가 아닌 타코마 산으로 불러야 한다고 핏대를 세운다. 이유인즉슨 유럽인들이 도착하기 전, 미국 원주민들이 레니어를 타코마라고 불렀기 때문이라고 한다. 옛날로 돌아가자는 것이지만 이 지역의 관광수입을 늘려 보자는 뻔한 속내가 훤히 보인다. 결국 이도저도 골치 아프다는 사람들은 간단하게 '그 산'이라고 부른다.

매리미어 폭포

## 관광 명소

**나라다 폭포** Narada Falls
레니어 산은 강수량이 많아서 폭포가 많은 편이다. 나라다는 그중에서도 가장 유명한 폭포이다. 풍부하면서 섬세한 물줄기가 아름답다.

**선라이즈** Sunrise
공원 안에서 차로 갈 수 있는 가장 높은 곳이다. 주변 경치를 감상하기에 딱이다.

## 걷기 좋은 길

**니스퀄리 경치 트레일** Nisqually Vista Trail
▶거리 왕복 2킬로미터(30분) | 난이도 하
`추천` 레니어 산과 니스퀄리 빙하 Nisqually Glacier가 보인다. 단 날씨가 안 좋은 때는 되도록 피하자.

**패트리아치 숲** Grove of the Patriarchs
▶거리 왕복 2킬로미터(1시간) | 난이도 하

`추천` 천 살이 넘은 나무가 있는 숲이다. 시내가 흐르는 촉촉한 숲길을 걸을 수 있다.

## 캠핑

**쿠거 바위 캠핑장** Cougar Rock Campground
- 개장 시기 5월 말~10월 초
- 위치 롱 미어 박물관 근처
- 편의시설 화장실
- 텐트 자리 173개
- 식료품 구입처 롱 미어 박물관 근처 매점
- 캠핑비 15달러

나라다 폭포

니스퀄리 트레일

# 07

## 모하비 사막에서 소노란 사막까지
➡ 3박 4일 코스

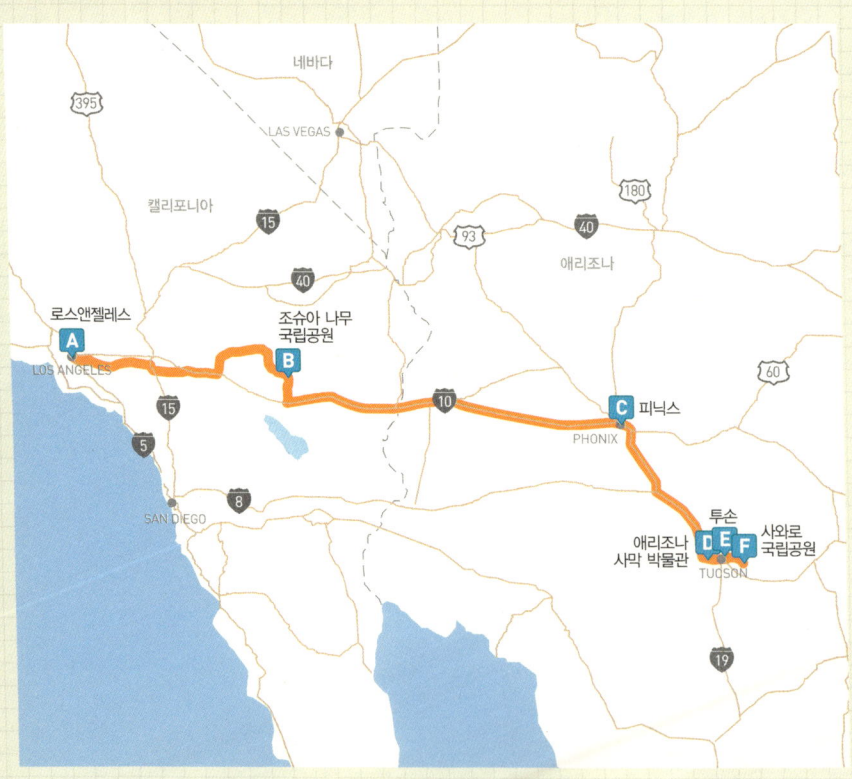

**course**

A 로스앤젤레스 3시간 10분 ➡ B 조슈아 나무 국립공원 4시간 30분 ➡ C 피닉스 2시간 10분 ➡ D 애리조나 소노라 사막 박물관 40분 ➡ E 투손 30분 ➡ F 사와로 국립공원

## 조슈아 나무 국립공원

Address. Joshua Tree National Park, California 92277
Tel. (760) 367-5500
http://www.nps.gov/jotr/

### 기본 정보

★ 관광하기 좋은 때 봄~가을
★ 공원 개방 연중
★ 방문객센터 운영 시간 매일 오전 8:00~오후 5:00
★ 찾아가는 길 로스앤젤레스에서 I-10, 62번 도로를 따라 동쪽으로 주행(3시간 10분)

모하비Mojave는 캘리포니아, 네바다, 유타, 애리조나 주에 걸쳐 있는 광대한 사막이다. 모하비 사막의 경계는 조슈아 나무의 유무만으로 알 수 있다. 다시 말해 조슈아 나무가 자라는 곳이 모하비 사막이라는 말이다. 조슈아라는 이름은 19세기 중반 모하비 사막을 지나던 모르몬교도들이 지었다. 하늘로 뻗은 가지 모양이 구약성서에 나오는 선지자 조슈아(여호수아)가 기도하는 모습을 연상시켰기 때문이다.

조슈아 나무는 1987년 U2가 발표한 〈The Joshua Tree〉 앨범 덕분에 전 세계적으로 이름을 떨치게 된다. 세계적으로 크게 히트한 이 앨범은 U2의 앨범 중에서 최고일 뿐 아니라 록의 역사상 매우 중요한 앨범으로 평가받는다.

앨범 표지에 당당히 이름을 올리고 뒷면에는 그림으로 실린 다음부터 조슈아 나무는 'U2의 앨범에 나온 나무'로 더욱 유명해졌다. 실제 모델인 조슈아 나무를 보기 위한 U2 팬들의 발길이 이어졌다. 일종의 성지순례였던 셈이다. 하지만 갑작스런 유명세가 부담스러웠는지 앨범 속 나무는 2000년 즈음에 쓰러져서 생을 마감했다. 지금은 그 자리에 조그만 표석 하나만 남아 있다.

### 관광 명소

**촐라 선인장 정원** Cholla Cactus Garden
올망졸망한 선인장들이 모여 있다. 선인장 꽃이 필 때(4월~6월) 오면 아주 아름답다.

### 걷기좋은길

**숨겨진 계곡 트레일** Hidden Valley Trail
▶ 거리 왕복 1.6킬로미터(30분) | 난이도 하
그늘이 거의 없어서 더울 때는 피하는 것이 좋다.

조슈아 나무

### 캠핑

**숨겨진 계곡 캠핑장** Hidden Valley Campground
- 개장 시기 연중
- 위치 숨겨진 계곡 트레일 맞은편
- 편의시설 화장실·모닥불
- 텐트 자리 39개
- 식료품 구입처 공원 밖 29 야자수 Twentynine Palms 마을 상점가
- 캠핑비 10달러

## 애리조나-소노라 사막 박물관

◐ 248 참조

**Address.** Arizona-Sonora Desert Museum, Arizona 85743
**Tel.** (520) 883-2702
http://www.desertmuseum.org/

### 기본 정보

★ 관광하기 좋은 때 연중
★ 박물관 운영 시간 오전 8:30~오후 5:00(10월~2월), 오전 7:30~오후 5:00(3월~5월, 9월), 오전 7:00~오후 10:00(6월~8월의 주말)
★ 찾아가는 길 서쪽 사와로 국립공원 입구 근처

### 관광 명소

**조류관** Walk-In Aviary
소노란 사막에 사는 새들을 모아 놓았다. 새장 밖에서 새를 구경하는 것이 아니라 거대한 새장에 들어가서 새들과 어울리는 식이다. 벌새가 특히 인상적이다.

숨겨진 계곡 캠핑장

조슈아 나무

사막 박물관

## 사와로 박물관

🔘 248p 참조

**Address.** East Park Address. Saguaro National Park-Rincon Mountain District, 3693 South Old Spanish Trail Tucson, Arizona 85730

**West Park Address.** Saguaro National Park-Tucson Mountain District, 2700 North Kinney Road Tucson, Arizona 85743

**Tel.** (520) 733~5153, (520) 733~5158

http://www.nps.gov/sagu/

### 기본 정보

★ 관광하기 좋은 때 봄~가을
★ 공원 개방 연중
★ 방문객센터 운영 시간 매일(크리스마스 제외) 오전 9:00~오후 5:00
★ 찾아가는 길 I-10 도로를 타고 투손시 남쪽으로 주행 (30분)

### 관광 명소

**선인장 숲 도로** Cactus Forest Drive **(동쪽 공원)**
추천 차를 타고 선인장 숲을 도는 길이다.

### 걷기 좋은 길

**사막 생태 트레일** Desert Ecology Trail **(동쪽 공원)**
▶거리 왕복 0.5킬로미터(30분) | 난이도 하
선인장을 비롯한 사막의 식물들을 좀 더 가까이에서 볼 수 있다.

**사막 발견 트레일** Desert Discovery Trail **(서쪽 공원)**

사와로 선인장

▶거리 왕복 0.8킬로미터(30분) | 난이도 하
추천 벤치와 그늘이 잘 갖추어진 편한 트레일이다.

### 캠핑

**길버트 레이 캠핑장** Gilbert Ray Campground
• 개장 시기 연중
• 위치 서쪽 공원에서 남쪽으로 약 5킬로미터 떨어진 지점
• 편의시설 화장실·식수·샤워장
• 텐트 자리 150개
• 식료품 구입처 투손 시내
• 캠핑비 10달러

08

# 지구 안 외계  ◯ 4박 5일 코스

**course**

**A** 엘파소 —5시간 30분→ **B** 빅 벤드 국립공원 —5시간 20분→ **C** 과달루페 산맥 국립공원 —1시간 40분→ **D** 칼스바드 동굴 국립공원 —3시간 50분→ **E** 화이트 샌드 국립기념지 —2시간→ **F** 엘파소

## 빅 벤드 국립공원

◆ 257p 참조

Address. Big Bend National Park, Texas 79834
Tel. (432) 477-2251
http://www.nps.gov/bibe/

### 기본 정보

★ 관광하기 좋은 때 봄~가을
★ 공원 개방 연중
★ 방문객센터 운영 시간 매일(크리스마스 제외) 오전 8:00~오후 6:00
★ 찾아가는 길 엘파소에서 I-10 도로와 67번 도로를 차례로 타고 남쪽으로 주행(5시간 30분)

### 관광 명소

**산타 엘레나 협곡 전망대** Santa Elena Overlook
직각의 협곡 절벽이 당당하고 멋지다.

### 걷기좋은길

**산타 엘레나 협곡 트레일** Santa Elena Canyon
▶ 거리 왕복 3킬로미터(1시간) ▶ 난이도 중
추천 리오그란데 강을 따라 협곡 안쪽으로 들어가 보는 트레일이다. 다양한 각도로 협곡을 볼 수 있어서 좋다.

**온천** Hot Springs
▶ 거리 왕복 1킬로미터(30분) ▶ 난이도 하
추천 한마디로 요약하면 목욕탕 가는 길. 해질녘쯤 가서 푹 쉬고 오기에 좋다. 특히 날이 어둑해지면 박쥐들이 저녁 사냥을 나온다. 머리 위로 박쥐가 날아다니는 게 싫다면 피하시라.

**보퀼라스 협곡 트레일** Boquillas Canyon Trail
▶ 거리 왕복 2.5킬로미터(30분~1시간) ▶ 난이도 하
보퀼라스 협곡도 멋지지만 리오그란데 강 너머로 보이는 멕시코 마을 풍경이 새롭다.

### 캠핑

**리오그란데 빌리지 캠핑장** Rio Grande Village Campground
• 개장 시기 연중
• 위치 공원 동쪽 리오그란데 빌리지
• 편의시설 화장실·식수·모닥불·샤워장
• 텐트 자리 100개
• 식료품 구입처 리오그란데 빌리지 매점
• 캠핑비 14달러

산타 엘레나 협곡 사이를 흐르는 리오그란데 강

# 과달루페 산맥 국립공원

Address. Guadalupe Mountains National Park, Texas 79847
Tel. (915) 828-3251
http://www.nps.gov/gumo/

## 걷기 좋은 길

**매키트릭 트레일** McKittrick Nature Trail
▶ **거리** 왕복 8킬로미터(4시간) | **난이도** 하
근방에서는 단풍으로 유명한 곳이다. 이곳 단풍을 보기 위해 일곱 시간 떨어진 곳에서 온 부부를 만나기도 했다.

## 기본 정보

★ 관광하기 좋은 때 봄~가을
★ 공원 개방 연중
★ 방문객센터 운영 시간 오전 8:00~오후 4:30(겨울), 오전 8:00~오후 6:00(여름)
★ 찾아가는 길 뉴멕시코 주 칼스바드와 텍사스 주 엘파소를 연결하는 180번 도로를 따라 주행(5시간 20분)

## 캠핑

**파인 스프링스 캠핑장** Pine Springs Campground
- 개장 시기 연중
- 위치 방문객센터 근처
- 편의시설 화장실·식수·인터넷(방문객센터 근처에서는 무선인터넷 사용이 가능하다)
- 텐트 자리 20개
- 식료품 구입처 엘파소
- 캠핑비 8달러

## 관광 명소

**파인 스프링스 캠핑장** Pine Springs Campground **의 일출**
과달루페 산 주변은 워낙 외진 곳이어서 시야를 가리는 것이 거의 없다. 날씨도 건조한 편이라 하늘 위에는 구름 한 조각 찾아보기 힘들다. 그래서인지 일출이 정말 장관이다. 충격에 가까운 감동을 원한다면 일찍 자고 일찍 일어나자.

과달루페 산맥

파인 스프링스 캠핑장

# 칼스바드 동굴 국립공원

🔵 269p 참조

Address. Carlsbad Caverns National Park, New Mexico 88220
Tel. (575) 785-2232
http://www.nps.gov/cave/

## 기본 정보

★ 관광하기 좋은 때 봄~가을
★ 공원 개방 오전 8:00~오후 5:00(동굴로 내려가는 마지막 엘리베이터가 3시 30분까지 있다)
★ 방문객센터 운영 시간 오전 8:00~오후 5:00
★ 찾아가는 길 뉴멕시코 주 180번 도로로 주행, 화이트시 근처

## 관광 명소

### 큰 방 동굴 Big Room
추천 규모도 규모이지만 비교적 최근에 발견된 덕분에 보존 상태가 아주 좋다. 동굴로 이동하는 방법은 두 가지가 있다. 방문객센터 안의 엘리베이터를 타고 내려가거나 자연적으로 생긴 입구(방문객센터 옆)를 통해 걸어 내려갈 수 있다. 부담 없는 내리막길로 동굴까지는 1시간 정도가 걸린다. 사진 촬영이 주목적이라면 꼭 삼각대를 가져가자.

### 박쥐 비행 Bat Flight
칼스바드에는 여러 개의 동굴이 있다. 그중 박쥐 동굴에는 40만 마리의 박쥐가 산다. 동굴 내부는 비공개지만 저녁이 되면 박쥐들이 곤충을 잡아먹으러 나가는 모습을 관찰할 수 있다. 5월 마지막 주말부터 10월 중순까지 볼 수 있는데 제일 좋은 때는 7월과 8월이라고 한다. 해질녘 동굴 입구 밖에 마련된 관람석 앉아서 기다리면 된다. 박쥐들이 날아오르는 시간은 매일 달라지기 때문에 방문객센터에 문의하면 정확한 관람 시각을 알 수 있다.

## 걷기 좋은 길

### 아래 동굴 Lower Cave
다른 곳에 비해 원시적인 동굴 모습이 남아 있다. 좀 더 과감하게 경험하고 싶은 사람은 꼭 가보는 것이 좋다. 동굴의 어떤 지점에서는 한 줄기 빛도 들지 않는 완벽한 어둠을 맛볼 수 있다. 바위틈을 기어가고 사다리를 오르내리는 이런 흥미진진한 동굴 탐험을 케이빙 Caving 이라고 부른다. 적어도 하루 전에 예약해야 한다. www.recreation.gov 에서 투어 메뉴를 클릭하거나 (877)444~6777(미국 안에서 걸 때) 또는 (518)885~3639(한국에서 걸 때)로 전화하면 예약할 수 있다.

## 캠핑

이곳에는 마땅한 캠핑장이 없다. 과달루페 산맥 국립공원이나 화이트 샌드 국립기념지가 있는 앨라모고도 Alamogordo 시내에서 묵는 편이 낫다.

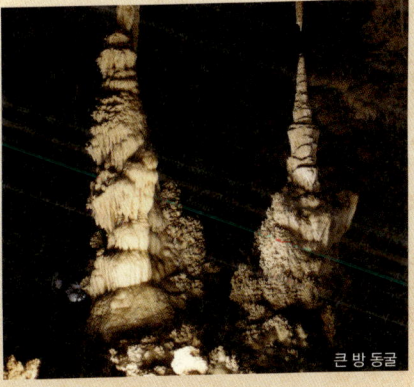

큰 방 동굴

# 화이트 샌드 국립기념지

Address. White Sands National Monument, New Mexico 88330
Tel. (575) 679-2599
http://www.nps.gov/whsa/

영화 〈트랜스포머〉의 하얀 모래사막을 배경으로 한 전투 장면을 떠올려 보자. 이야기 전개상 각각 카타르와 이집트 사막으로 설정되었지만 사실은 뉴멕시코 주에 있는 화이트 샌드 미사일 발사장이다. 이곳의 흰 모래는 〈트랜스포머〉 제작진뿐만 아니라 많은 예술가들의 영감을 자극해 왔다. 화이트 샌드 국립기념지가 있는 곳이기도 하다.

모래가 흰색을 띄는 이유는 석고 성분 때문이다. 물에 녹는 성질을 가진 석고는 보통 물줄기를 따라 바다에 종착한다. 지표에 남아 있는 일은 매우 드물지만 이곳 툴사 분지Tulsa Basin에서는 가능하다. 한번 유입된 물은 빠져나갈 수 없는 특이한 지형이기 때문이다. 석고 성분이 함유된 빗물이 흘러들어오면 물은 그대로 땅으로 흡수되거나 증발되지만 석고 성분은 지표면에 계속 쌓이게 된다. 시간이 지나면서 투명석고Selenite라는 결정체로 바뀌고 이것이 다시 침식작용으로 잘게 부서지면서 눈부시게 흰 모래가 되는 것이다. 하얀 모래 위를 걷다 보면 정말 지구 속의 외계에 온 듯한 느낌이 든다.

## 기본 정보

★ 관광하기 좋은 때 봄~가을
★ 공원 개방 오전 7:00~해질 때
★ 방문객센터 운영 시간 오전 9:00~오후 6:00(봄), 오전 8:00~오후 7:00(여름), 오전 8:00~오후 6:00(가을), 오전 9:00~오후 5:00(겨울)
★ 찾아가는 길 82번 도로와 70번 도로가 만나는 곳에서 70번 도로를 따라 남쪽으로 주행(3시간 50분)

## 관광 명소

**모래언덕 도로** Dunes Drive
길가에 날리는 흰 가루가 눈이 아니라 모래라는 사실이 초반에는 좀처럼 믿기 힘들다.

## 걷기좋은길

**큰 언덕 트레일** Big Dune Nature Trail
▶ 거리 왕복 1.6킬로미터(30분) | 난이도 하
사막에서 살아가는 동식물들을 좀 더 잘 알게 되는 트레일이다.

**알칼리 평지 트레일** Alkali Flat Trail
▶ 거리 왕복 7.4킬로미터(2~3시간) | 난이도 중
추천 가도 가도 끝없는 흰 모래 세상이다. 보이는 거라고는 온통 파란 하늘과 모래뿐이라 길을 잃기 딱 좋다. 일정한 간격으로 주황색 플라스틱 기둥이 보이는데 이것을 이정표 삼아 걸어야 한다. 되도록이면 시원한 아침나절에 걷는 편이 좋다.

## 캠핑

**로드 러너 캠핑장** Road Runner Campground
• 개장 시기 연중
• 위치 앨라모고도 시내 70번 도로를 따라가다가 24번 가로 진입
• 편의시설 화장실·식수·모닥불·샤워장·인터넷·세탁기
• 텐트 자리 다수
• 식료품 구입처 앨라모고도 시내 월마트
• 캠핑비 19달러

화이트샌드 국립기념지의 피크닉 시설

화이트 샌드 국립기념지

### 지은이

**아내, 윤화서** 원하던 대학에 입학하면서 삶의 목표를 상실했다. 그 뒤로는 어떤 시험을 쳐도 떨어졌다. 박사도, 교사도, 공무원도, 회사원도 되지 못했다. 꼴에 남자 보는 눈은 있어서 선하고 성실한(그러나 평범하지 않은) 사람과 결혼했다. 세상 물정에 어두운 사회적 백치가 펜을 놀리는 것에 대해서는 여전히 의문을 가지고 있다. 일시적으로 저술업자라는 직업이 생기기는 했지만 구직 활동은 현재 진행형이다. 진짜로.

### 사진 찍은 이들

**남편, 김남국** 사진 동아리에서 흑백사진을 처음 배웠다. 이게 인연이 되었는지 현재 밥벌이도 영상처리 관련한 일을 하고 있다. "다리에 힘이 빠지기 전에 많이 다녀 보자"라는 신조로 가급적 몸으로 경험해 보는 것을 좋아한다. 오래된 렌즈의 흐릿함과 오래된 카메라의 중후함을 좋아한다.

**친구, 서준범** 사진 동호회에서 열심히 활동한 덕분에 ImageManiac이라는 별명을 얻었다. 먹고살기 위해 인체 사진을 판독해서 병을 잡아내는 일을 하고 자연으로 돌아가면 사진을 찍어댄다. 남들이 인정하는 저질 체력이지만 손에 사진기만 들려주면 종일 돌아다니는 괴력을 발휘한다. 언젠가 취미가 직업이 되는 순간을 꿈꾸지만 가족들은 두려워한다. 그 순간을!

산 넘고 물 건너
## 아메리카 캠핑 로드

초판 1쇄 발행 | 2010년 11월 15일

지 은 이  윤화서
책임편집  정인화
디 자 인  최선영·장혜림

펴 낸 곳  바다출판사
발 행 인  김인호
주    소  서울시 마포구 서교동 398-1 창평빌딩 3층
전    화  322-3885(편집), 322-3575(마케팅부)
팩    스  322-3858
E-mail   badabooks@gmail.com
홈페이지  www.badabooks.co.kr
출판등록일 1996년 5월 8일
등록번호  제 10-1288호

ISBN 978-89-5561-563-0 (13940)